처음 만나는
독일어

처음 만나는 독일어

Erste Begegnung mit Deutsch

저자 **김백기**

이 책은 2014년도 한국외국어대학교 교내학술연구비 지원에 의하여 이루어진 것임.

처음 만나는
독일어

머리말

아주 오래 전 독일어 공부를 시작하던 때가 문득 떠오른다.
"처음 만나는" 낯선 외국어!!
호기심과 설레는 마음 안고 넌지시 성공을 기대하며 나름 자신만만하게 출발했었다.
그런데 ...
남성, 여성, 중성 ... 2격, 3격, 4격 ... 도치, 후치 ... 생소하고 희한한 것들!
여기도 어미변화, 저기도 어미변화 ... 온통 외워야 할 것들!
이런 불규칙, 저런 불규칙 ... 꼼꼼하게 따지면서 늘 주의해야 하는 것들!
"복잡하고 어려운" 독일어 공부하느라 "몹시 힘들었던" 기억이 생생하다.

얼추 40여 년 전 일이니까 정말 긴 시간이 지나갔다.
그 동안 세상이 많이 달라지고 발전했음은 두 말할 필요가 없으리라.
물론 외국어를 가르치고 배우는 방법과 수단 역시 눈부시게 개선되었다.
가르쳐야 할 사항들은 과거에 비해 보다 적절하게 설명되며,
배워야 할 사항들은 예전보다 효과적으로 이해되고 있음이 분명하다.

그럼에도 불구하고 ... 여전히 ...
'처음 만나는' 독일어 공부하기가 '몹시 힘들어서'
'복잡하고 어려운' 독일어 한탄하며 포기하는 경우들이 적지 않은 듯하다.
애당초 그렇게 생겨먹은 독일어 자체를 탓할 수도 있겠지만,
독일어를 처음 배우는 초보자들을 위해 학습 여건과 환경이 제대로 구비되지 못한 탓도 있지 않을까?!
이를테면 독일어 초보자의 눈높이와 바램을 세심하게 배려한 학습 자료가 부족한 현실도 무시할 수 없다는 개인적 생각이다.
안타깝고 답답한 마음에 - 주제넘지만 감히 - 이 『처음 만나는 독일어』를 쓰게 되었다.

이 책은 크게 두 부분으로 구성된다.

1. "소리 · 발음" :
독일어의 소리 및 발음이 이루어지는 기본적인 조건들을 설명한다.

2. “낱말과 문장” :

독일어의 낱말과 문장에 관한 기본적이며 핵심적인 규칙들을 설명한다.
그 구성과 내용의 몇 가지 특성을 소개하면 다음과 같다.

- 기초적인 의사소통 능력을 위해 필수적으로 요구되는 문법 사항들을 발췌 선정하여 체계적으로 간략하게 정리하였다.
  특히, 각 문법 사항마다 그에 상응하는 영어 문법 사항들을 함께 제시하며 비교 · 분석함으로써 학습자가 보다 명료하고 구체적으로 파악할 수 있도록 하였다.

- 제시된 모든 예문들은 실제의 의사소통에서 사용될 수 있는 실용적 성격을 지니며, 동시에 문법적 구조 및 특성을 뚜렷하게 보여주는 표준적인 문장들이다.
  특히, 각 예문마다 그에 상응하는 영어 예문을 함께 제시함으로써 학습자가 보다 명료하고 구체적으로 이해할 수 있도록 하였다. 다만, 이 영어 예문들은 기본적으로 해당 독일어 문장의 구조에 일치하는 경우들로서 간혹 실제의 영어 표현 방식과는 부분적으로 어긋날 수도 있음을 밝혀둔다.

- 제시된 모든 낱말들은 일상의 의사소통에서 자주 사용되는 기본적인 어휘들로서 이를 체계적으로 정리 · 설명한 별도의 어휘 목록을 편집하였다.

아무쪼록 이 책을 가지고 공부하는 학생들이 ...
‘처음 만나는’ 독일어지만 별로 ‘힘들지 **않게**’ 공부할 수 있고,
독일어가 결코 ‘복잡하고 어렵지 **않다**’는 느낌을 갖게 되었으면 좋겠다.

2018년 6월

처음 만나는

독일어

차 례

01 소리, 발음

02 낱말과 문장

01

소리, 발음

I. 알파벳 (Alphabet) : 철자와 발음

※ 영어의 경우, 낱말의 철자와 발음이 일치하지 않는 경우들이 매우 많다.
(따라서 영어 낱말의 발음은 해당 발음기호를 통해 별도로 학습해야 한다!)

독일어의 경우, **영어와 달리** 낱말의 철자와 발음이 원칙적으로 일치한다.
(따라서 독일어 낱말은 별도의 발음기호 없이 개별 철자들을 "있는 그대로" 발음하면 된다!)

예 낱말 "**Gast** ('손님' 영 guest)"의 발음 :
이 낱말을 구성하는 4개의 철자 '**G-**', '**-a-**', '**-s-**', '**-t**' 각각의 발음(혹은 "음가")인 [g-], [-a-], [-s-], [-t]를 합하여 [gast], 즉 "가스트"라고 읽으면 된다!

A, a [a:] ('아~')

↳ 알파벳 개별 철자의 이름!
이를테면, 철자 **A**, **a**의 이름이 영어에서는 [ei]이지만 독일어에서는 [a:]이다.

A, **a** ⇒ 모음이며, 발음(혹은 "음가")은 [a] ('아')

aber **a**lt d**a**s M**a**nn

Ä, ä [ɛ:] ('애~')

Ä, **ä** ⇒ 모음이며, 발음은 [ɛ] ('애')

Ausl**ä**nder B**ä**cker H**ä**lfte

B, b [be:] ('베~')

B, **b** ⇒ 자음이며, 발음은 [b] (우리말 자음 'ㅂ')

Bruder **B**us ge**b**en

※ 낱말 맨 끝 혹은 뒤에 자음이 올 경우 ⇒ [p] (우리말 자음 'ㅍ')

a**b** gi**b** ; le**b**t O**b**st

C, c [tse:] ('체~')

C, **c** ⇒ 외래어 자음! 발음은 대부분 [k] ('크')

Cola **C**omputer

▸ **ch**

1. 모음 **a, o, u** 뒤에 올 경우 ⇒ [x] (거칠게 발음되는 '흐')

   machen Nacht ; noch Tochter ; Buch rauchen

2. 그 밖의 모든 경우 ⇒ [ç] (거칠게 발음되는 '히')

   China ich Kirche Milch

▸ 외래어 **ch** ⇒ [ʃ] : Chance Chef

▸ **-chs** ⇒ [-ks] (앞 모음에 'ㄱ' 받침 붙히며 '쓰') : nächst sechs

▸ **-ck** ⇒ [-k] (앞 모음에 'ㄱ' 받침 붙히며 '크') : backen dick

D, d [de:] ('데~')

D, d ⇒ 자음이며, 발음은 [d] (우리말 자음 'ㄷ')

Bruder das finden hundert

※ 낱말 맨 끝 혹은 뒤에 자음이 올 경우 ⇒ [t] (우리말 자음 'ㅌ')

Hand und ; freundlich Mädchen

E, e [e:] ('에~')

E, e ⇒ 모음이며, 발음은 [e] ('에')

England essen Hilfe Titel

▸ **ei** ⇒ [ai] ('아이') : allein Arbeit ein nein

〈참고〉 **ai**와 발음이 같음 : Mai

▸ **eu** ⇒ [ɔy] ('오위' 혹은 '오이') : Deutschland Europa Freund heute

▸ **er**

1. 낱말 맨 앞의 **er-** ⇒ [ɛɐ-] ('애어-') : erinnern Erkältung
2. 낱말 끝의 **-er** ⇒ [-ɐ] ('-어') : Mutter sauber 〈주의〉 der schwer
3. 낱말 중간의 **-er-** ⇒ [-er- 혹은 -ɛɐ-] ('-에르-' 혹은 '-애어-') : Berlin lernen

▸ **-ern** ⇒ [-ɐn] ('-어~언') : Eltern gestern 〈주의〉 gern

F, f [ɛf] ('애프')

F, f ⇒ 자음이며, 발음은 [f] (윗니로 아래 입술을 살짝 깨물면서 'ㅍ')

elf Frau helfen oft

G, g [ge:] ('게~')

G, g ⇒ 자음이며, 발음은 [g] (우리말 자음 'ㄱ')

August beginnen Garten gut

※ 낱말 맨 끝 혹은 뒤에 자음이 올 경우 ⇒ [k] (우리말 자음 'ㅋ')

Berg Sonntag ; fragt 〈주의〉 regnen [-g-]

▸ -ig ⇒ [-iç] ('-이히') : richtig traurig

H, h [ha:] ('하~')

H, h ⇒ 자음이며, 발음은 [h] (우리말 자음 'ㅎ')

Haus helfen Krankheit Hotel

▸「모음 + -h」 ⇒ 모음이 길게 발음되며, -h는 발음되지 않음!

fahren gehen ihnen ohne

▸ -hl ⇒ [-:l] (앞 모음을 길게 발음하다가 가볍게 'ㄹ' 받침을 붙임) : Stuhl obwohl

▸ -hm ⇒ [-:m] (앞 모음을 길게 발음하다가 가볍게 'ㅁ' 받침을 붙임) : ihm nahm

▸ -hn ⇒ [-:n] (앞 모음을 길게 발음하다가 가볍게 'ㄴ' 받침을 붙임) : ihn zehn

▸ -hr ⇒ [-:ɐ] (앞 모음을 길게 발음하다가 가볍게 '~어') : ihr mehr

I, i [i:] ('이~')

I, i ⇒ 모음이며, 발음은 [i] (우리말 모음 '이')

in Kino mit Tier

▸ ie ⇒ [i:] (장모음 '이~') : die lieben

〈참고〉 낱말 끝에 오는 -ie는 두 가지로 구분된다.

1. [-i:] (장모음 '이~') : Chemie
2. [-iə] ('이어') : Familie

▸ ir

1. 낱말 끝의 -ir ⇒ [-i:ɐ] ('-이~어') : dir mir
2. 낱말 중간의 -ir- ⇒ [-ir- 혹은 -iɐ-] ('-이르-' 혹은 '-이어-') : Firma Kirche

▸ -ien ⇒ [-iən] ('-이언') : Australien Italien

J, j [jɔt] ('이오트' → '욧트')

J, j ⇒ 반모음이며, 바로 뒤에는 항상 모음!

발음은 [j-] (뒤에 오는 모음 앞에 '이-'를 붙이면서 함께 빨리 발음함!)

ja　Januar　jetzt　jung

K, k [ka:] ('카~')

K, k ⇒ 자음이며, 발음은 [k] (우리말 자음 'ㅋ')

kaufen　Kind　Markt　Musik

L, l [ɛl] ('엘')

L, l ⇒ 자음이며, 발음은 [l] (혀 끝을 윗니에 갖다 대며 'ㄹ')

alles　Bild　Luft　Plan

M, m [ɛm] ('엠')

M, m ⇒ 자음이며, 발음은 [m] (우리말 자음 'ㅁ')

Mann　mit　Name　Problem

N, n [ɛn] ('엔')

N, n ⇒ 자음이며, 발음은 [n] (우리말 자음 'ㄴ')

kommen　nach　nicht　und

- -ng ⇒ [-ŋ] : Ring　singen
- -nk ⇒ [-ŋk] : krank　trinken

O, o [o:] ('오~')

O, o ⇒ 모음이며, 발음은 [o] 혹은 [ɔ] (우리말 모음 '오')

Auto　kochen　oder　oft

Ö, ö [øː] ('외~')

Ö, ö ⇒ 모음이며, 발음은 [ø] ('외')

hören König mögen öffnen

P, p [peː] ('페~')

P, p ⇒ 자음이며, 발음은 [p] (위 아래 두 입술을 붙였다가 터뜨리면서 열며 'ㅍ')

April Lampe parken Europa

▸ pf ⇒ [pf] : Apfel

※ P, p [p] ↔ F, f [f]

Paul ↔ faul ; plus ↔ Fluss

Q, q [kuː] ('쿠~')

Q, q ⇒ 자음이며, 바로 뒤에는 항상 모음 u! 발음은 Qu, qu [kv] ('크브')

bequem Qualität

R, r [ɛr] ('애르')

R, r ⇒ 자음이며, 발음은 [r] (혀 끝부분이 목구멍 안쪽으로 말려들며 '르')

anrufen braun drei rot

※ R, r [r] ↔ L, l [l]

Gras ↔ Glas ; Regen ↔ legen

S, s [ɛs] ('애스' 혹은 '애쓰')

S, s ⇒ 자음이며, 발음은 [s] (우리말 자음 'ㅅ' 혹은 'ㅆ')

das eins Gast Haus

※ s 뒤에 모음이 올 경우 ⇒ [z] (떨리는 유성음으로 '스')

Rose sie (Sie) Sohn Suppe

- sch ⇒ [ʃ] ('쉬') : Geschenk Schiff schlafen Tisch
- tsch ⇒ [ʧ] ('취') : Deutschland Deutsch
- 낱말이 sp-로 시작하는 경우 ⇒ [ʃp-] ('슈프-') : spielen sprechen
  낱말이 st-로 시작할 경우 ⇒ [ʃt-] ('슈트-') : stehen Student
- ss [s] (우리말 자음 'ㅆ') : essen Fluss
  〈주의〉 ss 앞의 모음은 항상 짧게 발음!

ß [ɛs'tsɛt] ('애쓰채트')

ß ⇒ 자음이며, 발음은 ss와 동일한 [s] (우리말 자음 'ㅆ')

〈주의〉 ß 앞의 모음은 항상 길게 발음!

fleißig Fuß groß schließen

T, t [te:] ('테~')

T, t ⇒ 자음이며, 발음은 [t] (우리말 자음 'ㅌ')

Österreich rot Tochter tun

- th ⇒ [t] (우리말 자음 'ㅌ') : Bibliothek Mathematik Thomas
  〈참고〉 t와 발음이 동일함!
- tz ⇒ [ts] ('츠' 혹은 'ㅉ') : Katze putzen
- -ts ⇒ [ts] ('츠' 혹은 'ㅉ') : Geburtstag nichts

U, u [u:] ('우~')

U, u ⇒ 모음이며, 발음은 [u] (우리말 모음 '우')

durch Museum unmöglich unter

Ü, ü [y:] ('위~')

Ü, ü ⇒ 모음이며, 발음은 [y] ('위')

früh glücklich Schüler über

- -ür ⇒ [-y(:)ɐ] ('-위어') : für Tür

V, v [fau] ('파우')

V, v ⇒ 자음이며, 발음은 [f] (윗니로 아래 입술을 살짝 깨물면서 'ㅍ')

〈주의〉 f와 발음이 같음!

attraktiv vier von verstehen

※ 외래어 v ⇒ [v] (윗니로 아래 입술을 살짝 깨물면서 유성음 'ㅂ') :

Klavier Universität

〈주의〉 이 경우 w와 발음이 동일함!

W, w [ve:] ('베~')

W, w ⇒ 자음이며, 발음은 [v] (윗니로 아래 입술을 살짝 깨물면서 유성음 'ㅂ')

antworten etwas Wein Winter

※ W, w [v] ↔ B, b [b]

wild ↔ Bild ; wir ↔ Bier

X, x [ɪks] ('익쓰')

X, x ⇒ 자음이며, 발음은 [ks] (앞 모음에 'ㄱ' 받침을 붙이며 '쓰')

Taxi Text

Y, y ['ʏpsilɔn] ('윕실론')

Y, y ⇒ 모음이며, 발음은 [ʏ] ('위')

〈주의〉 Ü, ü와 발음이 동일함!

Gymnasium Physik

※ 외래어 y ⇒ [i] : Baby Hobby

Z, z [tsɛt] ('채트' 혹은 '쩨트')

Z, z ⇒ 자음이며, 발음은 [ts] (우리말 자음 'ㅊ' 혹은 'ㅉ')

Arzt Dezember Konzert zu

II. 긴 모음 vs. 짧은 모음

※ **우리말과 달리** 독일어의 경우, 모음의 길고 짧음을 정확히 구분하여 발음하는 것은 성공적인 의사소통을 위한 중요한 조건을 이루게 된다.
이를테면, 임의의 낱말을 발음할 때 모음의 길고 짧음을 구분하지 않게 되면,
대화 상대자가 이를 듣고도 이해하지 못하는 경우들이 빈번히 발생한다.
(따라서 독일어 낱말을 학습할 때 ... 반드시!!! ... 모음의 길고 짧음을 구분하며 발음하도록 충분한 연습이 요구된다!)

긴 모음 (= "장모음")

1. 모음 뒤에 자음 **1**개가 올 경우 ⇒ 장모음!

   예 rot [ro:t]
   ↓
   장모음 (뒤에 자음 **1**개, 즉 **-t**가 옴!)

   geben Glas gut Kino

   〈주의〉 뒤에 자음 1개가 오지만 단모음인 경우 : das es an mit

2. 동일한 모음이 반복될 경우 ⇒ 장모음!

   예 Tee [te:]
   ↓
   장모음 (동일한 모음 e가 반복되어 **ee**임!)

   Staat Idee Boot

3. **-ie**인 경우 ⇒ 장모음 [i:]

   예 Brief [bri:f]
   ↓
   장모음

   Dienstag fliegen lieben viel

4. 모음 뒤에 **-h**가 올 경우 ⇒ 장모음!

   〈주의〉 이 경우 **-h**는 발음되지 않음!

   예 Sohn [zo:n]
   ↓
   장모음 (모음 o 뒤에 **-h**가 옴!)

   fahren gehen ohne Wohnung

5. 모음 뒤에 ß가 올 경우 ⇒ 장모음!

예 groß [gro:s]
↓
장모음 (모음 o 뒤에 -ß가 옴!)

Fuß Straße schließen dreißig

〈주의〉 모음 뒤에 ss가 올 경우는 항상 단모음 : essen Fluss

6. 모음으로 끝나는 1 음절 낱말들 가운데 상당수 ⇒ 장모음!

예 zu [tsu:]
↓
장모음 (1 음절 낱말 'zu'의 끝에 오는 모음!)

du ja so wo

짧은 모음 (= "단모음")

1. 모음 뒤에 상이한 자음 2개 이상이 올 경우 ⇒ 단모음!

예 Land [lant]
↓
단모음 (뒤에 상이한 자음 n과 d가 함께 옴!)

helfen Kind Lampe Tante

2. 모음 뒤에 동일한 자음이 반복될 경우 ⇒ 단모음!

예 dann [dan]
↓
단모음 (뒤에 동일한 자음 n이 반복되어 -nn이 옴!)

Ball kommen Mann Suppe

3. 모음 뒤에 다음과 같은 자음들이 올 경우 ⇒ 단모음!

-x : Taxi
-dt : Stadt
-nk : Bank trinken
-tz : sitzen Katze
-ck : backen dick
-ng : lange singen
-pf : Apfel

4. 접두어 및 어미 ⇒ 단모음!

예 be̲kommen ↓ 단모음 (동사 접두어 'be-')

mache̲n ↓ 단모음 (동사 어미 '-en')

v**e**rstehen g**e**hören ; Blum*e* Reg*en*

III. 낱말의 강세(Akzent)

※ **우리말과 달리** 독일어의 경우, 낱말의 강세를 정확히 실행하는 것 역시 성공적인 의사소통을 위한 중요한 조건을 이루게 된다.
이를테면, 임의의 낱말을 발음할 때 낱말의 강세를 정확히 실행하지 않게 되면, 대화 상대자가 이를 듣고도 이해하지 못하는 경우들이 빈번히 발생한다.
(따라서 독일어 낱말을 학습할 때 ... 반드시!!! ... 낱말의 강세를 정확히 실행할 수 있도록 충분한 연습이 요구된다!)

강세의 기본 원칙 1 :
낱말 끝에 오는 음절은 원칙적으로 강세가 없다!
이 경우 일반적으로 그 앞 음절에 강세가 온다.

Blum*e* Ros*e* Straß*e* ; Adress*e* Banan*e* Tomat*e* ※ 형태 **-e** ⇒ 대부분 여성!

Franzos*e* Kolleg*e* Nam*e*

Mant*el* Schlüss*el* Vog*el*

Brud*er* Hung*er* Lehr*er* Schül*er* Vat*er* Zuck*er* ※ 형태 **-er** ⇒ 대부분 남성!

Mutt*er* Tocht*er* ; Fenst*er* Wass*er* Wett*er* Zimm*er*

Gart*en* Reg*en*

Dokt*or* Profess*or* ※ 형태 **-or** ⇒ '신분, 직업'을 뜻하며, 모두 남성!

Firm*a* Pizz*a* ; Sof*a* Them*a* ※ 형태 **-a** ⇒ 대부분 여성 혹은 중성!

Aut*o* Fot*o* Kin*o* ※ 형태 **-o** ⇒ 모두 중성!

Muse*um* Gymnas*ium* Stud*ium* ※ 형태 **-um** ⇒ 모두 중성!

Gesund*heit* Krank*heit* ; Mög*lichkeit* ※ 형태 **-heit** / **-keit** ⇒ 모두 여성!

Gesell*schaft*　Wirt*schaft*　※ 형태 **-schaft** ⇒ 모두 여성!

Brö*tchen*　Häus*chen*　Mäd*chen*　Tier*chen*　※ 축소명사 **-chen** ⇒ 모두 중성!

Ärzt*in*　Freund*in*　Kolleg*in*　※「남성명사 + **-in**」⇒ 여성명사!

Erkält*ung*　Prüf*ung*　Wohn*ung*　Zeit*ung*　※ 형태 **-ung** ⇒ 모두 여성!

fleiß*ig*　richt*ig*　wen*ig*　※ 형용사 어미 **-ig**

freund*lich*　glück*lich*　mög*lich*　※ 형용사 어미 **-lich**

find*en*　komm*en*　lieb*en*　tanz*en*　※ 동사 어미 **-en**

강세의 기본 원칙 2 :
특정 형태들의 경우, 고유의 강세 규칙이 적용된다. (암기 학습!)

1. 비분리 접두어는 강세가 없다!
   be- [bə-] : *be*kommen　*be*suchen
   er- [ɛɐ-] : *er*klären　*er*innern
   ge- [gə-] : *ge*hören
   ver- [fɛɐ-] : *ver*kaufen　*ver*stehen

2. 분리동사 접두어는 그 자체에 강세!
   anrufen ; ***auf***stehen ; ***aus***gehen ; ***ein***laden

3. 동사 **-ieren** [-i:rən] 혹은 [-iərən] ⇒ '-ieren' 자체 안의 **-i-**에 강세!
   reparieren　studieren

4. 부정의 접두어 **un-** [ʊn-] ⇒ 'un-' 자체에 강세!
   ungesund　unmöglich ; Unfall

5. 명사 **-ie**는 두 가지 경우로 구분!
   [-i:] ⇒ '-ie' 자체에 강세 : Chemie
   [-iə] ⇒ '-ie' 바로 앞 음절에 강세 : Familie

6. 명사 끝에 오는 특정 형태들 ⇒ 자체에 강세!

-ee	:	Idee	Kaffee	Schnee	**-ei**	:	Bäckerei	Polizei	
-ent	:	Präsident	Student		**-ik**	:	Mathematik	Musik	Physik
-ion	:	Information	Station		**-ist**	:	Polizist	Tourist	
-thek	:	Bibliothek			**-tur**	:	Kultur	Literatur	Natur

7. 형용사 **-isch** [-iʃ] ⇒ '-isch' 바로 앞 음절에 강세!

amerikanisch automatisch chinesisch koreanisch

8. 형용사 **-ant** ⇒ '-ant' 자체에 강세!

arrogant interessant

9. 형용사 **-iv** [-i:f] ⇒ '-iv' 자체에 강세!

attraktiv intensiv

10. 국가, 지역, 국민

-ien [-iən] ⇒ '-ien' 바로 앞 음절에 강세 : Australien Italien

China ; Europa ; Japan ; Österreich
Amerika → Amerik*aner* ; England → Englän*der* ; Korea → Kore*aner*
Frankreich → Franz*ose*

02

낱말과 문장

1. 현재 시제 동사 어미변화 (1) : 주어가 ich, du, Sie일 때

[영어]

영어의 현재 시제 : I come ... ; you come ... ; he (she, it) comes ... ; we come ...
주어가 he, she, it일 때 동사에 -s, -es가 붙는 것을 제외하고, 동사 형태 자체는 변화 없다.

[독일어]

독일어의 현재 시제 : 영어와 달리 주어에 따라 일정한 동사 어미가 붙는다.
komm*en* '오다' (영 come)
ich komme ... ; du kommst ... ; er (sie, es) kommt ... ; wir kommen ...

1. 독일어 동사의 원형은 형태가 **-en**

   kommen '오다' (영 come), leben '살다' (영 live), singen '노래하다' (영 sing) ...

2. 현재 시제 : 주어에 따라 동사가 규칙적인 어미변화 한다.

   ich '나는' (영 I) ⇒ ich komme ... (영 I come ...)

   du '너는' (영 you) ⇒ du kommst ... (영 you come ...)

   Sie '당신은' (영 you) ⇒ Sie kommen ... (영 you come ...)

   〈주의〉 영어의 2인칭은 you 한 가지이지만, 독일어의 2인칭은 두 가지로 구분된다.
   du '너는' (영 you) : 친구, 가족 등 친밀한 관계일 때 사용
   Sie '당신은' (영 you) : 낯선 사람, 연령이나 지위가 자신보다 높은 사람 등
   친밀한 관계가 아닐 때 사용 (항상 대문자 표기 : Sie)

Ich lebe hier.

영 I live here. '나는 여기 산다.'

▸ Ich lebe ...
↳ 동사 leb*en* '살다' (영 live) : 주어가 **ich** '나는' (영 I) → lebe

〈주의〉 독일어 **ich**('나는')는 영어의 **I** ('나는')와 달리 소문자 표기 : ich
(여기서는 문장 맨 앞이므로 대문자 : Ich lebe ...)

Du singst gut.

영 You sing well. '너는 노래를 잘 한다.'

▸ Du singst ...
↳ 동사 sing*en* '노래하다' (영 sing) :
주어가 **du** '너는' (영 you) → singst

Sie singen gut.

영 You sing well. '당신은 노래를 잘 하십니다.'

▸ Sie singen ...
↳ 동사 sing*en* '노래하다' (영 sing) :
주어가 **Sie** '당신은' (영 you) → singen

연습문제

✔ 현재 시제이다. 올바른 동사 어미는?

1. ich komm___ / du komm___ / Sie komm___
2. ich leb___ / du leb___ / Sie leb___
3. ich sing___ / du sing___ / Sie sing___

✔ 현재 시제이다. 주어진 동사의 올바른 형태는?

4. lieben : ich ________ / du ________ / Sie ________
5. machen : ich ________ / du ________ / Sie ________
6. trinken : ich ________ / du ________ / Sie ________

정답 · 해설

1. komm*en* '오다' (영 come)
   ich komm**e** / du komm**st** / Sie komm**en**
2. leb*en* '살다' (영 live)
   ich leb**e** / du leb**st** / Sie leb**en**
3. sing*en* '노래하다' (영 sing)
   ich sing**e** / du sing**st** / Sie sing**en**

4. lieb*en* '...을 사랑하다' (영 love)
   ich **lieb*e*** / du **lieb*st*** / Sie **lieb*en***
5. mach*en* '...을 만들다, 행하다' (영 make)
   ich **mach*e*** / du **mach*st*** / Sie **mach*en***
6. trink*en* '...을 마시다' (영 drink)
   ich **trink*e*** / du **trink*st*** / Sie **trink*en***

2. 현재 시제 동사 어미변화 (2) : 주어가 er (sie, es), wir, sie일 때

er '그는' (영 he)
sie '그녀는' (영 she) ⇒ er (sie, es) kommt ... (영 he (she, it) comes ...)
es '그것은' (영 it)

Er kommt aus Deutschland.

영 He comes from Germany. '그는 독일로부터 왔다.' (→ '그는 독일 출신이다.')

▸ Er kommt ...
↳ 동사 komm*en* '오다' (영 come) : 주어가 er '그는' (영 he) → kommt

Sie studiert Musik.

영 She studies music.
'그녀는 음악을 전공한다.'

▸ Sie studiert ...
↓
동사 studier*en* '...을 전공하다' (영 study) :
주어가 여성의 sie '그녀는' (영 she) → studiert
〈주의〉 독일어 명사는 모두 대문자 표기 : Musik

Es beginnt jetzt.

영 It begins now.
'그것은 지금 시작한다.'

▸ Es beginnt ...
↓
동사 beginn*en* '시작하다' (영 begin) :
주어가 es '그것은' (영 it) → beginnt

wir '우리는' (영 we) ⇒ wir kommen ... (영 we come ...)
sie '그들은' (영 they) ⇒ sie kommen ... (영 they come ...)
〈주의〉 형태가 동일한 인칭대명사들을 구분할 것!
sie '그녀는' (영 she) / sie '그들은, 그것들은' (영 they) / Sie '당신은' (영 you)

Wir trinken Wasser.

영 We drink water. '우리는 물을 마신다.'

▸ Wir trinken ...
↓
동사 trink*en* '...을 마시다' (영 drink) :
주어가 wir '우리는' (영 we) → trinken

Sie arbeiten viel.

영 They work much. '그들은 많이 일한다.'

▸ Sie arbeiten ...
↓
동사 arbeit*en* '일하다' (영 work) :
주어가 복수의 sie '그들은' (영 they) → arbeiten

연습문제

✔ 현재 시제이다. 주어진 동사의 올바른 형태는?

1. kommen : ich ________ / du ________ / Sie (영 you) ________
   er (sie, es) ________ / wir ________ / sie (영 they) ________
2. studieren : ich ________ / du ________ / Sie (영 you) ________
   er (sie, es) ________ / wir ________ / sie (영 they) ________
3. beginnen : ich ________ / du ________ / Sie (영 you) ________
   er (sie, es) ________ / wir ________ / sie (영 they) ________
4. trinken : ich ________ / du ________ / Sie (영 you) ________
   er (sie, es) ________ / wir ________ / sie (영 they) ________
5. arbeiten : ich ________ / du ________ / Sie (영 you) ________
   er (sie, es) ________ / wir ________ / sie (영 they) ________

정답 · 해설

1. kommen : ich komm**e** / du komm**st** / Sie komm**en**
   er (sie, es) komm**t** / wir komm**en** / sie komm**en**
2. studieren : ich studier**e** / du studier**st** / Sie studier**en**
   er (sie, es) studier**t** / wir studier**en** / sie studier**en**
3. beginnen : ich beginn**e** / du beginn**st** / Sie beginn**en**
   er (sie, es) beginn**t** / wir beginn**en** / sie beginn**en**
4. trinken : ich trink**e** / du trink**st** / Sie trink**en**
   er (sie, es) trink**t** / wir trink**en** / sie trink**en**
5. arbeiten : ich arbeit**e** / du arbeit**est*** / Sie arbeit**en**
   er (sie, es) arbeit**et*** / wir arbeit**en** / sie arbeit**en**

* 동사 arbei*t*en은 어간 끝이 **-t**임. → 주어가 **du** 혹은 **er** (**sie**, **es**)일 때 발음상 **-e-** 첨가!
du arbeit*est* (즉, arbeit*st* 아님!) ; er (sie, es) arbeit*et* (즉, arbeit*t* 아님!)

3. 문장의 구조 (1) : 의문사 없는 의문문 Kommen Sie ... ?

[영어]

Do you study chemistry? '너는 화학을 전공하니?'

Does he study chemistry? '그는 화학을 전공하니?'

의문사 없는 의문문 : 예문처럼 조동사 **do**, **does** 등이 사용된다.

[독일어]

의문사 없는 의문문 : **영어와 달리** 별도의 조동사 없이, 단지 주어와 동사의 위치가 바뀐다.

Studier*st* du Chemie? 영 Do you study chemistry?

Studier*t* er Chemie? 영 Does he study chemistry?

> 의문사 없는 의문문 ⇒ 동사가 주어 앞으로 온다 : 「동사 + 주어 ... ?」
> 〈참고〉 이러한 어순을 "도치(법)"이라고 한다!

Kommen Sie aus Korea? - Ja, ich komme aus Korea.

영 Do you come from Korea? - Yes, I come from Korea.
'당신은 한국 출신입니까?' - '예, 저는 한국 출신입니다.'

- Komm**en** Sie ...?
  ↓
  의문사 없는 의문문 → 어순은 도치 : 「동사 + 주어 ...?」
  동사 komm*en* '오다' (영 come) : 주어가 **Sie** '당신은' (영 you) → Komm**en**

- ... ich komm**e** ...
  ↓
  의문문 아닌 평서문 → 기본 어순 : 「주어 + 동사 ...」
  주어가 **ich** '나는' (영 I) → komm**e**

Lebt er in Deutschland? - Ja, er lebt in Deutschland.

영 Does he live in Germany? - Yes, he lives in Germany.
'그는 독일에서 살고 있니?' - '응, 그는 독일에서 살고 있어.'

- Leb**t** er ...?
  ↓
  의문사 없는 의문문 → 어순은 도치 : 「동사 + 주어 ...?」
  동사 leb*en* '살다' (영 live) : 주어가 **er** '그는' (영 he) → Leb**t**

- ... er leb**t** ...
  ↓
  의문문 아닌 평서문 → 기본 어순 : 「주어 + 동사 ...」
  주어가 **er** '그는' (영 he) → leb**t**

연습문제

답변을 고려하여 질문을 완성하시오.

1. ______________________? - Ja, er lebt allein.

2. ______________________? - Ja, ich trinke Cola.

3. ______________________? - Ja, sie singt oft.

4. ______________________? - Ja, ich arbeite hier.

5. ______________________? - Ja, er schwimmt gut.

정답 · 해설

1. Leb*t* er allein? - Ja, er leb*t* allein.
   영 Does he live alone? - Yes, he lives alone.
   '그는 혼자 살고 있니?' - '응, 그는 혼자 살고 있어.'

2. [1]Trink*st* du Cola? 혹은 [2]Trink*en* Sie Cola? - Ja, ich trink*e* Cola.
   영 Do you drink coke? - Yes, I drink coke.
   [1] '너는 콜라를 마시니?' - '응, 나는 콜라를 마셔.'
   [2] '당신은 콜라를 마시나요?' - '예, 저는 콜라를 마셔요.'

3. Sing*t* sie oft? - Ja, sie sing*t* oft.
   영 Does she often sing? - Yes, she often sings.
   '그녀는 자주 노래하나요?' - '예, 그녀는 자주 노래해요.'

4. [1]Arbeit*est* du hier? 혹은 [2]Arbeit*en* Sie hier? - Ja, ich arbeit*e* hier.
   영 Do you work here? - Yes, I work here.
   [1] '너는 여기서 일하니?' - '응, 나는 여기서 일해.'
   [2] '당신은 여기서 일하시나요?' - '예, 저는 여기서 일해요.'

5. Schwimm*t* er gut? - Ja, er schwimm*t* gut.
   영 Does he swim well? - Yes, he swims well.
   '그는 수영을 잘 하니?' - '응, 그는 수영을 잘 해.'

4. 문장의 구조 (2) : 의문사 있는 의문문 Wo leben Sie?

[영어]

Where do you live? '너는 어디에 살고 있니?' / Where does he live? '그는 어디에 살고 있니?'

의문사 있는 의문문 : 의문사 where 등은 문장 맨 앞에 오며, 조동사 **do**, **does** 등이 사용된다.

[독일어]

의문사 있는 의문문 : **영어처럼** 의문사가 문장 맨 앞에 온다.

그러나 **영어와 달리** 별도의 조동사 없이, 단지 주어와 동사의 위치가 바뀐다.

Wo leb*st* du? 영 Where do you live? / Wo leb*t* er? 영 Where does he live?

> 의문사 있는 의문문 : 의문사가 문장 맨 앞에 오며, 주어와 동사의 위치가 바뀐다.
> 「의문사 + 동사 + 주어 ... ?」

Wo leben Sie? - Ich lebe in Berlin.

영 Where do you live? - I live in Berlin.

'당신은 어디에 실고 게시나요?' - '저는 베를린에서 살고 있어요.'

- Wo leben Sie?
  의문사 ↳ 의문사 있는 의문문 → 어순은 도치 : 「Wo + 동사 + 주어 ... ?」
  동사 leb*en* '살다' (영 live) : 주어가 Sie '당신은' (영 you) → leb<u>en</u>

- Ich lebe ...
  ↳ 의문문 아닌 평서문 → 기본 어순 : 「주어 + 동사 ...」
  주어가 **ich** '나는' (영 I) → leb<u>e</u>

Wann kommt er? - Er kommt morgen.

영 When does he come? - He will come tomorrow.

'그가 언제 오니?' - '그는 내일 와.'

- Wann kommt er?
  의문사 ↳ 의문사 있는 의문문 → 어순은 도치 : 「Wann + 동사 + 주어 ... ?」
  동사 komm*en* '오다' (영 come) : 주어가 **er** '그는' (영 he) → komm**t**

- Er kommt ...
  ↳ 의문문 아닌 평서문 → 기본 어순 : 「주어 + 동사 ...」
  주어가 **er** '그는' (영 he) → komm<u>t</u>

〈참고〉 독일어는 미래 부사어 morgen('내일' 영 tomorrow) 등이 있더라도 현재 시제를 사용!
(이 경우, 영어는 일반적으로 미래 시제 : He <u>will</u> come tomorrow.)

연습문제

✔ 주어진 낱말을 사용하여 질문을 완성하시오.

1. wann, wir, essen ⇒ ________________________?

2. wo, Peter, arbeiten ⇒ ________________________?

3. was, du, trinken ⇒ ________________________?

✔ 답변을 고려하여 질문을 완성하시오.

4. ________________________? - Es beginnt um 6 Uhr.

5. ________________________? - Ja, er geht heute.

6. ________________________? - Ich bleibe hier.

정답 · 해설

1. Wann ess*en* wir?
   - 영 When do we eat? '우리는 언제 식사하지?'
2. Wo arbeit*et* Peter?
   - 영 Where does Peter work? '페터가 어디서 일하지?'
3. Was trink*st* du?
   - 영 What do you drink? '너는 무엇을 마시니?'

4. Wann beginn*t* es? - Es beginnt um 6 Uhr.
   - 영 When does it begin? - It begins at 6 o'clock.
     '언제 그것이 시작하지?' - '그것은 6시에 시작해.'
5. Geh*t* er heute? - Ja, er geh*t* heute.
   - 영 Will he go today? - Yes, he'll go today.
     '그는 오늘 가니?' - '응, 그는 오늘 가.'
6. [1]Wo bleib*st* du? 혹은 [2]Wo bleib*en* Sie? - Ich bleibe hier.
   - 영 Where do you stay? - I stay here.
     [1] '너는 어디에서 머무르니?' - '나는 여기 머물러.'
     [2] '당신은 어디에서 머무르시나요?' - '저는 여기 머물러요.'

5. 문장의 구조 (3) : 부정문 ... ich lebe nicht ...

[영어]

I do not / don't live here. '나는 여기 살지 않아.'

He does not / doesn't live here. '그는 여기 살지 않아.'

부정문 : 조동사 do, does 등이 부정어 not과 함께 오거나, 그 축약형이 사용된다.

[독일어]

독일어 부정문 : 영어와 달리 조동사가 없고, 단순히 부정어 nicht(영 not)가 일정 위치에 온다.

Ich leb*e* nicht hier. 영 I do not / don't live here.

Er leb*t* nicht hier. 영 He does not / doesn't live here.

> 부정문 ⇒ 동사 뒤에 있는 요소들 중에서 부정하려는 것 앞에
> 부정어 nicht(영 not)가 온다!

Lebst du in München? - Nein, ich lebe nicht in München.

영 Do you live in Munich? - No, I don't live in Munich.

'너는 뮌헨에서 살고 있니?' - '아니, 나는 뮌헨에서 살지 않아.'

▸ Lebst du ...?
↳ 의문사 없는 의문문 → 어순은 도치 : 「동사 + 주어 ...?」
동사 leb*en* '살다' (영 live) : 주어가 du ('너는' 영 you) → Leb*st*

▸ ... ich lebe nicht in München
↓ ↳ 부정문 : 부정하려는 요소 "in München" 앞에 nicht가 옴.
주어가 ich (영 I)
→ leb*e*

Kommt Peter heute? - Nein, er kommt nicht heute.

영 Does Peter come today? - No, he doesn't come today.

'페터는 오늘 오니?' - '아니, 그는 오늘 오지 않아.'

▸ Kommt Peter ...?
↳ 의문사 없는 의문문 → 어순은 도치 : 「동사 + 주어 ...?」
동사 komm*en* '오다' (영 come) : 주어 Peter는 er(영 he)에 해당 → Komm*t*

▸ ... er kommt nicht heute
↓ ↳ 부정문 : 부정하려는 요소 "heute" 앞에 nicht가 옴.
주어가 er (영 he)
→ komm*t*

연습문제

질문에 부정으로 답하시오.

1. Kommt sie aus Deutschland? - Nein, ______________________.

2. Arbeitest du hier? - Nein, ______________________.

3. Schwimmt er gut? - Nein, ______________________.

주어진 낱말을 사용하여 질문과 답변을 완성하시오.

4. (reden / Herr Müller / viel)

______________________? - Nein, ______________________.

5. (leben / Peter und Maria / wo / in Berlin)

______________________? - ______________________.

정답 · 해설

1. Komm*t* sie aus Deutschland? - Nein, **sie komm*t* nicht aus Deutschland**.

   영 Does she come from Germany? - No, she doesn't come from Germany.
   '그녀는 독일 출신이니?' - '아니, 그녀는 독일 출신이 아니야.'

2. Arbeit*est* du hier? - Nein, **ich arbeit*e* nicht hier**.

   영 Do you work here? - No, I don't work here.
   '너는 여기서 일하니?' - '아니, 나는 여기서 일하지 않아.'

3. Schwimm*t* er gut? - Nein, **er schwimm*t* nicht gut**.

   영 Does he swim well? - No, he doesn't swim well.
   '그는 수영을 잘 하니?' - '아니, 그는 수영을 잘 하지 못해.'

4. **Red*et* Herr Müller viel**? - Nein, **er red*et* nicht viel**.

   영 Does Mr. Müller talk much? - No, he doesn't talk much.
   '뮐러 씨는 말을 많이 하니?' - '아니, 그는 말을 많이 하지 않아.'

5. **Wo leb*en* Peter und Maria**? - **Sie leb*en* in Berlin**.

   영 Where do Peter und Maria live? - They live in Berlin.
   '페터와 마리아는 어디에 사니?' - '그들은 베를린에 살아.'

6. 문장의 구조 (4) : 평서문의 도치 Jetzt spielt er ...

[영어]

Now I understand it. '이제 나는 그것을 이해해.'

영어는 원칙적으로 문장 맨 앞에 주어, 그리고 이어서 동사가 온다.
그러나 위 예문에서 부사어 "Now"처럼 주어 아닌 다른 요소가 맨 앞에 올 수도 있다.
이 경우도 어순은 일반적으로 「... 주어 + 동사 ...」가 유지된다.

[독일어]

영어와 달리 독일어는 주어 아닌 다른 요소가 문장 맨 앞에 오는 경우가 매우 빈번하며,
이 경우 어순은 영어와 달리 반드시 도치되어 「... 동사 + 주어 ...」이어야 한다.

Jetzt verstehe ich es. ↔ 영 Now I understand it.
동사 + 주어 / 주어 + 동사

> 주어 아닌 다른 요소, 즉 부사어, 목적어 등이 문장 맨 앞에 올 경우
> ⇒ 어순은 반드시 도치되어 「... 동사 + 주어 ...」이어야 한다.

Jetzt spielt er Fußball.

영 Now he is playing football. 혹은 He is playing football now.
'지금 그는 축구를 한다.'

▸ Jetzt spiel*t* er ...
↓
주어 아닌 부사어 jetzt(영 now)가 문장 맨 앞에 옴.
→ 그 뒤의 어순은 도치 : Jetzt spiel*t* (동사) er (주어) ...

〈참고〉 독일어는 영어와 달리 "현재 진행" 시제가 없다!
따라서 '...하는 중이다'라는 의미를 나타낼 경우,
단순히 현재 시제에 jetzt('지금' 영 now), gerade('막, 방금' 영 just) 등의 부사어를 사용 :
Er singt gerade. ('그는 막 노래한다' →) '그는 노래하는 중이다.'
영 He is singing.

Hier lebe ich allein.

영 Here I live alone. 혹은 I live alone here.
'여기서 나는 혼자 살아.'

▸ Hier leb*e* ich ...
↓
주어 아닌 부사어 hier(영 here)가 문장 맨 앞에 옴.
→ 그 뒤의 어순은 도치 : Hier leb*e* (동사) ich (주어) ...

연습문제

주어진 문장을 바꾸어 말할 때 올바른 형태는?

1. Ich trinke jetzt Bier. ⇒ Jetzt ______________________.

2. Er lebt allein in München. ⇒ In München ______________________.

3. Wir spielen oft Tennis. ⇒ Oft ______________________.

주어진 낱말을 사용하여 답변을 완성하시오.

4. Wann kommt Peter? Kommt er morgen? - Ja, morgen ________________.
(er / kommen / mit Maria)

5. Wo bleibst du heute? Bleibst du hier? - Nein, heute ________________.
(ich / bleiben / hier / nicht)

정답 · 해설

1. Ich trinke jetzt Bier. ⇒ Jetzt trink*e* ich Bier.
   - 영 I'm drinking beer now
     '나는 지금 맥주를 마신다.'
   - 영 Now I'm drinking beer. (혹은 I'm drinking beer now.)
     '지금 나는 맥주를 마신다.'

2. Er lebt allein in München. ⇒ In München leb*t* er allein.
   - 영 He lives alone in Munich.
     '그는 혼자 뮌헨에서 산다.'
   - 영 In Munich he lives alone. (혹은 He lives alone in Munich.)
     '뮌헨에서 그는 혼자 산다.'

3. Wir spielen oft Tennis. ⇒ Oft spiel*en* wir Tennis.
   - 영 We often play tennis.
     '우리는 자주 테니스를 친다.'
   - 영 We often play tennis.
     '자주 우리는 테니스를 친다.'

4. Wann kommt Peter? Kommt er morgen? - Ja, morgen komm*t* er mit Maria.
   - 영 When will Peter come? Will he come tomorrow? - Yes, tomorrow he'll come with Maria.
     (혹은 Yes, he'll come with Maria tomorrow.)
     '언제 페터가 오니? 그는 내일 오니?' - '응, 내일 그는 마리아와 함께 와.'

5. Wo bleibst du heute? Bleibst du hier? - Nein, heute bleib*e* ich nicht hier.
   - 영 Where will you stay today? Will you stay here? - No, today I will not stay here.
     (혹은 No, I will not stay here today.)
     '너는 오늘 어디서 머무르니? 너는 여기 머무르니?' - '아니, 오늘 나는 여기 머물지 않아.'

7. 문장의 구조 (5) : Sie-명령문 / du-명령문

[영어]

영어의 명령문 ⇒ 한 가지 형식 : 「동사 원형 ...」 '...해라.' 혹은 '...하세요.'

Live here. '여기서 살아라.' 혹은 '여기서 사세요.'

[독일어]

독일어의 명령문 ⇒ **영어와 달리** "**Sie**-명령문"과 "**du**-명령문" 두 가지 형식이 있다.

1. **Sie**-명령문 : 상대방을 **Sie**('당신' 영 you)로 호칭할 경우의 명령문
   「동사 원형 + **Sie** ... !」 '... 하세요'

   Leben Sie hier! '여기서 사세요.' (영 Live here.)

2. **du**-명령문 : 상대방을 du('너는' 영 you)로 호칭할 경우의 명령문
   「동사 어간 ... !」 '... 해라'

   Leb hier! '여기 살아라.' (영 Live here.)

〈주의〉 독일어 명령문은 일반적으로 느낌표(!)가 오지만 마침표(.)도 가능!

Spielen Sie Tennis! ↔ **Spiel** Tennis!

영 **Play** tennis. '테니스를 치세요.'

▸ Spiel**en** **Sie** ... !
↓
Sie-명령문 → 「동사 원형 Spiel**en** + **Sie**」

영 **Play** tennis. '테니스를 쳐라.'

▸ Spiel ... !
↓
du-명령문 → 동사 spiel*en*의 어간 **Spiel**

Kommen Sie wieder! ↔ **Komm** wieder!

영 **Come** again. '다시 오세요.'

▸ Komm**en** **Sie** ... !
↓
Sie-명령문 → 「동사 원형 Komm**en** + **Sie**」

영 **Come** again. '다시 와라.'

▸ Komm ... !
↓
du-명령문 → 동사 komm*en*의 어간 **Komm**

Trinken Sie nicht so schnell, bitte!

영 **Don't drink** so fast, please. '그렇게 빨리 마시지 마세요.'

▸ Trink**en** **Sie** ... !
↓
Sie-명령문 → 「동사 원형 Trink**en** + **Sie**」

〈참고〉 **bitte**(영 please)는 정중한 표현에 사용! → 우리말 해석 굳이 필요 없음!

연습문제

✔ 주어진 동사의 du-명령문 및 Sie-명령문은?

	du-명령문		Sie-명령문
1. trinken :	________ nicht so viel!	/	________ nicht so viel!
2. singen :	________ bitte ein Lied!	/	________ bitte ein Lied!
3. warten :	________ einen Moment!	/	________ einen Moment!
4. spielen :	Bitte ________ nicht hier!	/	Bitte ________ nicht hier!
5. sagen :	________ das noch einmal!	/	________ das noch einmal!

정답 · 해설

1. Trink nicht so viel! / Trinken Sie nicht so viel!
   - 영 Don't drink so much. '그렇게 많이 마시지 마라.' / 영 Don't drink so much. '그렇게 많이 마시지 마세요.'
2. Sing bitte ein Lied! / Singen Sie bitte ein Lied!
   - 영 Please sing a song. '노래 하나 불러라.' / 영 Please sing a song. '노래 하나 부르세요.'
3. Warte einen Moment! / Warten Sie einen Moment!
   - 영 Wait a moment. '잠시 기다려라.' / 영 Wait a moment. '잠시 기다리세요.'
4. Bitte spiel nicht hier! / Bitte spielen Sie nicht hier!
   - 영 Please don't play here. '여기서 놀지 마라.' / 영 Please don't play here. '여기서 놀지 마세요.'
5. Sag das noch einmal! / Sagen Sie das noch einmal!
   - 영 Say that once more. '그것을 다시 한번 말해라.' / 영 Say that once more. '그것을 다시 한번 말하세요.'

8. 동사 sein : 동사 sein의 불규칙 형태

[영어]

I am ... ; you are ... ; he (she, it) is ... ; we are ...

이와 같이 영어의 be 동사는 형태가 불규칙적이며, 크게 두 가지 의미를 지닌다.

[1] (명사 혹은 형용사 보어와 함께) '...이다' : He is a man. '그는 남자이다.' / He is young. '그는 젊다.'

[2] '있다, 존재하다' : He is in Germany. '그는 독일에 있다'

[독일어]

독일어 동사 sein(영 be) 역시 영어처럼 형태가 불규칙적이며, 의미는 두 가지이다.

동사 sein (영 be) : [1] (명사, 형용사 보어와 함께) '...이다' ; [2] '있다, 존재하다'

ich bin ...	'나는 ...이다'	(영 I am ...)
du bist ...	'너는 ...이다'	(영 you are ...)
er (sie, es) ist ...	'그는 (그녀는, 그것은) ...이다'	(영 he (she, it) is ...)
wir sind ...	'우리는 ...이다'	(영 we are ...)
sie sind ...	'그들은, 그것들은 ...이다'	(영 they are ...)
Sie sind ...	'당신은 ...이다'	(영 you are ...)

Bist du müde? - Ja, ich bin müde.

영 Are you tired? - Yes, I am tired. '너는 피곤하니?' - '응, 나는 피곤해.'

▸ Bist du ...?
↳ 의문사 없는 의문문 ⇒ 어순은 도치 「동사 + 주어 ...?」:
주어가 du → 동사 sein의 형태는 bist

▸ ... ich bin ...
↳ 주어가 ich → 동사 sein의 형태는 bin

Sind Sie Student? - Ja, ich bin Student.

영 Are you a student? - Yes, I am a student. '당신은 대학생입니까?' - '예, 저는 대학생입니다.'

▸ Sind Sie ...?
↳ 의문사 없는 의문문 ⇒ 어순은 도치 「동사 + 주어 ...?」 :
주어가 Sie '당신' → 동사 sein의 형태는 sind

▸ ... ich bin ...
↳ 주어가 ich → 동사 sein의 형태는 bin

〈주의〉 영어와 달리 독일어는 '신분'을 규정할 경우, 동사 sein(영 be) 뒤의 명사 보어에 관사 없음 :
Ich bin Student. ↔ 영 I am a student.

Wir sind sehr glücklich.

영 We are very happy. '우리는 매우 행복하다.'

▸ Wir sind ...
  ↳ 주어가 wir → 동사 sein의 형태는 sind

Herr Müller ist Lehrer. Er ist noch jung und gesund.

영 Mr. Müller is a teacher. He is still young and healthy.
'뮐러 씨는 선생님이다. 그는 아직 젊고 건강하다.'

▸ Herr Müller ist ...?
  ↳ 주어 "Herr Müller"는 er(영 he)에 해당 → 동사 sein의 형태는 ist

▸ Er ist ...
  ↳ 주어가 er → 동사 sein의 형태는 ist

Wo ist Maria? - Sie ist in Deutschland.

영 Where is Maria? - She is in Germany. '마리아는 어디에 있지?' - '그녀는 독일에 있어.'

▸ Wo ist Maria?
  ↳ 의문사 있는 의문문 ⇒ 의문사 wo(영 where)는 문장 맨 앞에 오고, 어순은 도치 「... 동사 + 주어 ...?」
  주어 "Maria"는 sie(영 she)에 해당 → 동사 sein의 형태는 ist

▸ Sie ist ...
  ↳ 주어는 앞의 "Maria"를 받는 여성의 sie(영 she) → 동사 sein의 형태는 ist

「Das ist ...」 '이것/저것/그것은 ...이다' (영 this/that/it is ...)

Ist das gut? - Nein, das ist nicht gut.

영 Is that good. - No, it is not good. '그것은 좋으니?' - '아니, 그것은 좋지 않아.'

▸ Ist das ...?
  ↳ 의문사 없는 의문문! ⇒ 「Das ist ...」의 어순이 도치됨 : Ist das ...?

Wer ist das? - Das ist Herr Müller.

영 Who is this? - It is Mr. Müller. '이것은 누구니?' - '그것은 뮐러 씨야.'

▸ Wer ist das?
  ↳ 의문사 있는 의문문! ⇒ 의문사 wer(영 who)가 문장 맨 앞에 오고,
  「Das ist ...」의 어순은 도치 : Wer ist das?

연습문제

주어에 따른 동사 sein의 올바른 형태는?

ich ________ / du ________ / er ________ / es ________

wir ________ / sie ________ / sie ________ / Sie ________

sie ↳ '그녀' 영 she / sie ↳ '그들' 영 they / Sie ↳ '당신' 영 you

동사 sein의 올바른 형태는?

1. ________ du Arzt? - Ja, ich ________ Arzt.

2. Wo ________ er? - Er ________ in Deutschland.

3. Wir ________ nicht krank. Wir ________ gesund.

4. ________ Maria hier? - Ja, sie ________ hier.

5. ________ du beschäftigt? - Nein, ich ________ jetzt frei.

6. Wer ________ Sie? - Ich ________ Thomas Müller.

7. Wo ________ sie? - Jetzt ________ sie im Garten.

8. Wie ________ Thomas? ________ er jung? - Ja, er ________ noch jung.

9. Was ________ das? ________ das ein Haus? - Ja, das ________ ein Haus.

10. ________ das groß? - Nein, das ________ nicht groß. Das ________ sehr klein.

ich bin	du bist	er ist	es ist
wir sind	sie ist	sie sind	Sie sind

1. Bist du Arzt? - Ja, ich bin Arzt.
   영 Are you a doctor? - Yes, I am a doctor. '너는 의사니?' - '응, 나는 의사야.'
2. Wo ist er? - Er ist in Deutschland.
   영 Where is he? - He is in Germany. '그는 어디에 있니?' - '그는 독일에 있어.'
3. Wir sind nicht krank. Wir sind gesund.
   영 We are not sick. We are healthy. '우리는 아프지 않아. 우리는 건강해.'
4. Ist Maria hier? - Ja, sie ist hier.
   영 Is Maria here? - Yes, she is here. '마리아가 여기 있니?' - '응, 그녀는 여기 있어.'
5. Bist du beschäftigt? - Nein, ich bin jetzt frei.
   영 Are you busy? - No, I am free now.
   '너는 바쁘니?' - '아니, 나는 지금 자유야.'
6. Wer sind Sie? - Ich bin Thomas Müller.
   영 Who are you? - I am Thomas Müller.
   '당신은 누구신가요?' - '저는 토마스 뮐러입니다.'
7. Wo sind sie? - Jetzt sind sie im Garten.
   영 Where are they? - Now they are in the garden.
   '그들은 어디에 있지?' - '지금 그들은 정원 안에 있어.'
8. Wie ist Thomas? Ist er jung? - Ja, er ist noch jung.
   영 How is Thomas? Is he young? - Yes, he is still young.
   '토마스는 어떠니? 그는 젊었니?' - '응, 그는 아직 젊어.'
9. Was ist das? Ist das ein Haus? - Ja, das ist ein Haus.
   영 What is this? Is this a house? - Yes, it is a house.
   '이것은 무엇이니? 이것은 집이니?' - '응, 그것은 집이야.'
10. Ist das groß? - Nein, das ist nicht groß. Das ist sehr klein.
   영 Is it big? - No, it is not big. It is very small.
   '그것은 크니?' - '아니, 그것은 크지 않아. 그것은 매우 작아.'

9. 명사의 성, 수 (1) : 남성, 여성, 중성명사 / 정관사 및 부정관사

[영어]

남성, 여성, 중성과 같은 명사의 성은 문법적으로 중요하지 않다!

정관사 **the** 및 부정관사 **a**, **an**은 변화 없이 항상 일정하다!

[독일어]

영어와 달리 모든 명사는 남성, 여성, 중성 중의 하나로서, 이러한 명사의 성은 문법적으로 중요하다!

영어와 달리 명사의 성에 따라 정관사 및 부정관사가 상이하다.

■ 남성명사 ⇒ 정관사 **der** ... ; 부정관사 **ein** ...

der Mann '그 남자' (영 **the** man) ; **ein** Mann '한 남자' (영 **a** man)

der Apfel '그 사과' (영 **the** apple) ; **ein** Apfel '한 사과' (영 **an** apple)

■ 여성명사 ⇒ 정관사 **die** ... ; 부정관사 **eine** ...

die Frau '그 여자' (영 **the** woman) ; **eine** Frau '한 여자' (영 **a** woman)

die Blume '그 꽃' (영 **the** flower) ; **eine** Blume '한 꽃' (영 **a** flower)

■ 중성명사 ⇒ 정관사 **das** ... ; 부정관사 **ein** ...

das Kind '그 아이' (영 **the** child) ; **ein** Kind '한 아이' (영 **a** child)

das Buch '그 책' (영 **the** book) ; **ein** Buch '한 책' (영 **a** book)

Der Mann kommt aus Deutschland.

영 The man comes from Germany.

'그 남자는 독일 출신이다.'

/

Ich bin ein Mann.

영 I am a man.

'나는 성인 남자이다.'

Die Frau lebt hier.

영 The woman lives here.

'그 여자는 이곳에서 살고 있다.'

/

Du bist eine Frau.

영 You are a woman.

'너는 성인 여자이다.'

Das Kind lernt schnell.

영 The child learns fast.

'그 아이는 빨리 배운다.'

/

Das ist ein Kind.

영 This is a child.

'이것은 아이이다.'

연습문제

✔ 아래 〈보기〉를 참고하여 각 명사의 정관사 d- 및 부정관사 ein-의 형태를 적으시오.

d___	Arbeit	/	ein___	Arbeit	d___	Land	/	ein___	Land
d___	Zug	/	ein___	Zug	d___	Baum	/	ein___	Baum
d___	Stadt	/	ein___	Stadt	d___	Haus	/	ein___	Haus

<보기>

남성명사 :	Baum (영 tree)	;	Zug (영 train)
여성명사 :	Arbeit (영 work)	;	Stadt (영 city)
중성명사 :	Haus (영 house)	;	Land (영 country)

✔ 정관사 d- 및 부정관사 ein-의 올바른 형태는?

1. D___ Mann und d___ Frau trinken Tee.
2. Dort spielt ein___ Kind.
3. Was ist das? Ist das ein___ Hund? - Nein, das ist ein___ Katze.
4. D___ Zimmer ist kalt und dunkel.

정답 · 해설

die	Arbeit	/	eine	Arbeit	das	Land	/	ein_	Land
der	Zug	/	ein_	Zug	der	Baum	/	ein_	Baum
die	Stadt	/	eine	Stadt	das	Haus	/	ein_	Haus

1. Der Mann und die Frau trinken Tee.
   영 The man and the woman drink tea. '그 남자와 그 여자는 차를 마신다.'
2. Dort spielt ein_ Kind.
   영 A child is playing there '저기서 한 아이가 놀고 있다.'
3. Was ist das? Ist das ein_ Hund? - Nein, das ist eine Katze.
   영 What is this? Is this a dog? - No, it is a cat.
   '이것은 무엇이니? 이것은 개니?' - '아니, 그것은 고양이야.'
4. Das Zimmer ist kalt und dunkel.
   영 The room is cold and dark. '그 방은 차고 어둡다.'

10. 명사의 성, 수 (2) : 낱말의 의미와 형태에 따른 명사의 성 구분

[영어/독일어]

영어와 달리 독일어의 모든 명사는 남성, 여성, 중성 중의 하나이다.
원칙적으로는, 개별 낱말마다 성이 무엇인지를 학습해야 하겠지만,
대부분의 명사는 그 의미나 형태에 의해 성을 알 수 있다.

(남성명사)

1. '남자'를 뜻하는 명사

   der Mann 남자 (영 man) / der Vater 아버지 (영 father)

2. '신분, 직업'을 뜻하는 명사

   der Freund 친구 (영 friend) / der Student 대학생 (영 student)

3. 형태가 -er

   der Arbeiter 노동자 (영 worker) ⇐ arbeit*en* 일하다 (영 work)

   der Musiker 음악가 (영 musician) ⇐ Musik 음악 (영 music)

(여성명사)

1. '여자'를 뜻하는 명사

   die Frau 여자 (영 woman) / die Mutter 어머니 (영 mother)

2. ('신분, 직업'을 뜻하는) 남성명사 + -in

   die Freundin 여자 친구 (영 friend) ⇐ der Freund 친구 (영 friend)

   die Studentin 여자 대학생 (영 student) ⇐ der Student 대학생 (영 student)

3. 형태가 -e

   die Blume 꽃 (영 flower) / die Straße 거리 (영 street, road)

(중성명사)

1. "축소 명사" : 형태가 -chen이며, '작은 ...'을 뜻하는 명사

   das Brötchen 작은 빵 (영 roll, hard roll) ⇐ das Brot 빵 (영 bread)

   das Händchen 작은 손 (영 little hand) ⇐ die Hand 손 (영 hand)

   das Mädchen ('작은 여자'로서) 소녀 (영 girl)

2. 형태가 -o

   das Auto 자동차 (영 car) / das Kino 영화관 (영 cinema)

연습문제

✔ 각 명사의 성에 따라 정관사 d- 및 부정관사 ein-의 올바른 형태를 넣으시오.

d__ Frau	/	ein__ Frau		d__ Kind	/	ein__ Kind
d__ Apfel	/	ein__ Apfel		d__ Mann	/	ein__ Mann
d__ Buch	/	ein__ Buch		d__ Blume	/	ein__ Blume

✔ 각 명사의 성을 파악하여 정관사 d-로 표시하시오.

d__ Sprache	d__ Kollege	d__ Häuschen	d__ Büro
d__ Lehrer	d__ Foto	d__ Fernseher	d__ Schülerin
d__ Sohn	d__ Schule	d__ Tochter	d__ Gast
d__ Wohnung	d__ Kultur	d__ Station	d__ Wirtschaft
d__ Polizei	d__ Museum	d__ Gesundheit	d__ Kaufhaus

정답 · 해설

die Frau	/	eine Frau		das Kind	/	ein_ Kind
der Apfel	/	ein_ Apfel		der Mann	/	ein_ Mann
das Buch	/	ein_ Buch		die Blume	/	eine Blume

die Sprache ↳ 형태 -e ⇒ 여성	der Kollege ↳ '신분' ⇒ 남성	das Häuschen ↳ 축소명사 -chen ⇒ 중성	das Büro ↳ 형태 -o ⇒ 중성
der Lehrer ↳ 형태 -er ⇒ 남성	das Foto ↳ 형태 -o ⇒ 중성	der Fernseher ↳ 형태 -er ⇒ 남성	die Schülerin ↳ 남성 + -in ⇒ 여성
der Sohn ↳ '남자' ⇒ 남성	die Schule ↳ 형태 -e ⇒ 여성	die Tochter ↳ '여자' ⇒ 여성	der Gast ↳ '신분' ⇒ 남성
die Wohnung ↳ 형태 -ung ⇒ 여성	die Kultur ↳ 형태 -tur ⇒ 여성	die Station ↳ 형태 -ion ⇒ 여성	die Wirtschaft ↳ 형태 -schaft ⇒ 여성
die Polizei ↳ 형태 -ei ⇒ 여성	das Museum ↳ 형태 -um ⇒ 중성	die Gesundheit ↳ 형태 -heit/-keit ⇒ 여성	das Kaufhaus ↳ 합성어 : Kauf + Haus 맨 뒤 요소 Haus에 일치!

11. 명사의 성, 수 (3) : 복수명사의 형태

[영어]

명사의 복수 : 단수형에 -s, -es가 붙는다. (약간의 예외 : child ⇒ children)

[독일어]

명사의 복수 : 영어와 달리 모두 8 가지 유형이 있다.

복수명사 ⇒ 정관사 die ; 부정관사 없음!

(유형 1) 단수형과 동일

der Arbeiter 노동자 (영 worker) ⇒ 복수 : die Arbeiter 노동자들 (영 workers)

(유형 1-1) 단수형과 동일 (& 움라우트!)

der Bruder 남자 형제 (영 brother) ⇒ 복수 : die Brüder 남자 형제들 (영 brothers)

(유형 2) 단수형에 -e

der Freund 친구 (영 friend) ⇒ 복수 : die Freunde 친구들 (영 friends)

(유형 2-1) 단수형에 -e (& 움라우트!)

die Hand 손 (영 hand) ⇒ 복수 : die Hände 손들 (영 hands)

(유형 3) 단수형에 -er

das Kind 아이 (영 child) ⇒ 복수 : die Kinder 아이들 (영 children)

(유형 3-1) 단수형에 -er (& 움라우트!)

der Mann 남자 (영 man) ⇒ 복수 : die Männer 남자들 (영 men)

(유형 4) 단수형에 -n

die Blume 꽃 (영 flower) ⇒ 복수 : die Blumen 꽃들 (영 flowers)

(유형 4-1) 단수형에 -en

die Frau 여자 (영 woman) ⇒ 복수 : die Frauen 여자들 (영 women)

※ 몇몇 외래어들은 복수형이 예외적!

das Auto 자동차 (영 car) ⇒ 복수 : die Autos 자동차들 (영 cars)

die Firma 회사 (영 company) ⇒ 복수 : die Firmen 회사들 (영 companies)

연습문제

괄호 안의 유형에 따라 각 명사의 복수형을 파악하시오.

(유형 Arbeiter)	der Computer	⇒	die ________	/	das Fenster	⇒	die ________
(유형 Bruder)	der Garten	⇒	die ________	/	der Vater	⇒	die ________
(유형 Freund)	das Jahr	⇒	die ________	/	der Hund	⇒	die ________
(유형 Hand)	der Baum	⇒	die ________	/	der Arzt	⇒	die ________
(유형 Kind)	das Bild	⇒	die ________	/	das Ei	⇒	die ________
(유형 Mann)	das Buch	⇒	die ________	/	das Wort	⇒	die ________
(유형 Blume)	die Karte	⇒	die ________	/	der Kollege	⇒	die ________
(유형 Frau)	der Student	⇒	die ________	/	die Tür	⇒	die ________
(유형 Firma)	das Thema	⇒	die ________	/	die Pizza	⇒	die ________
(유형 Auto)	das Restaurant	⇒	die ________	/	der Chef	⇒	die ________

정답 · 해설

der Computer	⇒	die Computer	/	das Fenster	⇒	die Fenster
der Garten	⇒	die Gärten	/	der Vater	⇒	die Väter
das Jahr	⇒	die Jahre	/	der Hund	⇒	die Hunde
der Baum	⇒	die Bäume	/	der Arzt	⇒	die Ärzte
das Bild	⇒	die Bilder	/	das Ei	⇒	die Eier
das Buch	⇒	die Bücher	/	das Wort	⇒	die Wörter
die Karte	⇒	die Karten	/	der Kollege	⇒	die Kollegen
der Student	⇒	die Studenten	/	die Tür	⇒	die Türen
das Thema	⇒	die Themen	/	die Pizza	⇒	die Pizzen (혹은 Pizzas)
das Restaurant	⇒	die Restaurants	/	der Chef	⇒	die Chefs

12. 명사의 성, 수 (4) : 낱말의 형태에 따른 복수형 구분

[영어/독일어]

독일어의 명사 복수형은 영어와 달리 다양하게 나타난다.
원칙적으로는 개별 낱말마다 그 복수형을 학습해야 하겠지만,
대부분의 명사는 그 형태를 통해 복수형을 알 수 있다!

■ 형태가 **-e** ⇒ 거의 모두 여성 ; 복수형 **-n**

die Blume 꽃 (영 flower) ⇒ die Blumen (영 flowers)

die Straße 거리 (영 street) ⇒ die Straßen (영 streets)

■ 형태가 **-er** ⇒ 거의 모두 남성 ; 복수형은 단수형과 동일!

der Arbeiter 노동자 (영 worker) ⇒ die Arbeit*er* (영 workers)

der Koreaner 한국인 (영 Korean) ⇒ die Korean*er* (영 Koreans)

■ 축소명사 **-chen** ⇒ 모두 중성 ; 복수형은 단수형과 동일!

das Mädchen 소녀 (영 girl) ⇒ die Mäd*chen* (영 girls)

das Brötchen 작은 빵 (영 roll) ⇒ die Bröt*chen* (영 rolls)

■ 형태가 **-ung** ⇒ 모두 여성 ; 복수형 **-en**

wohn*en* 거주하다 (영 live)
↳ die Wohnung 아파트 (영 appartment) ⇒ die Wohn*ungen* (영 appartments)

üb*en* 연습하다 (영 practise)
↳ die Übung 연습 (영 practice) ⇒ die Üb*ungen* (영 practices)

■ 형태가 **-o** ⇒ 모두 중성 ; 복수형 **-s**

das Auto 자동차 (영 car) ⇒ die Autos (영 cars)

das Foto 사진 (영 photo) ⇒ die Fotos (영 photos)

※ 항상 복수인 명사 (단수 없음!)

die Leute 사람들 (영 people) / die Eltern 부모 (영 parents)

연습문제

각 명사의 성과 복수형을 파악하시오.

d__ Prüfung ; die ______		d__ Lampe ; die ______	
d__ Büro ; die ______		d__ Musiker ; die ______	
d__ Schauspieler ; die ______		d__ Tierchen ; die ______	
d__ Reise ; die ______		d__ Zeitung ; die ______	
d__ Häuschen ; die ______		d__ Kino ; die ______	
d__ Freundin ; die ______		d__ Gesellschaft ; die ______	
d__ Information ; die ______		d__ Krankheit ; die ______	
d__ Studium ; die ______		d__ Polizist ; die ______	
d__ Doktor ; die ______		d__ Wörterbuch ; die ______	
d__ Ferien ; die ______		d__ Literatur ; die ______	
d__ Bäckerei ; die ______		d__ Student ; die ______	

정답 · 해설

die Prüf*ung* ; die Prüfungen

das Bür*o* ; die Büros

der Schauspiel*er* ; die Schauspieler

die Reise ; die Reisen

das Häus*chen* ; die Häuschen

die Lamp*e* ; die Lampen

der Musik*er* ; die Musiker

das Tier*chen* ; die Tierchen

die Zeit*ung* ; die Zeitungen

das Kin*o* ; die Kinos

die Freund*in* ; die Freundinnen
↳ 남성명사 + -in ⇒ 여성이며, 복수형은 -nen

die Informat*ion* ; die Informationen
↳ 형태 -ion ⇒ 여성이며, 복수형은 -en

das Studi*um* ; die Studien
↳ 형태 -um ⇒ 중성이며, 복수형은 -um이 -en으로 변형!

der Dokt*or* ; die Doktoren
↳ 형태 -or ('신분, 직업') ⇒ 남성이며, 복수형은 -en

die Ferien
↳ 항상 복수 (단수 없음!)

die Bäcker*ei* ; die Bäckereien
↳ 형태 -ei ⇒ 여성이며, 복수형은 -en

die Gesell*schaft* ; die Gesellschaften
↳ 형태 -schaft ⇒ 여성이며, 복수형은 -en

die Krank*heit* ; die Krankheiten
↳ 형태 -heit/-keit ⇒ 여성이며, 복수형은 -en

der Poliz*ist* ; die Polizisten
↳ 형태 -ist ('신분, 직업') ⇒ 남성이며, 복수형은 -en

das Wörter**buch** ; die Wörterbücher
↳ 합성어 ⇒ 맨 뒤 요소 Buch의 성, 복수형에 일치!

die Litera*tur* ; die Literaturen
↳ 형태 -tur ⇒ 여성이며, 복수형은 -en

der Stud*ent* ; die Studenten
↳ 형태 -ent ('신분, 직업') ⇒ 남성이며, 복수형은 -en

13. 지시대명사 dies- : 지시대명사 dies-의 어미변화

[영어/독일어]

영어의 this('이 ...')에 해당하는 독일어 지시대명사 dies-(영 this)는 영어와 달리 어미변화 한다!

지시대명사 dies- '이 ...' (영 this ...) ⇒ 정관사 d-와 동일한 어미변화!			
남성명사 :	der Mann	⇒	dieser Mann '이 남자' (영 this man)
여성명사 :	die Frau	⇒	diese Frau '이 여자' (영 this woman)
중성명사 :	das Kind	⇒	dieses Kind '이 아이' (영 this child)
복수명사 :	die Männer	⇒	diese Männer '이 남자들' (영 these men)
	die Frauen	⇒	diese Frauen '이 여자들' (영 these women)
	die Kinder	⇒	diese Kinder '이 아이들' (영 these children)

Dieser Film ist interessant.

영 This movie is interesting. '이 영화는 재미있다.'

- Dieser Film ...
  ↳ Film은 남성명사! 따라서 der Film → Dieser Film

Ist dieses Buch teuer? - Ja, es ist sehr teuer.

영 Is this book expensive? - Yes, it is very expensive.
'이 책은 비싸니?' - '응, 그것은 매우 비싸.'

- ... dieses Buch ...?
  ↳ Buch는 중성명사! 따라서 das Buch → dieses Buch

Diese Blume ist schön.

영 This flower is beautiful. '이 꽃은 아름답다.'

- Diese Blume ...
  ↳ Blume는 여성명사! 따라서 die Blume → Diese Blume

Diese Leute sind jetzt in Italien.

영 These people are in Italy now. '이 사람들은 지금 이탈리아에 있다.'

- Diese Leute ...
  ↳ Leute는 복수명사! 따라서 die Leute → Diese Leute

연습문제

✔ 명사의 성, 수에 따른 지시대명사 dies-의 올바른 형태는?

dies___ Bücher ; dies___ Frage ; dies___ Kino ; dies___ Kinofilm

dies___ Brötchen ; dies___ Nachbarin ; dies___ Sportler ; dies___ Erklärung

✔ 지시대명사 dies-의 올바른 형태는?

1. Ist dies___ Haus alt? - Nein, es ist nicht alt.
2. Wer ist dies___ Frau? - Sie ist Frau Müller.
3. Was studiert dies___ Student? - Er studiert Mathematik.
4. Wo sind dies___ Leute? - Jetzt sind sie in Österreich.
5. Wie ist dies___ Mann? - Er ist klein, aber sehr stark.

정답 · 해설

dies**e** Büch*er* ; dies**e** Frag*e* ; dies**es** Kin*o* ; dies**er** Kinofilm
↳ Büch*er* ⇒ 복수! ↳ 형태 -e ⇒ 여성! ↳ 형태 -o ⇒ 중성! ↳ 합성어 Kino + Film ⇒ 맨 뒤 낱말 일치!

dies**es** Bröt*chen* ; dies**e** Nachbar*in* ; dies**er** Sport*ler* ; dies**e** Erklär*ung*
↳ 축소명사 -chen ⇒ 중성! ↳ 남성명사 + -in ⇒ 여성! ↳ 형태 -er, -ler ⇒ 남성! ↳ 형태 -ung ⇒ 여성!

1. Ist dies**es** Haus alt? - Nein, es ist nicht alt.
   영 Is this house old? - No, it is not old. '이 집은 낡았니?' - '아니, 그것은 낡지 않았어.'
2. Wer ist dies**e** Frau? - Sie ist Frau Müller.
   영 Who is this woman? - She is Mrs. Müller. '이 여자는 누구니?' - '그녀는 뮐러 부인이야.'
3. Was studiert dies**er** Student? - Er studiert Mathematik.
   영 What does this student study? - He studies mathematics.
   '이 대학생은 무엇을 전공하니?' - '그는 수학을 전공해.'
4. Wo sind dies**e** Leute? - Jetzt sind sie in Österreich.
   영 Where are these people? - They are in Austria now.
   '이 사람들은 어디에 있니?' - '지금 그들은 오스트리아에 있어.'
5. Wie ist dies**er** Mann? - Er ist klein, aber sehr stark.
   영 How is this man? - He is short, but very strong.
   '이 남자는 어떠니?' - '그는 작지만, 매우 강해.'

14. 소유대명사 (1) : 소유대명사 mein-, dein-, sein-의 어미변화

[영어]

my '나의 ...' ; your '너의 ...' ; his '그의 ...' etc. ⇒ 형태 변화 없음!

[독일어]

영어의 my, your, his ...에 해당하는 독일어 낱말은 mein(영 my), dein(영 your), sein(영 his) ...이다.
이들은 영어와 달리 어미변화 한다!

> 소유대명사 mein- '나의' (영 my) ; dein- '너의' (영 your) ; sein- '그의' (영 his) etc.
> ⇒ 뒤에 오는 명사에 따라 부정관사 ein- 어미변화!
>
> 남성명사 : ein_ Mann ⇒ mein_ Mann '나의 남편' (영 my husband)
> 여성명사 : eine Frau ⇒ meine Frau '나의 아내' (영 my wife)
> 중성명사 : ein_ Kind ⇒ mein_ Kind '나의 아이' (영 my child)

Mein Freund studiert in Deutschland.

영 My friend studies in Germany.
'나의 친구는 독일에서 공부한다.'

▸ Mein Freund ...
↓
Freund는 남성명사!
따라서 ein_ Freund → Mein_ Freund

Ist das deine Katze? - Ja, das ist meine Katze.

영 Is this your cat? - Yes, it is my cat.
'이것은 너의 고양이니?' - '응 그것은 나의 고양이야.'

▸ ... deine Katze? ...
↓
Katze는 여성명사!
따라서 eine Katze → deine Katze

▸ ... meine Katze
↓
Katze는 여성명사!
따라서 eine Katze → meine Katze

Ist dein Haus groß? - Nein, es ist nicht groß.

영 Is your house big? - No, it is not big.

'너의 집은 크니?' - '아니, 그것은 크지 않아.'

▸ ... dein Haus ...?

↓

Haus는 중성명사!

따라서 ein_ Haus → dein_ Haus

※ 소유대명사 **mein-**, **dein-**, **sein-** ... 뒤에 복수명사가 올 경우

⇒ 복수 정관사 die 어미변화! (즉, 부정관사 ein- 어미변화 아님!)

die Kind*er* ⇒ meine Kind*er* '나의 아이들' (영 my children)

Wo sind meine Bücher? - Sie sind hier.

영 Where are my books? - They are here.

'내 책들이 어디에 있니?' - '그것들은 여기에 있어.'

▸ ... meine Büch*er* ?

↓

Büch*er*는 복수명사!

따라서 정관사 die Büch*er* → meine Büch*er*

연습문제

명사의 성, 수에 따른 소유대명사 mein-, dein-, sein-의 올바른 형태는?

mein___ Vater ; mein___ Mutter ; mein___ Auto ; mein___ Kinder

dein___ Lehrer ; dein___ Tasche ; dein___ Buch ; dein___ Eltern

sein___ Hund ; sein___ Wohnung ; sein___ Geld ; sein___ Freunde

소유대명사 mein-, dein-, sein-의 올바른 형태는?

1. Ist sein___ Firma groß? - Ja, sie ist sehr groß.
2. Ich bin dein___ Mann und du bist mein___ Frau.
3. Peter und sein___ Freundin tanzen zusammen.
4. Wann kommen dein___ Gäste? - Sie kommen morgen.
5. Was macht dein___ Sohn? - Mein___ Sohn? Jetzt arbeitet er in Berlin.
6. Wo ist sein___ Bruder? - Sein___ Bruder ist nicht hier. Er lebt in England.
7. Wer ist dieses Mädchen? - Sie ist mein___ Tochter.
8. Ist das dein___ Mutter?
   - Nein, das ist nicht mein___ Mutter. Das ist mein___ Tante.
9. Das sind mein___ Kollegen. Sie sind sehr freundlich.
10. Der Vater spielt Klavier und sein___ Tochter singt.

mein_ Vater ; meine Mutter ; mein_ Auto ; meine Kinder
↳ 남성! ein_ ⇒ mein_ ↳ 여성! eine ⇒ meine ↳ 중성! ein_ ⇒ mein_ ↳ 복수! die ⇒ meine

dein_ Lehrer ; deine Tasche ; dein_ Buch ; deine Eltern
↳ 남성! ein_ ⇒ dein_ ↳ 여성! eine ⇒ deine ↳ 중성! ein_ ⇒ dein_ ↳ 복수! die ⇒ deine

sein_ Hund ; seine Wohnung ; sein_ Geld ; seine Freunde
↳ 남성! ein_ ⇒ sein_ ↳ 여성! eine ⇒ seine ↳ 중성! ein_ ⇒ sein_ ↳ 복수! die ⇒ seine

1. Ist seine Firma groß? - Ja, sie ist sehr groß.
   영 Is his company big? - Yes, it is very big. '그의 회사는 크니?' - '응, 그것은 매우 커.'
2. Ich bin dein_ Mann und du bist meine Frau.
   영 I am your husband and you are my wife. '나는 너의 남편이고, 너는 나의 아내이다.'
3. Peter und seine Freundin tanzen zusammen.
   영 Peter and his girlfriend are dancing together. '페터와 그의 여자 친구는 함께 춤추고 있다.'
4. Wann kommen deine Gäst*e*? - Sie kommen morgen.
   영 When will your guests come? - They will come tomorrow.
   '언제 너의 손님들이 오니?' - '그들은 내일 와.'
5. Was macht dein_ Sohn? - Mein_ Sohn? Jetzt arbeitet er in Berlin.
   영 What does your son do? - My son? He works in Berlin now.
   '너의 아들은 무엇을 하니?' - '나의 아들? 지금 그는 베를린에서 일해.'
6. Wo ist sein_ Bruder? - Sein_ Bruder ist nicht hier. Er lebt in England.
   영 Where is his brother? - His brother is not here. He lives in England.
   '그의 남자 형제는 어디 있니?' - '그의 남자 형제는 여기에 있지 않아. 그는 영국에서 살고 있어.'
7. Wer ist dieses Mädchen? - Sie ist meine Tochter.
   영 Who is this girl? - She is my daughter. '이 소녀는 누구니?' - '그녀는 나의 딸이야.'
8. Ist das deine Mutter?
   - Nein, das ist nicht meine Mutter. Das ist meine Tante.
   영 Is this your mother? - No, it is not my mother. It is my aunt.
   '이 분이 너의 어머니시니?' - '아니, 그 분은 나의 어머니가 아니야. 그 분은 나의 숙모야.'
9. Das sind meine Kolleg*en*. Sie sind sehr freundlich.
   영 These are my colleagues. They are very friendly. '이것은 나의 동료들이야. 그들은 매우 친절해.'
10. Der Vater spielt Klavier und seine Tochter singt.
   영 The father plays the piano and his daughter sings. '아버지는 피아노를 치고, 그의 딸은 노래한다.'

15. 소유대명사 (2) : 소유대명사 mein-, dein-, sein-, ihr-(Ihr-), unser-

소유대명사 : 부정관사 ein- 어미변화! (복수일 때 ⇒ 복수 정관사 die 변화!)

ich	(영 I)	⇒ mein-	'나의 ...'	(영 my)
du	(영 you)	⇒ dein-	'너의 ...'	(영 your)
er	(영 he)	⇒ sein-	'그의 ...'	(영 his)
es	(영 it)	⇒ sein-	'그것의 ...'	(영 its)
sie	(영 she)	⇒ ihr-	'그녀의 ...'	(영 her)
wir	(영 we)	⇒ unser-	'우리의 ...'	(영 our)
sie	(영 they)	⇒ ihr-	'그들의 ...'	(영 their)
Sie	(영 you)	⇒ Ihr-	'당신의 ...'	(영 your)

〈주의〉 동일한 형태에 주의할 것!

ihr- '그녀의 ...' (영 her) / ihr- '그들의 ...' (영 their) / Ihr- '당신의 ... (영 your)

Meine Schwester und ihr Mann leben in China.

영 My sister and her husband live in China.

'나의 누이와 그녀의 남편은 중국에서 살고 있다.'

▸ Meine Schwester ...

↳ Schwester는 여성명사! 따라서 eine Schwester → Meine Schwester

▸ ... ihr Mann ...

↳ Mann은 남성명사! 따라서 ein_ Mann → ihr_ Mann

Sein Zimmer ist immer sauber.

영 His room is always clean. '그의 방은 항상 깨끗하다.'

▸ Sein Zimmer ...

↳ Zimmer는 중성명사! 따라서 ein_ Zimmer → Sein_ Zimmer

Unsere Eltern sind sehr alt.

영 Our parents are very old. '우리의 부모님은 매우 나이가 많다.'

▸ Unsere Eltern ...

↳ Eltern은 복수명사! 따라서 정관사 die Eltern → Unsere Eltern

연습문제

✔ 명사의 성, 수에 따른 소유대명사 ihr-, unser-, Ihr-의 올바른 형태는?

ihr___ Bruder ;	ihr___ Schwester ;	ihr___ Fahrrad ;	ihr___ Kinder
unser___ Lehrer ;	unser___ Mutter ;	unser___ Zimmer ;	unser___ Eltern
Ihr___ Tisch ;	Ihr___ Familie ;	Ihr___ Haus ;	Ihr___ Bücher

✔ 소유대명사 ihr-, unser-, Ihr-의 올바른 형태는?

1. Sie ist jetzt traurig ; ihr___ Katze ist tot.
2. Wie ist Ihr___ Name? - Mein___ Name ist Thomas Müller.
3. Wer sind diese Kinder? Wo sind ihr___ Eltern?
4. Unser___ Schule ist weit von hier.

정답 · 해설

ihr_ Bruder ; ↳ 남성! ein_ ⇒ ihr_	ihre Schwester ; ↳ 여성! eine ⇒ ihre	ihr_ Fahrrad ; ↳ 중성! ein_ ⇒ ihr_	ihre Kind*er* ↳ 복수! die ⇒ ihre
unser_ Lehrer ; ↳ 남성! ein_ ⇒ unser_	unsere Mutter ; ↳ 여성! eine ⇒ unsere	unser_ Zimmer ; ↳ 중성! ein_ ⇒ unser_	unsere Eltern ↳ 복수! die ⇒ unsere
Ihr_ Tisch ; ↳ 남성! ein_ ⇒ Ihr_	Ihre Familie ; ↳ 여성! eine ⇒ Ihre	Ihr_ Haus ; ↳ 중성! ein_ ⇒ Ihr_	Ihre B*ü*ch*er* ↳ 복수! die ⇒ Ihre

1. Sie ist jetzt traurig ; ihre Katze ist tot.
   영 She is sad now ; her cat is dead. '그녀는 지금 슬프다. (왜냐하면) 그녀의 고양이가 죽었다.'
2. Wie ist Ihr_ Name? - Mein_ Name ist Thomas Müller.
   영 What is your name? - My name is Thomas Müller.
   '당신의 이름은 무엇입니까?' - '저의 이름은 토마스 뮐러입니다.'
3. Wer sind diese Kind*er*? Wo sind ihre Eltern?
   영 Who are these children? Where are their parents?
   '이 아이들은 누구니? 그들의 부모님은 어디에 계시지?'
4. Unsere Schule ist weit von hier.
   영 Our school is far from here. '우리의 학교는 여기로부터 멀다.'

16. 소유대명사 (3) : 부정어 「kein- + 명사」

[영어]

That's no problem. '그것은 문제가 안 돼.'

이와 같이 부정어 no는 뒤에 오는 명사를 부정함으로써 부정문을 만든다.

[독일어]

영어의 부정어 no에 해당하는 독일어 부정어는 kein-이다.

Das ist kein Problem. 영 That's no problem.

독일어의 kein-은 영어와 달리 어미변화 한다!

> 부정어 kein-은 영어처럼 뒤에 명사와 함께 와서 부정문으로 만든다 :
>
> 「kein- + 명사」 '... 않다' (영 no ... ; ... not a ...)
>
> ※ 부정어 kein- ⇒ 소유대명사 mein-, dein- etc. 처럼 부정관사 ein- 어미변화!
> (복수명사일 때는 복수 정관사 die 변화!)

Sind Sie Polizist? - Nein, ich bin kein Polizist.

영 Are you a policeman? - No, I am not a policeman.

'당신은 경찰관입니까?' - '아니오, 저는 경찰관이 아니에요.'

▸ ... kein Polizist

↳ Polizist는 남성명사!

따라서 ein_ Polizist → kein_ Polizist

Ist das eine Tomate? - Nein, das ist keine Tomate. Das ist ein Apfel.

영 Is this a tomato? - No, it is not a tomato. It is an apple.

이것은 토마토니? - 아니, 그것은 토마토가 아니야. 그것은 사과야.

▸ ... keine Tomate

↳ Tomate는 여성명사!

따라서 eine Tomate → keine Tomate

Wir sind keine Kinder.

영 We are not children. '우리는 아이들이 아니다.'

▸ ... keine Kinder

↳ Kinder는 복수명사!

따라서 복수 정관사 die Kinder → keine Kinder

연습문제

✔ 명사의 성, 수에 따른 부정어 kein-의 올바른 형태는?

kein___ Mensch ; kein___ Zeit ; kein___ Geld ; kein___ Freunde

✔ 빈 칸에 올바른 어미는?

1. Ist das schwierig? - Nein, das ist kein___ Problem.

2. Bist du Student? - Nein, ich bin kein Student.

3. Diese Leute sind kein___ Amerikaner. Sie sind Koreaner.

4. Das ist kein___ Tasche. Das ist ein Koffer.

정답 · 해설

kein_ Mensch ; keine Zeit ; kein_ Geld ; keine Freunde

↳ 남성! ein_ ⇒ kein_ ↳ 여성! eine ⇒ keine ↳ 중성! ein_ ⇒ kein_ ↳ 복수! die ⇒ keine

1. Ist das schwierig? - Nein, das ist kein_ Problem.
   영 Is it difficult? - No, it is no problem.
   '그것은 어렵니?' - '아니, 그것은 문제가 안 돼.'

2. Bist du Student? - Nein, ich bin kein_ Student.
   영 Are you a student? - No, I am not a student.
   '너는 대학생이니?' - '아니, 나는 대학생이 아니야.'

3. Diese Leute sind keine Amerikaner. Sie sind Koreaner.
   영 These people are not Americans. They are Koreans.
   '이 사람들은 미국인들이 아니다. 그들은 한국인들이다.'

4. Das ist keine Tasche. Das ist ein Koffer.
   영 This is no bag. It is a suitcase.
   '이것은 핸드백이 아니다. 그것은 (큰) 옷가방이다.'

17. 명사 1격 : 1격(= "주격") 명사의 정관사 및 부정관사

[영어]

영어 명사의 격은 모두 3 종류이다.

(1) 주격 '...이, ...가 ; ...은, ...는' : The man is healthy. '그 남자는 건강하다.'

(2) 소유격 '...의' : The man's son is here. '그 남자의 아들은 여기 있다.'

(3) 목적격

1 (간접 목적어) '...에, ...에게' : I give the man a book. '나는 그 남자에게 책을 준다.'

2 (직접 목적어) '...을, ...를' : She loves the man. '그녀는 그 남자를 사랑한다.'

영어의 경우, 명사의 격과 상관없이 정관사는 항상 the, 부정관사는 항상 a, an으로서 형태가 동일하다!

[독일어]

독일어 명사의 격은 모두 4 종류이다.

(1) 1격 '...이, ...가 ; ...은, ...는' : Der Mann ist gesund. 영 The man is healthy.
↳ 영어의 주격!

(2) 2격 '...의' : Der Sohn des Mannes ist hier. 영 The man's son ist here.
↳ 영어의 소유격!

(3) 3격 '...에, ...에게' : Ich gebe dem Mann ein Buch. 영 I give the man a book.
↳ 영어의 목적격 (간접목적어)

(4) 4격 '...을, ...를' : Sie liebt den Mann. 영 She loves the man.
↳ 영어의 목적격 (직접목적어)

독일어는 **영어와 달리** 명사의 격, 그리고 성과 수에 따라 정관사 d- 및 부정관사 ein-의 형태가 상이하다! 따라서 이에 대한 이해와 연습이 요구된다!

[영어/독일어]

영어의 주격 ⇒ 정관사는 항상 the, 부정관사는 항상 a, an으로서 일정하다!

독일어의 1격 ⇒ **영어와 달리** 명사의 성과 수에 따라 정관사 및 부정관사가 변화한다!

(명사 1격)

남성명사	⇒	정관사	der ...	;	부정관사	ein_ ...
여성명사	⇒	정관사	die ...	;	부정관사	eine ...
중성명사	⇒	정관사	das ...	;	부정관사	ein_ ...
복수명사	⇒	정관사	die ...	;	부정관사	없음!

연습문제

✔ 명사의 성, 수에 따른 올바른 1격 형태는?

1. 정관사 d-

d__ Arbeiter ; d__ Familie ; d__ Kind ; d__ Eltern

2. 지시대명사 dies-

dies__ Hund ; dies__ Frage ; dies__ Buch ; dies__ Leute

3. 부정관사 ein-

ein__ Apfel ; ein__ Wohnung ; ein__ Auto

4. 소유대명사 mein-, dein-, sein- ... 및 부정어 kein-

mein__ Vater ; dein__ Mutter ; sein__ Haus ; ihr__ Kinder

unser__ Zimmer ; kein__ Student ; dein__ Studium ; mein__ Freunde

sein__ Frau ; ihr__ Mann ; unser__ Schule ; kein__ Blumen

정답 · 해설

1. der Arbeiter ; die Familie ; das Kind ; die Eltern
   - ↳ 남성 1격 der ; ↳ 여성 1격 die ; ↳ 중성 1격 das ; ↳ 복수 1격 die
2. dieser Hund ; diese Frage ; dieses Buch ; diese Leute
   - ↳ 남성 1격 der ⇒ dieser ; ↳ 여성 1격 die ⇒ diese ; ↳ 중성 1격 das ⇒ dieses ; ↳ 복수 1격 die ⇒ diese
3. ein_ Apfel ; eine Wohnung ; ein_ Auto
   - ↳ 남성 1격 ⇒ ein_ ; ↳ 여성 1격 ⇒ eine ; ↳ 중성 1격 ⇒ ein_
4. mein_ Vater ; deine Mutter ; sein_ Haus ; ihre Kinder
   - ↳ 남성 1격 ein_ ⇒ mein_ ; ↳ 여성 1격 eine ⇒ deine ; ↳ 중성 1격 ein_ ⇒ sein_ ; ↳ 복수 1격 die ⇒ ihre

   unser_ Zimmer ; kein_ Student ; dein_ Studium ; meine Freunde
   - ↳ 중성 1격 ein_ ⇒ unser_ ; ↳ 남성 1격 ein_ ⇒ kein_ ; ↳ 중성 1격 ein_ ⇒ dein_ ; ↳ 복수 1격 die ⇒ meine

   혹은 unsere Zimmer
   - ↳ 복수 1격 die ⇒ unsere

   seine Frau ; ihr_ Mann ; unsere Schule ; keine Blumen
   - ↳ 여성 1격 eine ⇒ seine ; ↳ 남성 1격 ein_ ⇒ ihr_ ; ↳ 여성 1격 eine ⇒ unsere ; ↳ 복수 1격 die ⇒ keine

18. 명사 4격 (1) : 4격(= "목적격") 명사의 정관사 및 부정관사

[영어]

I know the man. '나는 그 남자를 안다.' / I love a woman. '나는 한 여자를 사랑한다.'
밑줄 친 명사들은 타동사 know 및 love의 목적어로서 '...을, ...를'로 해석되는 목적격이다.
목적격 명사 ⇒ 정관사는 항상 the, 부정관사는 항상 a, an으로서 일정하다!

[독일어]

영어의 목적격('...을, ...를')은 독일어의 4격에 해당한다!
독일어 4격 명사 ⇒ **영어와 달리** 정관사 및 부정관사가 일정하지 않다!
첫째, 독일어 4격 명사의 정관사 및 부정관사는 다른 격들과 구분된다!

(4격) Ich kenne den Mann. ↔ (1격) Der Mann ist alt. ⇒ 동일한 명사 Mann임에도 불구하고
영 I know the man. 영 The man is old. 4격과 1격의 정관사가 상이함!

(4격) Ich liebe einen Mann. ↔ (1격) Ein_ Mann lebt hier. ⇒ 동일한 명사 Mann임에도 불구하고
영 I love a man. 영 A man lives here. 4격과 1격의 부정관사가 상이함!

둘째, 독일어 4격 명사의 정관사 및 부정관사는 해당 명사의 성, 수에 따라 변화한다.
Ich kenne den Mann. ↔ Ich kenne die Frau. ⇒ 동일하게 kenne의 4격 목적어임에도 불구하고
영 I know the man. 영 I know the woman. 명사 Mann과 명사 Frau의 정관사가 상이함!

Ich liebe einen Mann. ↔ Ich liebe eine Frau. ⇒ 동일하게 liebe의 4격 목적어임에도 불구하고
영 I love a man. 영 I love a woman. 명사 Mann과 명사 Frau의 부정관사가 상이함!

영어에 없는 독일어만의 독특한 문법 사항이므로 충분한 학습이 요구된다!

(남성명사 4격)

정관사 den ... ; 부정관사 einen ...

Ich kenne den Mann.

영 I know the man.
'나는 그 남자를 안다.'

▸ ... kenne den Mann
↓
남성명사 Mann이
타동사 kenne의 목적어이므로 4격!
→ 남성 4격 정관사 den

Ich habe einen Sohn.

영 I have a son.
'나는 아들 하나를 가지고 있다.'

▸ ... habe einen Sohn
↓
남성명사 Sohn이
타동사 habe의 목적어이므로 4격!
→ 남성 4격 부정관사 einen

(여성명사 4격)

정관사 die ... ; 부정관사 eine ...

Ich kenne die Frau.

영 I know the woman.

'나는 그 여자를 안다.'

▸ ... kenne die Frau

↓

여성명사 Frau가

타동사 kenne의 목적어이므로 4격!

→ 여성 4격 정관사 die

Ich habe eine Tochter.

영 I have a daughter.

'나는 딸 하나를 가지고 있다.'

▸ ... habe eine Tochter

↓

여성명사 Tochter가

타동사 habe의 목적어이므로 4격!

→ 여성 4격 부정관사 eine

(중성명사 4격)

정관사 das ... ; 부정관사 ein_ ...

Ich kenne das Kind.

영 I know the child.

'나는 그 아이를 안다.'

▸ ... kenne das Kind

↓

중성명사 Kind가

타동사 kenne의 목적어이므로 4격!

→ 중성 4격 정관사 das

Ich habe ein Haus.

영 I have a house.

'나는 집 하나를 가지고 있다.'

▸ ... habe ein Haus

↓

중성명사 Haus가

타동사 habe의 목적어로서 4격!

→ 중성 4격 부정관사 ein_

(복수명사 4격)

정관사 die ... ; 부정관사 없음!

Ich kenne die Leute.

영 I know the people.

'나는 그 사람들을 안다.'

▸ ... kenne die Leute

↓

복수명사 Leute가 타동사 kenne의 목적어이므로 4격!

→ 복수 4격 정관사 die

연습문제

빈 칸 (a), (b)에 들어갈 때 정관사 d- 및 부정관사 ein-의 올바른 4격 형태는?

Ich kenne ______(a)______.

d__ Mädchen ; d__ Kinder ; d__ Musiker ; d__ Schülerin

d__ Straße ; d__ Arzt ; d__ Museum ; d__ Studenten

Ich habe ______(b)______.

ein__ Wohnung ; ein__ Zimmer ; ein__ Hund

ein__ Fernseher ; ein__ Auto ; ein__ Frage

빈 칸에 올바른 4격 어미는?

1. Jetzt verstehe ich d__ Wort und d__ Satz.
2. Wir kaufen ein__ Haus.
3. Liebst du d__ Frau?
4. Ich brauche ein__ Freund.
5. Was suchen Sie hier? - Ich suche ein__ Tasche.
6. Oft besucht er d__ Stadt.
7. Wir lesen d__ Zeitungen.

빈 칸에 올바른 1격 어미는?

8. D__ Satz ist richtig.
9. Hier ist ein__ Tasche.
10. D__ Frau singt gut.
11. Ist d__ Wort schwer?
12. Ist das ein__ Haus?
13. Wo sind d__ Bücher?
14. Morgen kommt ein__ Freund zu mir.

Ich kenne ______(a)______.

das 혹은 die Mädchen ; die Kinder ; den Musiker ; die Schülerin
↳ 중성 4격 das 혹은 복수 4격 die ; ↳ 복수 4격 die ; ↳ 남성 4격 den ; ↳ 여성 4격 die

die Straße ; den Arzt ; das Museum ; die Studenten
↳ 여성 4격 die ; ↳ 남성 4격 den ; ↳ 중성 4격 das ; ↳ 복수 4격 die

Ich habe ______(b)______.

eine Wohnung ; ein_ Zimmer ; einen Hund
↳ 여성 4격 eine ; ↳ 중성 4격 ein_ ; ↳ 남성 4격 einen

einen Fernseher ; ein_ Auto ; eine Frage
↳ 남성 4격 einen ; ↳ 중성 4격 ein_ ; ↳ 여성 4격 eine

1. Jetzt verstehe ich das Wort und den Satz.
   영 Now I understand the word and the sentence. '이제 나는 그 낱말과 문장을 이해한다.'
2. Wir kaufen ein_ Haus. 영 We'll buy a house. '우리는 집을 산다.'
3. Liebst du die Frau? 영 Do you love the woman? '너는 그 여자를 사랑하니?'
4. Ich brauche einen Freund. 영 I need a friend. '나는 친구가 필요하다.'
5. Was suchen Sie hier? - Ich suche eine Tasche.
   영 What are you looking for here? - I'm looking for a bag.
   '당신은 여기서 무엇을 찾으시나요?' - '저는 가방을 하나 찾고 있어요.'
6. Oft besucht er die Stadt. 영 He often visit the city. '자주 그는 그 도시를 방문한다.'
7. Wir lesen die Zeitungen. 영 We read the newspapaers. '우리는 그 신문들을 읽는다.'

8. Der Satz ist richtig.
   영 The sentence is correct.
   '그 문장은 올바르다.'
9. Hier ist eine Tasche.
   영 Here is a bag.
   '여기 가방 하나가 있다.'
10. Die Frau singt gut.
    영 The woman sings well.
    '그 여자는 노래를 잘 한다.'
11. Ist das Wort schwer?
    영 Is the word difficult?
    '그 낱말이 어렵니?'
12. Ist das ein_ Haus?
    영 Is this a house?
    '이것은 집인가?'
13. Wo sind die Bücher?
    영 Where are the books?
    '그 책들이 어디에 있지?'
14. Morgen kommt ein_ Freund zu mir.
    영 A friend will come to me tomorrow. '내일 한 친구가 나에게 온다.'

19. 명사 4격 (2) : dies- ; mein-, dein-, sein- ... ; kein-의 4격 형태

[영어/독일어]

영어의 this 및 my, your, his, her ...는 형태 변화 없이 항상 일정하다.
그러나 이에 해당하는 독일어 낱말들은 영어와 달리 어미변화 한다!
즉, dies- (영 this) ⇒ 정관사 d- 어미변화!
mein- (영 my), dein- (영 your), sein- (영 his, its) ... ; kein- (영 no ...) ⇒ 부정관사 ein- 어미변화!
따라서 이들의 4격 형태 → 정관사 d- 및 부정관사 ein-의 4격과 동일한 어미를 지닌다!

(남성명사 4격)

den ... ⇒ diesen ...
einen ... ⇒ meinen ... ; deinen ... ; seinen ... ; ihren (Ihren) ... ; unseren ...
keinen ...

Ich kenne diesen Mann.

영 I know this man.
'나는 이 남자를 안다.'

▸ ... kenne diesen Mann
↓
남성명사 Mann이 타동사 kenne의 4격 목적어!
→ 남성 4격 정관사 den과 동일하게 diesen

Ich liebe meinen Sohn.

영 I love my son.
'나는 내 아들을 사랑한다.'

▸ ... liebe meinen Sohn
↓
남성명사 Sohn이 타동사 liebe의 4격 목적어!
→ 남성 4격 부정관사 einen과 동일하게 meinen

(여성명사 4격)

die ... ⇒ diese ...
eine ... ⇒ meine ... ; deine ... ; seine ... ; ihre (Ihre) ... ; unsere ...
keine ...

Ich kenne diese Frau.

영 I know this woman.
'나는 이 여자를 안다.'

▸ ... kenne diese Frau
↓
여성명사 Frau가 타동사 kenne의 4격 목적어!
→ 여성 4격 정관사 die와 동일하게 diese

Ich liebe meine Tochter.

영 I love my daughter.
'나는 내 딸을 사랑한다.'

▸ ... liebe meine Tochter
↓
여성명사 Tochter가 타동사 liebe의 4격 목적어!
→ 여성 4격 부정관사 eine와 동일하게 meine

(중성명사 4격)

das ... ⇒ dieses ...
ein_ ... ⇒ mein_ ... ; dein_ ... ; sein_ ... ; ihr_ (Ihr_) ... ; unser_ ...
kein_ ...

Ich kenne dieses Kind.

영 I know this child.

'나는 이 아이를 안다.'

▸ ... kenne dieses Kind

↓

중성명사 Kind가 타동사 kenne의 4격 목적어!

→ 중성 4격 정관사 das와 동일하게 dieses

Ich liebe mein Haus.

영 I love my house.

'나는 내 집을 사랑한다.'

▸ ... liebe mein Haus

↓

중성명사 Haus가 타동사 liebe의 4격 목적어!

→ 중성 4격 부정관사 ein_과 동일하게 mein_

(복수명사 4격)

die ... ⇒ diese ...
meine ... ; deine ... ; seine ... ; ihre (Ihre) ... ; unsere ...
keine ...
〈주의〉 복수명사의 경우 ⇒ mein-, dein-, sein- ... ; kein- 역시 정관사 d- 어미변화! (복수는 부정관사 없음!)

Ich kenne diese Leute.

영 I know these people.

'나는 이 사람들을 안다.'

▸ ... kenne diese Leute

↓

복수명사 Leute가 타동사 kenne의 4격 목적어!

→ 복수 4격 정관사 die와 동일하게 diese

Ich liebe meine Kinder.

영 I love my children.

'나는 내 아이들을 사랑한다.'

▸ ... liebe meine Kinder

↓

복수명사 Kinder가 타동사 liebe의 4격 목적어!

→ 복수 4격 정관사 die와 동일하게 meine

연습문제

빈 칸 (a), (b)에 들어갈 때 올바른 4격 형태는?

Ich kenne ________(a)________.

dies__ Mädchen ; dies__ Studenten ; dies__ Straße ; dies__ Arzt

Ich habe ________(b)________.

kein__ Geld ; kein__ Zeit ; kein__ Apfel ; kein__ Freunde

빈 칸에 올바른 4격 어미는?

Ich liebe mein__ Eltern.

Liebst du dein__ Leben?

Er liebt sein__ Arbeit.

Sie liebt ihr__ Mann.

Wir lieben unser__ Hund.

Die Leute lieben ihr__ Land.

빈 칸에 올바른 4격 어미는?

1. Er besucht sein__ Lehrer in München.
2. Ich lese d__ Buch. Es ist sehr interessant!
3. Was kochen Sie jetzt? - Ich koche ein__ Suppe.
4. Heute nehmen wir dies__ Bus.
5. Trink kein__ Bier! Alkohol ist ungesund.
6. Ich verstehe dein__ Problem.
7. Die Mutter küsst ihr__ Sohn und ihr__ Tochter.
8. Brauchst du mein__ Hilfe? - Ja, ich brauche dein__ Hilfe.

Ich kenne ___(a)___.

dieses Mädchen ; diese Studenten ; diese Straße ; diesen Arzt
↳ 중성 4격 das ⇒ dieses ↳ 복수 4격 die ⇒ diese ↳ 여성 4격 die ⇒ diese ↳ 남성 4격 den ⇒ diesen

Ich habe ___(b)___.

kein_ Geld ; keine Zeit ; keinen Apfel ; keine Freunde
↳ 중성 4격 ein_ ⇒ kein_ ↳ 여성 4격 eine ⇒ keine ↳ 남성 4격 einen ⇒ keinen ↳ 복수 4격 die ⇒ keine

Ich liebe meine Eltern.
↳ 복수 4격 die ⇒ meine

Er liebt seine Arbeit.
↳ 여성 4격 eine ⇒ seine

Wir lieben unseren Hund.
↳ 남성 4격 einen ⇒ unseren

Liebst du dein_ Leben?
↳ 중성 4격 ein_ ⇒ dein_

Sie liebt ihren Mann.
↳ 남성 4격 einen ⇒ ihren

Die Leute lieben ihr_ Land.
↳ 중성 4격 ein_ ⇒ ihr_

1. Er besucht seinen Lehrer in München.
   영 He visits his teacher in München. '그는 뮌헨에 있는 그의 선생님을 방문한다.'

2. Ich lese das Buch. Es ist sehr interessant!
   영 I'm reading the book. It is very interesting! '나는 그 책을 읽는다. 그것은 매우 재미있다!'

3. Was kochen Sie jetzt? - Ich koche eine Suppe.
   영 What are you cooking now? - I'm cooking a soup.
   '당신은 지금 무엇을 요리하시나요? - '저는 수프를 요리하고 있어요.'

4. Heute nehmen wir diesen Bus.
   영 Today we'll take this bus. '오늘 우리는 이 버스를 탄다.'

5. Trink kein_ Bier! Alkohol ist ungesund.
   영 Don't drink beer. Alcohol is unhealthy. '맥주를 마시지 마. 술은 건강에 안 좋아.'

6. Ich verstehe dein_ Problem.
   영 I understand your problem. '나는 너의 문제를 이해해.'

7. Die Mutter küsst ihren Sohn und ihre Tochter.
   영 The mother kisses her son and daughter. '그 어머니는 그녀의 아들과 딸에게 입맞춤한다.'

8. Brauchst du meine Hilfe? - Ja, ich brauche deine Hilfe.
   영 Do you need my help? - Yes, I need your help.
   '너는 나의 도움을 필요로 하니?' - '응, 나는 너의 도움을 필요로 해.'

20. 명사 4격 (3) : 4격 목적어를 요구하는 타동사 haben의 형태

[영어]

타동사 have '...을 가지고 있다' ⇒ 주어가 he, she, it일 때 불규칙 형태 has이다.

[독일어]

타동사 haben '...을 가지고 있다' (영 have) ⇒ 영어처럼 부분적으로 불규칙 형태이다.

타동사 haben '...을 가지고 있다' (영 have)	
ich habe ...	(영 I have ...)
du hast ... (hab*st* 아님!)	(영 you have ...)
er (sie, es) hat ... (hab*t* 아님!)	(영 he (she, it) has ...)
wir hab*en* ...	(영 we have ...)
sie hab*en* ...	(영 they have ...)
Sie hab*en* ...	(영 you have ...)

Hast du einen Bruder? - Nein, ich habe nur eine Schwester.

영 Do you have a brother? - No, I have only a sister.
'너는 남자 형제가 있니?' - '아니, 나는 단지 여자 형제 하나가 있을 뿐이야.'

▸ Hast du ...?
↓
주어가 du (영 you) → 동사 haben은 불규칙 형태 Hast (즉, Hab*st* 아님!)

▸ ... ich habe ...
↓
주어가 ich (영 I) → 동사 haben은 규칙적으로 어미 -e가 붙어 habe

Hat Peter ein Auto? - Ja, er hat ein Auto.

영 Does Peter have a car? - Yes, he has a car.
'페터는 차가 있니?' - '응, 그는 차가 있어.'

▸ Hat Peter ...?
↓
주어 Peter는 er(영 he)에 해당 → 동사 haben은 불규칙 형태 Hat (즉, Hab*t* 아님!)

▸ ... er hat ...
↓
주어가 er (영 he) → 동사 haben은 불규칙 형태 hat (즉, hab*t* 아님!)

연습문제

✔ 주어에 따른 동사 haben의 올바른 형태는?

ich ________ / du ________ / er ________ / es ________

wir ________ / sie ________ / sie ________ / Sie ________

sie ↳ '그녀' 영 she / sie ↳ '그들' 영 they / Sie ↳ '당신' 영 you

✔ 동사 haben의 올바른 형태는? 그리고 올바른 4격 어미는?

1. Wir h_____ ein__ Sohn und ein__ Tochter.
2. H_____ Maria ein__ Auto? - Nein, sie h_____ nur ein__ Fahrrad.
3. H_____ du ein__ Hund? - Nein, ich h_____ kein__ Hund.
4. Mein Chef ist jetzt krank. Er h_____ ein__ Erkältung.
5. Die Leute sind arm. Sie h_____ kein__ Geld.

정답 · 해설

ich habe / du hast / er hat / es hat

wir haben / sie hat / sie haben / Sie haben

1. Wir haben einen Sohn und eine Tochter.
   영 We have a son and a daughter.
   '우리는 아들 하나와 딸 하나를 가지고 있다.'
2. Hat Maria ein_ Auto? - Nein, sie hat nur ein_ Fahrrad.
   영 Does Maria have a car? - No, she has only a bicycle.
   '마리아는 자동차를 가지고 있니?' - '아니, 그녀는 단지 자전거가 하나 있을 뿐이야.'
3. Hast du einen Hund? - Nein, ich habe keinen Hund.
   영 Do you have a dog? - No, I don't have a dog.
   '너는 개를 가지고 있니?' - '아니, 나는 개를 가지고 있지 않아.'
4. Mein Chef ist jetzt krank. Er hat eine Erkältung.
   영 My boss is sick now. He has a cold.
   '나의 보스는 지금 아파. 그는 감기 들었어.'
5. Die Leute sind arm. Sie haben kein_ Geld.
   영 The people are poor. They have no money.
   '그 사람들은 가난해. 그들은 돈이 없어.'

21. 명사 4격 (4) : 뒤에 오는 명사가 4격인 전치사

[영어]

for a child / with my son / in the world

이와 같이 for, with, in 등의 전치사 뒤에는 반드시 명사가 오며, 명사의 격은 항상 목적격이다.

[독일어]

영어처럼 전치사 뒤에는 반드시 명사가 오지만,

영어와 달리 명사의 격은 전치사에 따라 상이하다.

für (영 for) ⇒ 뒤에 오는 명사는 4격이어야 함!

mit (영 with) ⇒ 뒤에 오는 명사는 3격이어야 함!

in (영 in) ⇒ 뒤에 오는 명사는 3격 혹은 4격이어야 함!

이들을 각각 "4격 전치사", "3격 전치사", 그리고 "3 · 4격 전치사"라고 칭한다.

(4격 전치사)

4격 전치사 : 뒤에 오는 명사가 항상 4격!

für '...을 위해' (영 for)

durch '...을 통해' (영 through)

ohne '... 없이' (영 without)

um '...의 주위에' ; '...을 빙 돌아' (영 around)

Ich suche ein Geschenk für meine Tochter.

영 I'm looking for a gift for my daughter. '나는 나의 딸을 위한 선물을 찾고 있다.'

▸ ... für meine Tochter

↓

여성명사 Tochter가 4격 전치사 für 뒤에 옴!

→ mein-(영 my)은 여성 4격 부정관사 eine와 동일하게 meine

Wir gehen durch den Garten.

영 We walk across the garden. '우리는 정원을 가로질러 간다.'

▸ ... durch den Garten

↓

남성명사 Garten이 4격 전치사 durch 뒤에 옴!

→ 남성 4격 정관사 den

연습문제

✔ 빈 칸 (a), (b)에 들어갈 때 올바른 형태는?

Ich suche ein Geschenk für ________ (a) ________

mein__ Familie ; sein__ Freund ; ihr__ Eltern ; dies__ Kind

Er geht durch ________ (b) ________

ein__ Fenster ; d__ Tür ; ein__ Park ; d__ Straßen

✔ 올바른 어미는?

1. Er hat kein___ Geld für d___ Reise.

2. Ich sehe nichts ohne mein__ Brille.

3. Wir sitzen um d___ Feuer.

4. Der Fluss fließt durch ein__ Stadt.

정답 · 해설

Ich suche ein Geschenk für ________ (a) ________

meine Familie ; seinen Freund ; ihre Eltern ; dieses Kind

↳ 여성 4격 eine ⇒ meine ↳ 남성 4격 einen ⇒ seinen ↳ 복수 4격 die ⇒ ihre ↳ 중성 4격 das ⇒ dieses

Wir gehen durch ________ (b) ________

ein_ Fenster ; die Tür ; einen Park ; die Straße***n***

↳ 중성 4격 ein_ ↳ 여성 4격 die ↳ 남성 4격 einen ↳ 복수 4격 die

1. Er hat kein_ Geld für die Reise.

   영 He has no money for the trip. '그는 그 여행을 위한 돈이 없다.'

2. Ich sehe nichts ohne meine Brille.

   영 I see nothing without my glasses. '나는 나의 안경 없이는 아무것도 못 본다.'

3. Wir sitzen um das Feuer.

   영 We're sitting around the fire. '우리는 불 주위에 빙 둘러 앉아 있다.'

4. Der Fluss fließt durch eine Stadt.

   영 The river flows through a city. '그 강은 한 도시를 가로질러 흐른다.'

22. 명사 4격 (5) : 인칭대명사 4격 mich, dich, ihn, sie, es …

[영어]

He knows me. ⇒ me('나를')는 인칭대명사 I 의 목적격임. → 이 문장에서는 타동사 know의 목적어!
This is for him. ⇒ him('그를')은 인칭대명사 he의 목적격임. → 이 문장에서는 전치사 for의 목적어!
이와 같이 영어의 경우, 인칭대명사 목적격 me, you, him, her …가 있다.
이들은 타동사의 목적어, 혹은 전치사의 목적어로 사용된다.

[독일어]

영어처럼 독일어에도 인칭대명사 4격 mich, dich, ihn, sie …가 있다.
이들은 **영어처럼** 타동사의 4격 목적어 혹은 4격 전치사의 목적어로 사용된다.

(인칭대명사 4격)

ich	(영 I)	⇒	mich	'나를'	(영 me)
du	(영 you)	⇒	dich	'너를'	(영 you)
er	(영 he)	⇒	ihn	'그를'	(영 him)
es	(영 it)	⇒	es	'그것을'	(영 it)
sie	(영 she)	⇒	sie	'그녀를'	(영 her)
wir	(영 we)	⇒	uns	'우리를'	(영 us)
sie	(영 they)	⇒	sie	'그들을 ; 그것들을'	(영 them)
Sie	(영 you)	⇒	Sie	'당신을'	(영 you)

Ich liebe dich und du liebst mich.

영 I love you and you love me. '나는 너를 사랑하고, 너는 나를 사랑한다.'

- … liebe dich
  ↳ 인칭대명사 du의 4격 형 dich '너를' (영 you) → 타동사 liebe의 4격 목적어!
- … liebst mich
  ↳ 인칭대명사 ich의 4격 형 mich '나를' (영 me) → 타동사 lieb*st*의 4격 목적어!

Er macht es für uns.

영 He is doing it for us. '그는 우리를 위해 그것을 하고 있다.'

- … macht es …
  ↳ 인칭대명사 es의 4격 형 es '그것을' (영 it) → 타동사 mach*t*의 4격 목적어!
- … für uns
  ↳ 인칭대명사 wir의 4격 형 uns '우리를' (영 us) → 4격 전치사 für의 목적어!

연습문제

다음 우리말에 해당하는 독일어 인칭대명사 4격 형은?

_______ '나를' (영 me) / _______ '너를' (영 you) / _______ '당신을' (영 you)
_______ '그를' (영 him) / _______ '그녀를' (영 her) / _______ '우리를' (영 us)
_______ '그들을, 그것들을' (영 them)

〈보기〉처럼 인칭대명사를 사용하여 질문에 답하시오.

〈보기〉 Kennst du *diese Leute*? - Ja, ich kenne __sie__.

1. Wie ist das Zimmer für *dich*? - Es ist für _______ zu klein.
2. Verstehst du *mich*? - Ja, ich verstehe _______.
3. Liebst du *deinen Sohn*? - Ja, ich liebe _______.
4. Geht er ohne *seine Frau*? - Nein, er geht nicht ohne _______.

정답 · 해설

__mich__ '나를' (영 me) / __dich__ '너를' (영 you) / __Sie__ '당신을' (영 you)
__ihn__ '그를' (영 him) / __sie__ '그녀를' (영 her) / __uns__ '우리를' (영 us)
__sie__ '그들을, 그것들을' (영 them)

〈보기〉 Kennst du *diese Leute*? - Ja, ich kenne __sie__.
영 Do you know these people? - Yes, I know them.
'너는 이 사람들을 아니?' - '응, 나는 그들을 알아.'

1. Wie ist das Zimmer für *dich*? - Es ist für __mich__ zu klein.
   영 How is the room for you? - It is too small for me. '그 방이 너에게 어때?' - '그것은 나에게 너무 작아.'
2. Verstehst du *mich*? - Ja, ich verstehe __dich__.
   영 Do you understand me? - Yes, I understand you. '너는 나를 이해하니?' - '응, 나는 너를 이해해.'
3. Liebst du *deinen Sohn*? - Ja, ich liebe __ihn__.
   영 Do you love your son? - Yes, I love him. '너는 네 아들을 사랑하니?' - '응 나는 그를 사랑해.'
4. Geht er ohne *seine Frau*? - Nein, er geht nicht ohne __sie__.
   영 Does he go without his wife? - No, he doesn't go without her.
   '그는 그의 아내 없이 가니?' - '아니, 그는 그녀 없이 가지 않아.'

23. 명사 4격 (6) : 의문사 wer, was의 4격 형 wen, was

[영어] 의문사 who ⇒ 주격은 who('누가?')이며, 목적격은 whom('누구를?')으로서 형태가 다르다.

[독일어] 독일어도 영어처럼 1격은 wer(영 who)이며, 4격은 wen(영 whom)으로서 형태가 다르다.

wen (4격) '누구를?' (영 whom) ↔ wer (1격) '누가?' (영 who)

Wen liebst du? ↔ Wer liebt dich?

영 Whom do you love?
'너는 누구를 사랑하니?'
▸ Wen liebst ...?
↳ 4격 형 wen → 타동사 lieb*st*의 4격 목적어!

영 Who loves you?
'누가 너를 사랑하니?'
▸ Wer liebt ...?
↳ 1격 형 wer → 동사 lieb*t*의 주어!

Für wen arbeitest du?

영 Who do you work for? '너는 누구를 위해 일하니?'

▸ Für wen ...
↳ 4격 형 wen → 4격 전치사 für의 목적어

〈주의〉 독일어는 전치사가 반드시 의문사 wen 앞에 와야 한다 : Für wen ...
영어 문장을 모방하여 전치사가 문장 뒤에 와서 "Wen arbeitest du für?"라고 하면 틀림!

[영어] 의문사 what ⇒ 주격('무엇이?') 및 목적격('무엇을?') 모두 동일한 형태 what이다!

[독일어] 독일어도 영어처럼 1격 및 4격 모두 동일한 형태 was이다!

was ¹ (1격) '무엇이?' (영 what) ; ² (4격) '무엇을?' (영 what)

Was hast du? ↔ Was ist neu?

영 What do you have?
'너는 무엇을 가지고 있니?'
▸ Was hast ...?
↳ 4격 형 was → 타동사 hast의 4격 목적어

영 What is new?
'무엇이 새롭니?'
▸ Was ist ...?
↳ 1격 형 was → 동사 ist의 주어

연습문제

✔ 의문사 wer, was의 알맞은 형태는? 그리고 올바른 어미는?

1. W___ hat Hunger? Hast du Hunger? - Nein, ich habe kein__ Hunger.

2. W___ brauchen wir? - Wir brauchen ein__ Tisch, ein__ Bett und ein__ Lampe.

3. Für w___ kocht sie jetzt? - Für ihr__ Freunde. Sie kocht oft für sie.

4. W___ macht dich so traurig? - Mein__ Hund ist tot.

5. W___ meinst du? Meinst du d__ Mann da? - Ja, ich meine ihn.

6. Für w___ sind diese Blumen? Für dein__ Frau? - Ja, für sie.

정답 · 해설

1. Wer hat Hunger? Hast du Hunger? - Nein, ich habe keinen Hunger.
   - 영 Who is hungry? Are you hungry? - No, I'm not hungry.
     '누가 배고프지? 네가 배고프니?' - '아니, 나는 배고프지 않아.'

2. Was brauchen wir? - Wir brauchen einen Tisch, ein_ Bett und eine Lampe.
   - 영 What do we need? - We need a table, a bed and a lamp.
     '우리는 무엇을 필요로 하지?' - '우리는 테이블, 침대, 그리고 램프가 필요해.'

3. Für wen kocht sie jetzt? - Für ihre Freund***e***. Sie kocht oft für sie.
   - 영 Who is she cooking for now? - For her friends. She often cook for them.
     '그녀는 지금 누구를 위해 요리하고 있지?' - '그녀의 친구들을 위해서야. 그녀는 자주 그들을 위해 요리해.'

4. Was macht dich so traurig? - Mein_ Hund ist tot.
   - 영 What makes you so sad? - My dog is dead.
     '무엇이 너를 그렇게 슬프게 하니?' - '나의 개가 죽었어.'

5. Wen meinst du? Meinst du den Mann da? - Ja, ich meine ihn.
   - 영 Whom do you mean? Do you mean that man? - Yes, I mean him.
     '너는 누구를 의도한 거야? 저기 저 남자 말이야?' - '응, 나는 그를 의도했어.'

6. Für wen sind diese Blume***n***? Für deine Frau? - Ja, für sie.
   - 영 For whom are these flowers? For your wife? - Yes, for her.
     '이 꽃들은 누구를 위한 것이지? 너의 아내를 위한 거니?' - '응, 그녀를 위한 거야.'

24. 명사 4격 (7) : 물질명사, 추상명사, 복수명사 앞에 관사가 없는 경우

[영어]

부정관사 a, an ⇒ 정해지지 않은 대상 '한 개'를 뜻하며, 셀 수 있는 명사에만 사용!
따라서 셀 수 없는 명사인 물질명사(milk, water etc.), 추상명사 (money, time etc.),
그리고 정해지지 않은 다수를 뜻하는 복수명사 앞에는 a, an이 올 수 없다. → 이 경우 관사 없음!

[독일어]

독일어 부정관사 ein- ⇒ **영어처럼** 정해지지 않은 대상 '한 개'를 뜻하며, 셀 수 있는 명사에만 사용!
따라서 물질명사, 추상명사, 그리고 정해지지 않은 다수를 뜻하는 복수명사 앞에는
영어처럼 부정관사 ein-이 올 수 없다. → 이 경우 관사 없음!

> 부정관사 **ein-** (영 a, an) ⇒ 물질명사, 추상명사, 복수명사 앞에 올 수 없음!
>
> 〈주의〉 정관사 **d-** (영 the)는 물질명사, 추상명사, 복수명사 앞에도 올 수 있다!

Wir trinken Milch.

영 We drink milk. '우리는 우유를 마신다.'

▸ ... trinken Milch
↳ 막연히 '우유'를 뜻함. (즉, 특정 우유, 즉 '그 우유' 아님!)
따라서 원래는 부정관사 **ein-**이 와야 하지만, 물질명사이므로 생략 → 관사 없음!

〈주의〉 특정 '우유', 즉 '그 우유'를 뜻할 경우 정관사 **d-**는 올 수 있음!
Wir trinken **die** Milch. 영 We drink **the** milk. '우리는 그 우유를 마신다.'

Er braucht Geld.

영 He needs money. '그는 돈을 필요로 한다.'

▸ ... braucht Geld
↳ 막연히 '돈'을 뜻함. (즉, 특정 돈, 즉 '그 돈' 아님!)
따라서 원래는 부정관사 **ein-**이 와야 하지만, 추상명사이므로 생략 → 관사 없음!

〈주의〉 특정 '돈', 즉 '그 돈'을 뜻할 경우 정관사 **d-**는 올 수 있음!
Er braucht **das** Geld. 영 He needs **the** money. '그는 그 돈을 필요로 한다.'

Ich liebe Kinder.

영 I love children. '나는 아이들을 사랑한다.'

▸ ... liebe Kind**er**
↳ 막연히 '아이들'을 뜻함. (즉, 특정 아이들을 뜻하는 '그 아이들' 아님!)
따라서 원래는 부정관사 **ein-**이 와야 하지만, 복수명사이므로 생략 → 관사 없음!

〈주의〉 특정 '아이들', 즉 '그 아이들'을 뜻할 경우 정관사 **d-**는 올 수 있음!
Ich liebe **die** Kind*er*. 영 I love **the** children. '나는 그 아이들을 사랑한다.'

연습문제

✔ 밑줄 친 ⓐ ~ ⓔ는 관사 없이 사용된 명사들이다. 올바른 사용이 아닌 것은?

Haben Sie ⓐFragen? - Nein, jetzt habe ich keine Fragen.

Ich trinke gern ⓑKaffee ohne ⓒZucker.

Hast du jetzt ⓓZeit? - Warum fragst du?

Ich habe schon ⓔPlan. - Erzähl mal! Was ist dein Plan?

✔ 올바른 어미는?

1. Wen sucht dein__ Bruder hier? - Er sucht sein__ Freund.

2. Was sucht d__ Mädchen dort? - Sie sucht ihr__ Fahrrad.

정답 · 해설

정답 : ⓔ Plan ⇒ **einen** Plan

Haben Sie **Fragen**? - Nein, jetzt habe ich keine Fragen. ⇒ Frage*n*은 복수명사 → 부정관사 없음!

영 Do you have questions? - No, I have no questions now.
'당신은 질문들이 있나요?' - '아니오, 지금은 질문이 없어요.'

Ich trinke gern **Kaffee** ohne **Zucker**. ⇒ Kaffee 및 Zucker는 물질명사 → 부정관사 없음!

영 I like to drink coffee without sugar. '나는 설탕 없는 커피를 즐겨 마신다.'

Hast du jetzt **Zeit**? - Warum fragst du? ⇒ Zeit는 추상명사 → 부정관사 없음!

영 Do you have time now? - Why do you ask? '너는 지금 시간이 있니?' - '왜 너는 (그것을) 물어보니?'

Ich habe schon **einen Plan**. - Erzähl mal! Was ist dein Plan? ⇒ Plan은 부정관사 ein- 필요!

영 I already have a plan. - Tell me. What is your plan?
'나는 이미 계획을 가지고 있어.' - '한번 얘기해 봐. 너의 계획은 무엇이니?'

1. Wen sucht dein_ Bruder hier? - Er sucht sein**en** Freund.
   영 Who is your brother looking for here? - He's looking for his friend.
   '너의 남자 형제는 여기서 누구를 찾고 있니?' - '그는 자신의 친구를 찾고 있어.'

2. Was sucht d**as** Mädchen dort? - Sie sucht ihr_ Fahrrad.
   영 What is the girl looking for there? - She's looking for her bicycle.
   '저기서 저 소녀는 무엇을 찾고 있지?' - '그녀는 자신의 자전거를 찾고 있어.'

25. 명사 3격 (1) : 3격(= "여격") 명사의 정관사 및 부정관사

[영어]

I give the child a book. '나는 그 아이에게 책을 한 권 준다.'

I'll send the picture to a woman. '나는 그 그림을 한 여자에게 보낸다.'

밑줄 친 명사들은 수여동사 give 및 send의 간접목적어로서 '...에, ...에게'로 해석된다.

이러한 간접목적어는 별도의 격이 아니라 목적격에 속한다. ⇒ 정관사는 항상 the, 부정관사는 항상 a, an으로서 일정하다!

[독일어]

영어의 간접목적어('...에, ...에게')가 독일어에서는 독립적인 하나의 격으로서 3격이다!

영어와 달리 독일어 3격 명사에 사용되는 정관사 및 부정관사는 일정하지 않다!

첫째, 독일어 3격 명사의 정관사 및 부정관사는 다른 격들과 구분된다!

(3격) Ich gebe dem Kind ein Buch. ↔ (4격) Ich kenne das Kind. ⇒ 동일한 명사 Kind임에도 불구하고 3격과 4격의 정관사가 상이함!

영 I give the child a book. 영 I know the child.

둘째, 독일어 3격 명사의 정관사 및 부정관사는 해당 명사의 성, 수에 따라 변화한다.

Ich sende einem Mann das Bild. ↔ Ich sende einer Frau das Bild. ⇒ 동일한 3격임에도 불구하고 Mann과 Frau의 부정관사가 다름!

영 I'll send the picture to a man. 영 I'll send the picture to a woman.

(남성, 중성명사 3격)

정관사 dem ... ; 부정관사 einem ...

Ich gebe dem Kind ein Buch.

영 I give the child a book. 혹은 I give a book to the child.

'나는 그 아이에게 책을 한 권 준다.'

▸ ... gebe dem Kind ...

↓

중성명사 Kind가 동사 gebe의 간접목적어로서 3격 → 중성 3격 정관사 dem

Ich schicke einem Mann das Foto.

영 I'll send a man the photograph. 혹은 I'll send the photograph to a man.

'나는 한 남자에게 그 사진을 보낸다.'

▸ ... schicke einem Mann ...

↓

남성명사 Mann이 동사 schicke의 간접목적어로서 3격 → 남성 3격 부정관사 einem

(여성명사 3격)

정관사 der ... ; 부정관사 einer ...

Ich gebe der Frau ein Bild.

영 I give the woman a picture. 혹은 I give a picture to the woman.
'나는 그 여자에게 그림 하나를 준다.'

▸ ... gebe der Frau ...
↓
여성명사 Frau가 동사 gebe의 간접목적어로서 3격 → 여성 3격 정관사 der

Ich schicke einer Familie das Paket.

영 I'll send a family the package. 혹은 I'll send the package to a family.
'나는 한 가족에게 그 소포를 보낸다.'

▸ ... schicke einer Familie ...
↓
여성명사 Familie가 동사 schicke의 간접목적어로서 3격 → 여성 3격 부정관사 einer

(복수명사 3격)

정관사 den ... ; 부정관사 없음!
※ 복수 3격 명사 ⇒ 형태가 항상 -n이어야 함!

Wir geben den Kindern Bücher.

영 We give the children books. 혹은 We give books to the children.
'우리는 그 아이들에게 책들을 준다.'

▸ ... geben den Kindern ...
↓
복수명사 Kinder가 동사 geben의 간접목적어로서 3격 → 복수 3격 정관사 den
(※ 여기서 Kinder는 복수 3격이므로 형태가 -n이어야 함. → 추가로 -n이 붙어 Kindern)

연습문제

빈 칸 (a), (b)에 들어갈 때 정관사 d- 및 부정관사 ein-의 올바른 3격 형태는?

Ich gebe ______(a)______ ein Buch.

d__ Mädchen ; d__ Mann ; d__ Männern ; d__ Mutter

d__ Lehrerin ; d__ Lehrer ; d__ Kind ; d__ Lehrern

Ich schicke ______(b)______ das Paket.

ein__ Arzt ; ein__ Mädchen ; ein__ Ärztin

ein__ Kind ; ein__ Frau ; ein__ Koreaner

올바른 3격 어미는?

1. Was schenken wir d__ Mädchen?

2. Er zeigt ein__ Freund sein Auto.

3. Der Lehrer erklärt ein__ Schülerin das Bild.

4. Wir backen d__ Gast einen Kuchen.

5. Ich schreibe d__ Frau eine E-Mail.

6. Die Mutter erzählt d__ Kindern eine Geschichte.

올바른 4격 어미는?

7. Wir suchen d__ Mädchen.

8. Ich habe ein__ Freund.

9. Wer kennt d__ Schülerin?

10. Was kochen wir für d__ Gast?

11. Das ist ein Geschenk für d__ Frau.

12. Sie liebt d__ Kinder.

Ich gebe ____(a)____ ein Buch.

dem 혹은 den Mädchen ; dem Mann ; den Männern ; der Mutter
↳ 중성 3격 dem 혹은 복수 3격 den ↳ 남성 3격 dem ↳ 복수 3격 den ↳ 여성 3격 der

der Lehrerin ; dem Lehrer ; dem Kind ; den Lehrern
↳ 여성 3격 der ↳ 남성 3격 dem ↳ 중성 3격 dem ↳ 복수 3격 den

Ich schicke ____(b)____ das Paket.

einem Arzt ; einem Mädchen ; einer Ärztin
↳ 남성 3격 einem ↳ 중성 3격 einem ↳ 여성 3격 einer

einem Kind ; einer Frau ; einem Koreaner
↳ 중성 3격 einem ↳ 여성 3격 einer ↳ 남성 3격 einem

1. Was schenken wir dem Mädchen?
   영 What do we give the girl? '우리는 무엇을 그 소녀에게 선물하지?'
2. Er zeigt einem Freund sein Auto.
   영 He shows a friend his car. '그는 한 친구에게 자신의 자동차를 보여준다.'
3. Der Lehrer erklärt einer Schülerin das Bild.
   영 The teacher explains the picture to a pupil. '그 선생님은 한 여학생에게 그 그림을 설명해준다.'
4. Wir backen dem Gast einen Kuchen.
   영 We bake the guest a cake. '우리는 그 손님에게 케이크 하나를 구워준다.'
5. Ich schreibe der Frau eine E-Mail.
   영 I'm writing an e-mail to the woman. '나는 그 여자에게 이메일을 쓴다.'
6. Die Mutter erzählt den Kindern eine Geschichte.
   영 The mother is telling the children a story. '그 어머니는 그 아이들에게 이야기 하나를 해준다.'

7. Wir suchen das Mädchen.
   영 We're looking for the girl.
   '우리는 그 소녀를 찾고 있다.'
8. Ich habe einen Freund.
   영 I have a friend.
   '나는 친구 하나를 가지고 있다.'
9. Wer kennt die Schülerin?
   영 Who knows the pupil?
   '누가 그 여학생을 알지?'
10. Was kochen wir für den Gast?
   영 What do we cook for the guest?
   '우리는 그 손님을 위해 무엇을 요리하지?'
11. Das ist ein Geschenk für die Frau.
   영 This is a gift for the woman.
   '이것은 그 여자를 위한 선물이다.'
12. Sie liebt die Kinder.
   영 She loves the children.
   '그녀는 그 아이들을 사랑한다.'

26. 명사 3격 (2) : dies- ; mein-, dein-, sein- ... ; kein-의 3격 형태

[영어/독일어]

영어의 this 및 my, your, his, her ...는 형태 변화 없이 항상 일정하다.

그러나 이에 해당하는 독일어 낱말들은 영어와 달리 어미변화 한다!

dies- (영 this) ⇒ 정관사 d- 어미변화!

mein- (영 my), dein- (영 your), sein- (영 his) ... ; kein- (영 no ...) ⇒ 부정관사 ein- 어미변화!

따라서 이들의 3격 형태 → 정관사 d- 및 부정관사 ein-의 3격과 동일한 어미를 지닌다!

(남성 · 중성명사 3격)

dem ... ⇒ diesem ...
einem ... ⇒ meinem ... ; deinem ... ; seinem ... ; ihrem (Ihrem) ... ; unserem ...
keinem ...

Ich gebe diesem Kind ein Buch.

영 I give this child a book. 혹은 I give a book to this child.

'나는 이 아이에게 책을 한 권 준다.'

▸ ... gebe diesem Kind ...

↳ 중성명사 Kind가 동사 gebe의 간접목적어로서 3격

→ dies-(영 this)는 중성 3격 정관사 dem과 동일하게 diesem

Ich schicke meinem Freund ein Foto.

영 I'll send my friend a photograph. 혹은 I'll send a photograph to my friend.

'나는 나의 친구에게 사진 하나를 보낸다.'

▸ ... schicke meinem Freund ...

↳ 남성명사 Freund가 동사 schicke의 간접목적어로서 3격

→ mein-(영 my)은 남성 3격 부정관사 einem과 동일하게 meinem

(여성명사 3격)

der ... ⇒ dieser ...
einer ... ⇒ meiner ... ; deiner ... ; seiner ... ; ihrer (Ihrer) ... ; unserer ...
keiner ...

Ich gebe dieser Frau ein Bild.

영 I give this woman a picture. 혹은 I give a picture to this woman.
'나는 이 여자에게 그림 하나를 준다.'

▸ ... gebe dieser Frau ...
↳ 여성명사 Frau가 동사 gebe의 간접목적어로서 3격
→ dies-(영 this)는 여성 3격 정관사 der와 동일하게 dieser

Ich schicke meiner Familie das Paket.

영 I'll send my family the package. 혹은 I'll send the package to my family.
'나는 나의 가족에게 그 소포를 보낸다.'

▸ ... schicke meiner Familie ...
↳ 여성명사 Familie가 동사 schicke의 간접목적어로서 3격
→ mein-(영 my)은 여성 3격 부정관사 einer와 동일하게 meiner

(복수명사 3격)

den ... ⇒ diesen ...
meinen ... ; deinen ... ; seinen ... ; ihren (Ihren) ... ; unseren ...
keinen ...

※ 복수이므로 mein-, dein-, sein- ... ; kein- 역시 정관사 d- 어미변화!

Ich gebe diesen Kindern Bücher.

영 I give these children books. 혹은 I give books to these children.
'나는 이 아이들에게 책들을 준다.'

▸ ... gebe diesen Kindern ...
↳ 복수명사 Kinder가 동사 gebe의 간접목적어로서 3격
→ dies-(영 this, these)는 복수 3격 정관사 den과 동일하게 diesen
(여기서 Kinder는 복수 3격 → 추가로 -n이 붙어 Kindern)

Ich schicke meinen Freunden die Fotos.

영 I'll send my friends the photographs. 혹은 I'll send the photographs to my friends.
'나는 나의 친구들에게 그 사진들을 보낸다.'

▸ ... schicke meinen Freunden ...
↳ 복수명사 Freunde가 동사 schicke의 간접목적어로서 3격
→ mein-(영 my)은 복수 3격 정관사 den과 동일하게 meinen
(여기서 Freunde는 복수 3격 → 추가로 -n이 붙어 Freunden)

연습문제

빈 칸 (a), (b)에 들어갈 때 올바른 3격 형태는?

Ich gebe ______(a)______ ein Buch.

dies__ Mädchen ; dies__ Mann ; dies__ Arbeiterin ; dies__ Männern

Ich schicke ______(b)______ ein Paket

mein__ Tochter ; ihr__ Bruder ; sein__ Brüdern ; unser__ Lehrer

ihr__ Mutter ; dein__ Arzt ; mein__ Ärzten ; sein__ Kind

올바른 3격 어미는?

1. Wir schreiben unser__ Chef einen Brief.
2. Zeig dein__ Freundin die Fotos!
3. Ich kaufe mein__ Sohn ein Fahrrad.
4. Er schenkt sein__ Frau einen Ring.
5. Sie erklärt ihr__ Kindern die Welt.

올바른 4격 어미는?

6. Für wen ist der Brief? - Für unser__ Chef.
7. Sind die Blumen für dein__ Freundin? - Nein, sie sind für mein__ Mutter.
8. Wen suchst du? - Jetzt suche ich mein__ Sohn.
9. Er liebt sein__ Frau sehr.
10. Ich kenne ihr__ Kinder schon.

Ich gebe ______(a)______ ein Buch.

dies**em** Mädchen ; dies**em** Mann ; dies**er** Arbeiterin ; dies**en** Männ*er***n**
↳ 중성 3격 d**em** ⇒ dies**em** ↳ 남성 3격 d**em** ⇒ dies**em** ↳ 여성 3격 d**er** ⇒ dies**er** ↳ 복수 3격 d**en** ⇒ dies**en**

Ich schicke ______(b)______ ein Paket.

mein**er** Tochter ; ihr**em** Bruder ; sein**en** Brüder**n** ; unser**em** Lehrer
↳ 여성 3격 ein**er** ⇒ mein**er** ↳ 남성 3격 ein**em** ⇒ ihr**em** ↳ 복수 3격 d**en** ⇒ sein**en** ↳ 남성 3격 ein**em** ⇒ unser**em**

ihr**er** Mutter ; dein**em** Arzt ; mein**en** Ärzt*e***n** ; sein**em** Kind
↳ 여성 3격 ein**er** ⇒ ihr**er** ↳ 남성 3격 ein**em** ⇒ dein**em** ↳ 복수 3격 d**en** ⇒ mein**en** ↳ 중성 3격 ein**em** ⇒ sein**em**

1. Wir schreiben unser**em** Chef einen Brief.
   영 We'll write a letter to our boss. '우리는 우리의 보스에게 편지를 쓴다.'
2. Zeig dein**er** Freundin die Foto*s*!
   영 Show your girlfriend the photographs. '너의 여자 친구에게 그 사진들을 보여주어라.'
3. Ich kaufe mein**em** Sohn ein Fahrrad.
   영 I'll buy my son a bicycle. '나는 내 아들에게 자전거를 사준다.'
4. Er schenkt sein**er** Frau einen Ring.
   영 He gives his wife a ring. '그는 그의 아내에게 반지를 선물한다.'
5. Sie erklärt ihr**en** Kind*er***n** die Welt.
   영 She explains the world to the children. '그녀는 자신의 아이들에게 세상을 설명해준다.'

6. Für wen ist der Brief? - Für unser**en** Chef.
   영 For whom is the letter? - For our boss. '그 편지는 누구 것이지?' - '우리 보스 거야.'
7. Sind die Blumen für dein**e** Freundin? - Nein, sie sind für mein**e** Mutter.
   영 Are the flowers for your girlfriend? - No, these are for my mother.
   '그 꽃들은 너의 여자 친구를 위한 것이니?' - '아니, 그것들은 나의 어머니를 위한 것이야.'
8. Wen suchst du? - Jetzt suche ich mein**en** Sohn.
   영 Who are you looking for? - I'm looking for my son now.
   '너는 누구를 찾고 있니?' - '지금 나는 내 아들을 찾고 있어.'
9. Er liebt sein**e** Frau sehr.
   영 He loves his wife very much. '그는 자신의 아내를 매우 사랑한다.'
10. Ich kenne ihr**e** Kind*er* schon.
    영 I already know her (혹은 their) children. '나는 이미 그녀의 (혹은 그들의) 아이들을 알고 있다.'

27. 명사 3격 (3) : 뒤에 오는 명사가 3격인 전치사

[영어/독일어]

영어의 경우, 전치사 뒤에 오는 명사는 전치사와 상관없이 항상 목적격이다!

영어와 달리 독일어의 경우, 전치사 뒤에 오는 명사의 격은 전치사에 따라 상이하다!

전치사 mit (영 with), nach (영 after) ... ⇒ 뒤에 오는 명사가 반드시 3격이어야 하는 "3격 전치사"이다!

(3격 전치사)

3격 전치사 : 뒤에 오는 명사가 항상 3격!

aus ...로부터 (영 out of ... , from)	von ...로부터 (영 from)
seit ...이래, ...이후로 (영 since)	nach ...후에 (영 after)
bei (위치) ...옆에, ~~누구~~에게서 (영 by, at)	zu (방향) ...로, ~~누구~~에게로 (영 to)
mit [1] ...와 함께 ; [2] ...를 가지고 (영 with)	

Ich spreche mit einem Kind.

영 I'm speaking with a child. '나는 한 아이와 이야기한다.'

▸ ... mit einem Kind

↓

중성명사 Kind가 3격 전치사 mit 뒤에 옴. → 중성 3격 부정관사 einem

Was machst du nach der Schule?

영 What do you do after school? '너는 학교 수업 후에 무엇을 하니?'

▸ ... nach der Schule

↓

여성명사 Schule가 3격 전치사 nach 뒤에 옴. → 여성 3격 정관사 der

Er geht jetzt zu seinem Freund.

영 He's going to his friend now. '그는 지금 그의 친구에게로 간다.'

▸ ... zu seinem Freund

↓

남성명사 Freund가 3격 전치사 zu 뒤에 옴.

→ sein-(영 his)은 남성 3격 부정관사 einem과 동일하게 seinem

Ich bekomme ein Geschenk von diesen Kindern.

영 I'll receive a present from these children.

'나는 이 아이들로부터 선물을 받는다.'

▸ ... ein Geschenk von seinen Kindern

↓

복수명사 Kinder가 3격 전치사 von과 결합

→ dies-(영 this)는 복수 3격 정관사 den처럼 어미변화 하여 diesen

(여기서 Kinder는 복수 3격 → 추가로 -n이 붙어 Kindern)

(3격 전치사 축약형)

zum	("zu dem")	⇒	「zum + 남성 · 중성명사」
zur	("zu der")	⇒	「zur + 여성명사」
vom	("von dem")	⇒	「vom + 남성 · 중성명사」
beim	("bei dem")	⇒	「beim + 남성 · 중성명사」

Fahren wir zum Markt oder zur Bank?

영 Do we go to the market or to the bank?

'우리 시장으로 갈까 아니면 은행으로 갈까?'

▸ ... zum Markt ...

↓

「zum + 남성 · 중성명사」:

zum 뒤에 남성명사 Markt → zum Markt '시장으로'

▸ ... zur Bank

↓

「zur + 여성명사」:

zur 뒤에 여성명사 Bank → zur Bank '은행으로'

Er ist jetzt beim Arzt.

영 He is at the doctor's now.

'그는 지금 의사에게 가 있다.'

▸ ... beim Arzt

↓

「beim + 남성 · 중성명사」:

beim 뒤에 남성명사 Arzt → beim Arzt '의사에게서'

연습문제

빈 칸 (a), (b)에 들어갈 때 올바른 형태는?

Ich spreche mit ______(a)______.

ein__ Mann ; d__ Frau ; d__ Leuten ; ein__ Mädchen

Er geht zu ______(b)______.

sein__ Lehrerin ; mein__ Freund ; ihr__ Eltern ; dies__ Kind

올바른 3격 어미는?

1. Wir kommen jetzt aus unser__ Zimmer.
2. Sie bleibt morgen bei ihr__ Tante.
3. Nach d__ Essen lernt er Deutsch.
4. Ich bekomme einen Brief von mein__ Mutter.

올바른 4격 어미는?

5. Wir putzen unser__ Zimmer.
6. Sie kocht für ihr__ Tante.
7. Wer bezahlt d__ Essen?
8. Ich liebe mein__ Mutter.

전치사 축약형 zum, zur, vom, beim 중에서 알맞은 것은?

9. Er geht allein _____ Party.
10. Wir sind jetzt _____ Bäcker.
11. Ich nehme ein Taxi _____ Bahnhof _____ Hotel.

Ich spreche mit ____(a)____.

einem Mann ; der Frau ; den Leuten ; einem Mädchen

↳ 남성 3격 einem ↳ 여성 3격 der ↳ 복수 3격 den ↳ 중성 3격 einem

Er geht zu ____(b)____.

seiner Lehrerin ; meinem Freund ; ihren Eltern ; diesem Kind

↳ 여성 3격 einer ⇒ seiner ↳ 남성 3격 einem ⇒ meinem ↳ 복수 3격 den ⇒ ihren ↳ 중성 3격 dem ⇒ diesem

1. Wir kommen jetzt aus unserem Zimmer.
   영 We're coming out of our room now. '우리는 지금 우리의 방으로부터 나온다.'
2. Sie bleibt morgen bei ihrer Tante.
   영 She'll stay at her aunt's tomorrow. '그녀는 내일 그녀의 숙모 집에 머무른다.'
3. Nach dem Essen lernt er Deutsch.
   영 He studies German after eating. '식사 후에 그는 독일어를 공부한다.'
4. Ich bekomme einen Brief von meiner Mutter.
   영 I'll receive a letter from my mother. '나는 나의 어머니로부터 편지를 받는다.'

5. Wir putzen unser_ Zimmer.
   영 We're cleaning our room. '우리는 우리의 방을 청소한다.'
6. Sie kocht für ihre Tante.
   영 She's cooking for her aunt. '그녀는 자신의 숙모를 위해 요리한다.'
7. Wer bezahlt das Essen?
   영 Who'll pay for the food. '누가 그 음식 값을 지불하지?'
8. Ich liebe meine Mutter.
   영 I love my mother. '나는 나의 어머니를 사랑한다.'

9. Er geht allein zur Party.
   영 He'll go to the party alone. '그는 홀로 파티에 간다.'
10. Wir sind jetzt beim Bäcker.
    영 We are at baker's now. '우리는 지금 빵집에 있다.'
11. Ich nehme ein Taxi vom Bahnhof zum Hotel.
    영 I'll take a taxi from the station to the hotel. '나는 기차역으로부터 호텔로 택시를 탄다.'

28. 명사 3격 (4) : 인칭대명사 3격 mir, dir, ihm, ihr ...

[영어/독일어]

독일어의 경우, **영어와 달리** “3격”이라는 독립적인 격이 존재한다.
따라서 인칭대명사 역시 **영어와 달리 3격** 형이 독립적으로 존재하게 된다.
이러한 인칭대명사 3격은 동사의 간접목적어 혹은 3격 전치사의 목적어로 사용된다.

(인칭대명사 3격)

ich	(영 I)	⇒	**mir**	‘나에게’	(영 to me)
du	(영 you)	⇒	**dir**	‘너에게’	(영 to you)
er	(영 he)	⇒	**ihm**	‘그에게’	(영 to him)
es	(영 it)	⇒	**ihm**	‘그것에게’	(영 to it)
sie	(영 she)	⇒	**ihr**	‘그녀에게’	(영 to her)
wir	(영 we)	⇒	**uns**	‘우리에게’	(영 to us)
sie	(영 they)	⇒	**ihnen**	‘그들에게 ; 그것들에게’	(영 to them)
Sie	(영 you)	⇒	**Ihnen**	‘당신에게’	(영 to you)

Ich gebe dir ein Buch.

영 I give you a book 혹은 I give a book to you. ‘나는 너에게 책을 한 권 준다.’

▸ ... gebe **dir** ...
↳ 동사 gebe의 간접목적어, 즉 3격 목적어 → du의 3격 형 **dir**가 옴.

Er schickt mir ein Paket.

영 He'll send me a package. 혹은 He'll send a package to me.
‘그는 나에게 소포 하나를 보낸다.’

▸ ... schickt **mir** ...
↳ 동사 schicke의 간접목적어, 즉 3격 목적어 → ich의 3격 형 **mir**가 옴.

Kommst du mit uns?

영 Will you come with us? ‘너 우리와 함께 갈래?’

▸ ... mit **uns**
↳ 3격 전치사 mit와 결합 → wir의 3격 형 **uns**가 옴.

연습문제

다음 우리말에 해당하는 독일어 인칭대명사 3격 형은?

_______ '나에게' (영 to me) / _______ '너에게' (영 to you) / _______ '당신에게' (영 to you)

_______ '그에게' (영 to him) / _______ '그녀에게' (영 to her) / _______ '우리에게' (영 to us)

_______ '그들에게, 그것들에게' (영 to them)

〈보기〉처럼 인칭대명사를 사용하여 질문에 답하시오.

〈보기〉 Sprechen Sie oft mit *diesem Mann*? - Ja, ich spreche oft mit <u>ihm</u>.

1. Was schickst du *deiner Freundin*? - Ich schicke _______ Blumen.
2. Wohnt er noch bei *seinen Eltern*? - Ja, er wohnt noch bei _______.
3. Was erzählt die Mutter *ihrem Kind*? - Sie erzählt _______ eine Geschichte.
4. Kommst du morgen zu *mir*? - Ja, morgen komme ich zu _______.

정답 · 해설

<u>mir</u> '나에게' (영 to me) <u>dir</u> '너에게' (영 to you) <u>Ihnen</u> '당신에게' (영 to you)

<u>ihm</u> '그에게' (영 to him) <u>ihr</u> '그녀에게' (영 to her) <u>uns</u> '우리에게' (영 to us)

<u>ihnen</u> '그들에게, 그것들에게' (영 to them)

〈보기〉 Sprechen Sie oft mit *diesem Mann*? - Ja, ich spreche oft mit <u>ihm</u>.
영 Do you often talk with this man? - Yes, I often talk with **him**.
'당신은 자주 이 남자와 이야기 하시나요?' - '예, 저는 그와 자주 이야기해요.'

1. Was schickst du *deiner Freundin*? - Ich schicke <u>ihr</u> Blume***n***.
   영 What will you send to your girlfriend? - I'll send flowers to her.
   '너는 너의 여자 친구에게 무엇을 보내니?' - '나는 그녀에게 꽃들을 보내.'
2. Wohnt er noch bei *seinen Eltern*? - Ja, er wohnt noch bei <u>ihnen</u>.
   영 Is he still living with his parents? - Yes, he's still living with them.
   '그는 아직 그의 부모님 집에서 살고 있니?' - '응, 그는 아직 그분들 집에서 살아.'
3. Was erzählt die Mutter *ihrem Kind*? - Sie erzählt <u>ihm</u> eine Geschichte.
   영 What's the mother telling her child? - She's telling him a story.
   '그 어머니는 자신의 아이에게 무엇을 말해주니?' - '그녀는 그에게 이야기 하나를 말해주고 있어.'
4. Kommst du morgen zu *mir*? - Ja, morgen komme ich zu <u>dir</u>.
   영 Will you come to me tomorrow? - Yes, I'll come to you tomorrow.
   '너 내일 나에게 오니?' - '응, 내일 나는 너에게 가.'

29. 명사 3격 (5) : 의문사 wer의 3격 형 wem

[영어/독일어]

독일어의 경우, **영어와 달리** "3격"이라는 독립적인 격이 존재한다.
따라서 '사람'을 묻는 의문사 wer(영 who) 역시 **영어와 달리** 3격 형이 독립적으로 존재하게 된다.
wer의 3격 형 wem ⇒ 동사의 간접목적어 혹은 3격 전치사의 목적어가 된다.

> wem (3격) '누구에게?' (영 to whom)
>
> 〈참고〉 wer (1격) '누가?' (영 who) / wen (4격) '누구를?' (영 whom)

Wem geben wir das? - Unserem Lehrer.

영 Who do we give it to? - To our teacher.
'우리는 누구에게 그것을 주지?' - '우리의 선생님께.'

▸ Wem geben wir ...?
↓
동사 geb*en*의 간접목적어로서 3격!
→ 의문사 wer의 3격 형 Wem이 옴.

Mit wem redet er? - Mit seinem Freund.

영 Who is he talking with? - With his friend.
'그는 누구와 이야기하고 있니?' - '그의 친구와.'

▸ Mit wem ...
↓
3격 전치사 mit와 결합!
→ 의문사 wer의 3격 형 wem이 옴.

Wem gehört dieses Auto? - Es gehört mir.

영 Who does this car belong to? - It belongs to me.
'이 차는 누구 것이니?' - '그것은 나의 것이야.'

▸ Wem gehört ...?
↓
동사 gehör*t*의 3격 목적어!
→ 의문사 wer의 3격 형 Wem이 옴.

연습문제

✔ 의문사 wer의 올바른 형태는? 그리고 올바른 어미는?

1. W___ geben Sie die Bücher? - Ein__ Mädchen aus Österreich.
2. Für w___ ist dieses Geld? - Das ist für mein__ Mutter.
3. Mit w___ lebt er zusammen? - Mit sein__ Frau und sein__ Kindern.
4. W___ sucht die Frau? - Sie sucht ihr__ Mann und ihr__ Kinder.

✔ 올바른 인칭대명사는?

5. Ich schreibe dir/dich eine E-Mail.
6. Kennst du ihm/ihn ?
7. Zeig mir/mich deine Wohnung!
8. Das Zimmer gehört ihr/sie .

정답 · 해설

1. W**em** geben Sie die Büch***er***? - Ein**em** Mädchen aus Österreich.
   - 영 Who will you give the books to? - To a girl from Austria.
     '당신은 누구에게 그 책들을 주시나요?' - '오스트리아 출신의 한 소녀에게요.'
2. Für w**en** ist dieses Geld? - Das ist für mein**e** Mutter.
   - 영 Who is this money for? - It is for my mother.
     '이 돈은 누구를 위한 것이니?' - '그것은 나의 어머니를 위한 것이야.'
3. Mit w**em** lebt er zusammen? - Mit sein**er** Frau und sein**en** Kinde***rn***.
   - 영 Who does he live with? - With his wife and his children.
     '그는 누구와 함께 살고 있니?' - '자신의 아내, 그리고 아이들과 함께.'
4. W**en** sucht die Frau? - Sie sucht ihr**en** Mann und ihr**e** Kind***er***.
   - 영 Who is the woman looking for? - She is looking for her husband and her children.
     '그 여자는 누구를 찾고 있니?' - '그녀는 그녀의 남편과 아이들을 찾고 있어.'

5. Ich schreibe **dir**/~~dich~~ eine E-Mail.
   - 영 I'll write an e-mail to you.
     '나는 너에게 이메일을 쓸 거야.'
6. Kennst du ~~ihm~~/**ihn**?
   - 영 Do you know him?
     '너는 그를 아니?'
7. Zeig **mir**/~~mich~~ deine Wohnung!
   - 영 Show me your apartment.
     '나에게 너의 집을 보여 줘.'
8. Das Zimmer gehört **ihr**/~~sie~~.
   - 영 The room belongs to her.
     '그 방은 그녀의 것이다.'

30. 명사 3격 (6) : 3격 목적어 혹은 4격 목적어를 요구하는 동사

[영어/독일어]

영어 동사의 목적어 ⇒ 항상 목적격!

영어와 달리 독일어 동사의 목적어 ⇒ 3격 혹은 4격 두 가지!

대부분의 경우, 3격 목적어는 '...에, ...에게'로 해석되며, 4격 목적어는 '...을, ...를'로 해석되지만, 다음과 같이 몇몇 예외적인 경우들이 있으므로 주의해야 한다.

- 4격 요구 동사 : 목적어가 '...에게'로 해석되지만 3격이 아니라 4격!
  「fragen + 4격」 '...에게 질문하다' (영 ask)
- 3격 요구 동사 : 목적어가 '...을, ...를'로 해석되지만 4격이 아니라 3격!
  「helfen + 3격」 '...를 돕다' (영 help)

Er fragt seinen Lehrer.

영 He is asking his teacher.

'그는 그의 선생님에게 질문한다.'

Er fragt mich.

영 He asks me.

'그는 나에게 질문한다.'

▸ ... fragt seinen Lehrer

↓

남성명사 Lehrer가 4격 요구 동사 frag*t*의 목적어로서 4격

→ sein-(영 his)은 남성 4격 부정관사 einen과 동일하게 seinen

▸ ... fragt mich

↓

4격 요구 동사 frag*t*의 목적어!

→ 인칭대명사 ich의 4격 형 mich가 옴.

Ich helfe meiner Mutter.

영 I'm helping my mother.

'나는 나의 어머니를 돕고 있어.'

Ich helfe dir.

영 I'll help you.

'나는 너를 돕겠어.'

▸ ... helfe meiner Mutter

↓

여성명사 Mutter가 3격 요구 동사 helf*e*의 목적어로서 3격

→ mein-(영 my)은 여성 3격 부정관사 einer와 동일하게 meiner

▸ ... helfe dir

↓

3격 요구 동사 helf*e*의 목적어!

→ 인칭대명사 du의 3격 형 dir가 옴.

연습문제

올바른 인칭대명사는?

1. Frag _mir/mich_ nicht!
2. Helfen Sie _mir/mich_ bitte!
3. Ich folge _dir/dich_.
4. Ich grüße _dir/dich_.

의문사 wer의 올바른 형태는?

5. W___ gehört dieser Schreibtisch?
6. Für w___ arbeitet er?
7. Mit w___ gehst du zum Museum?
8. W___ braucht dieses Buch?

동사 haben, 그리고 부정어 kein-의 올바른 형태는?

9. Ich h____ kein__ Freund.
10. Wir h____ kein__ Kinder.
11. H____ du kein__ Zeit?
12. Er h____ kein__ Zimmer.

정답 · 해설

1. Frag ~~mir~~/mich nicht!
   영 Don't ask me. '나에게 질문하지 마라.'
2. Helfen Sie mir/~~mich~~ bitte!
   영 Help me, please. '저를 도와주세요.'
3. Ich folge dir/~~dich~~.
   영 I follow you. '나는 너를 따르겠어.'
4. Ich grüße ~~dir~~/dich.
   영 I greet you. '나는 너에게 인사해.' (= '안녕!')
5. Wem gehört dieser Schreibtisch?
   영 Who does this desk belong to?
   '이 책상은 누구 것이지?'
6. Für wen arbeitet er?
   영 Who does he work for?
   '그는 누구를 위해 일하지?'
7. Mit wem gehst du zum Museum?
   영 Who will you go to the museum with?
   '너는 누구와 함께 박물관에 가니?'
8. Wer braucht dieses Buch?
   영 Who needs this book?
   '누가 이 책을 필요로 하지?'
9. Ich habe keinen Freund.
   영 I have no friend. '나는 친구가 없다.'
10. Wir haben keine Kinder.
    영 We have no children. '우리는 아이들이 없다.'
11. Hast du keine Zeit?
    영 Do you have no time? '너는 시간이 없니?'
12. Er hat kein_ Zimmer.
    영 He has no room. '그는 방이 없다.'

31. 3·4격 전치사 (1) : 뒤에 오는 명사가 3격 혹은 4격인 전치사

3 · 4격 전치사 : 뒤에 오는 명사가 3격 혹은 4격

예 **in** '... 안' (영 in) ; **an** '... 옆' (영 by, at) ...

(1) 뒤에 오는 명사가 3격일 때 ⇒ '위치'를 뜻하여 '...에, ...에서'로 해석!

「in + 3격」 '... 안에, ... 안에서' (영 in ...)

(2) 뒤에 오는 명사가 4격일 때 ⇒ '방향'을 뜻하여 '...로, ...으로'로 해석!

「in + 4격」 '... 안으로' (영 into ... ; in ...)

Er ist in seinem Zimmer. ↔ Er kommt in sein Zimmer.

영 He is in his room.
'그는 그의 방 안에 있다.'

영 He is coming into his room.
'그는 그의 방 안으로 들어온다.'

▸ ... ist in seinem Zimmer
↓
3 · 4격 전치사 **in**이 동사 ist('있다')와 함께 '...안에 있다' → '위치'로서 「in + 3격」!
따라서 중성명사 Zimmer가 전치사 in 뒤에 3격으로 와야 함.
→ sein(영 his)은 중성 3격 부정관사 ein**em**과 동일하게 sein**em**

▸ ... kommt in sein Zimmer
↓
3 · 4격 전치사 **in**이 동사 komm*t*('오다')와 함께 '...안으로 오다' → '방향'으로서 「in + 4격」!
따라서 중성명사 Zimmer가 전치사 in 뒤에 4격으로 와야 함.
→ sein(영 his)은 중성 4격 부정관사 ein_과 동일하게 어미 없이 sein_

Ich lebe an der See. ↔ Ich fahre an die See.

영 I live by the sea.
'나는 바닷가에서 산다.'

영 I'll go to the sea.
'나는 바닷가로 간다.'

▸ ... lebe an der See
↓
3 · 4격 전치사 **an**이 동사 leb*e*('살다')와 함께 '...옆에서 살다' → '위치'로서 「an + 3격」!
따라서 여성명사 See가 전치사 an 뒤에 3격으로 와야 함.
→ 여성 3격 정관사 der!

▸ ... fahre an die See
↓
3 · 4격 전치사 **an**이 동사 fahr*e*('가다')와 함께 '...옆으로 가다' → '방향'으로서 「an + 4격」!
따라서 여성명사 See가 전치사 an 뒤에 4격으로 와야 함.
→ 여성 4격 정관사 die!

(3 · 4격 전치사)

※ 3 · 4격 전치사는 다음과 같이 모두 9개이다!

in	(영 in)	(3격) '... 안에, ...에'	;	(4격) '... 안으로, ...로'
an	(영 by, at)	(3격) '... 옆에, ...에'	;	(4격) '... 옆으로, ...로'
auf	(영 on)	(3격) '... 위에'	;	(4격) '... 위로'
unter	(영 under)	(3격) '... 아래에'	;	(4격) '... 아래로'
vor	(영 in front of)	(3격) '... 앞에'	;	(4격) '... 앞으로'
hinter	(영 behind)	(3격) '... 뒤에'	;	(4격) '... 뒤로'
neben	(영 next to)	(3격) '... 가까이에'	;	(4격) '... 가까이로'
über	(영 above ; over)	(3격) '... 위에'	;	(4격) '... 위로' ; '...을 건너'
zwischen	(영 between)	(3격) '... 사이에'	;	(4격) '... 사이로'

Er wartet vor deinem Haus.

영 He's waiting in front of your house.

'그는 너의 집 앞에서 기다리고 있어.'

▸ ... ist vor deinem Haus
↓
3 · 4격 전치사 vor가 동사 wartet와 함께 '... 앞에서 기다리다' → '위치'로서 「vor + 3격」!
따라서 중성명사 Haus가 전치사 vor 뒤에 3격으로 와야 함.
→ dein(영 your)은 중성 3격 부정관사 einem과 동일하게 deinem

Schließ die Tür hinter dir!

영 Close the door behind you.

'네 뒤에 있는 문을 닫아라.'

▸ ... die Tür hinter dir
↓
3 · 4격 전치사 hinter가 명사 Tür 바로 뒤에 와서 '...뒤에 있는 문' → '위치'로서 3격!
따라서 전치사 hinter 뒤에 인칭대명사 du의 3격 형 dir가 옴!

※ 이 문장은 du-명령문 「동사 어간 ...!」 '...해라' : Schließ ...!

연습문제

✔ 3격? 혹은 4격? 올바른 어미는?

1. Wir essen oft in dies__ Restaurant.

   ↔ Wir gehen oft in dies__ Restaurant.

2. Er liegt auf sein__ Bett.

   ↔ Er legt das Baby auf sein__ Bett.

✔ 3격? 혹은 4격? 올바른 어미는?

3. Heute Abend gehen wir in d__ Kirche.

4. Wem gehört das Bild an d__ Wand?

5. Ich steige gern auf ein__ Berg.

6. Er sitzt zwischen sein__ Freunden.

7. Ein Auto steht vor unser__ Haus.

8. Die Eltern schicken ihre Kinder in d__ Schule.

✔ 빈 칸 (a)에 알맞은 동사 sein의 형태는? 그리고 올바른 어미는?

9. Wir ___(a)___ in d__ Bibliothek.

10. Unsere Wohnung ___(a)___ neben ein__ Park.

11. Wo ___(a)___ du jetzt? - Ich ___(a)___ in mein__ Büro.

12. Unter d__ Sofa ___(a)___ keine Bücher.

1. Wir essen oft in diesem Restaurant.
↳ '식당 안에서 식사하다' → '위치'이므로 3격!

영 We often eat in this restaurant.
'우리는 자주 이 식당에서 식사한다.'

↔ Wir gehen oft in dieses Restaurant.
↳ '식당 안으로 가다' → '방향'이므로 4격!

영 We often go to this restaurant.
'우리는 자주 이 식당으로 간다.'

2. Er liegt auf seinem Bett.
↳ '침대 위에서 누워있다' → '위치'이므로 3격!

영 He's lying on his bed.
'그는 자신의 침대 위에 누워 있다.'

↔ Er legt das Baby auf sein_ Bett.
↳ '침대 위로 눕혀 놓다' → '방향'이므로 4격!

영 He's laying down the baby on his bed.
'그는 그 아기를 자신의 침대 위로 눕혀 놓는다.'

3. Heute Abend gehen wir in die Kirche.
↳ '교회로 간다' → '방향'이므로 4격!

영 This evening we go to church.
'오늘 저녁 우리는 교회로 간다.'

4. Wem gehört das Bild an der Wand?
↳ '벽에 (걸려)있는 그림' → '위치'이므로 3격!

영 Who does the picture on the wall belong to?
'벽에 걸려있는 그림은 누구 것이니?'

5. Ich steige gern auf einen Berg.
↳ '산 위로 올라간다' → '방향'이므로 4격!

영 I like to climb a mountain.
'나는 산 위로 올라가는 것을 즐겨 한다.'

6. Er sitzt zwischen seinen Freunden.
↳ '친구들 사이에서 앉아 있다' → '위치'이므로 3격!

영 He's sitting between his friends.
'그는 자신의 친구들 사이에 앉아 있다.'

7. Ein Auto steht vor unserem Haus.
↳ '집 앞에 서 있다' → '위치'이므로 3격!

영 A car is standing in front of our house.
'우리 집 앞에 자동차 한 대가 서 있다.'

8. Die Eltern schicken ihre Kinder in die Schule.
↳ '학교로 보낸다' → '방향'이므로 4격!

영 The parents send their children to school.
'부모는 그들의 아이들을 학교로 보낸다.'

9. Wir sind in der Bibliothek.
↳ '도서관 안에 있다' → '위치'이므로 3격!

영 We are in the library.
'우리는 도서관 안에 있다.'

10. Unsere Wohnung ist neben einem Park.
↳ '공원 가까이에 있다' → '위치'이므로 3격!

영 Our apartment is near a park.
'우리 아파트는 한 공원 가까이에 있다.'

11. Wo bist du jetzt? - Ich bin in meinem Büro.
↳ '사무실 안에 있다' → '위치'이므로 3격!

영 Where are you now? - I am in my office.
'너는 지금 어디에 있니?' - '나는 나의 사무실 안에 있어.'

12. Unter dem Sofa sind keine Bücher.
↳ '소파 아래에 있다' → '위치'이므로 3격!

영 There are no books under the sofa.
'소파 아래에는 책들이 없다.'

32. 3·4격 전치사 (2) : 뒤에 오는 명사의 격이 고정된 경우

■ 3·4격 전치사 뒤에 관용적으로 3격인 경우

「Angst **vor** + 3격」 '...에 대한 두려움' (영 fear of ...)
「sterben **an** + 3격」 '...으로 죽다' (영 die of ...)

■ 3·4격 전치사 뒤에 관용적으로 4격인 경우

「warten **auf** + 4격」 '...을 기다리다' (영 wait for ...)
「denken **an** + 4격」 '...을 생각하다' (영 think of ...)

Ich habe Angst vor einem Unfall.

영 I have a fear of an accident. '나는 사고에 대한 두려움을 가지고 있다.'

▸ ... Angst vor einem Unfall
↓
「Angst vor + 3격」:
남성명사 Unfall이 전치사 vor 뒤에 3격으로 와야 함! → 남성 3격 부정관사 einem이 옴.

Wir warten auf ihn.

영 We're waiting for him. '우리는 그를 기다리고 있다.'

▸ ... warten auf ihn
↓
「warten auf + 4격」:
전치사 auf 뒤에 4격이 와야 함! → 인칭대명사 er의 4격 형 ihn이 옴.

Er denkt an seine Familie.

영 He thinks of his family. '그는 그의 가족을 생각한다.'

▸ ... denkt an seine Familie
↓
「denken an + 4격」:
여성명사 Familie가 전치사 an 뒤에 4격으로 와야 함!
→ sein-(영 his)은 여성 4격 부정관사 eine와 동일하게 seine

연습문제

3격? 혹은 4격? 올바른 어미는?

1. Hast du keine Angst vor d__ Hund?
2. Wir sprechen über dies__ Film.
3. Er wartet auf ihr__ Antwort.
4. Denk an dein__ Eltern!

3격? 혹은 4격? 올바른 어미는?

5. Die Kinder spielen auf d__ Straße.
6. Das Bild über d__ Tisch ist schön.
7. Wir fahren zusammen in d__ Stadt.
8. Jemand steht an d__ Tür.
9. Ich gehe jeden Tag auf d__ Markt.
10. Er sitzt unter ein__ Baum hinter sein__ Haus.

정답 · 해설

1. Hast du keine Angst vor d<u>em</u> Hund?
   영 Don't you have a fear of the dog?
   '너는 그 개에 대한 두려움이 없니?'
2. Wir sprechen über dies<u>en</u> Film.
   영 We're talking about this movie.
   '우리는 이 영화에 대하여 이야기한다.'
3. Er wartet auf ihr<u>e</u> Antwort.
   영 He's waiting for her answer.
   '그는 그녀의 대답을 기다리고 있다.'
4. Denk an dein<u>e</u> Eltern!
   영 Think of your parents.
   '너의 부모님을 생각해라.'
5. Die Kind*er* spielen auf d<u>er</u> Straße.
   영 The children are playing on the street.
   '그 아이들은 거리 위에서 놀고 있다.'
6. Das Bild über d<u>em</u> Tisch ist schön.
   영 The picture over the desk is beautiful.
   '탁자 위에 있는 그림은 아름답다.'
7. Wir fahren zusammen in d<u>ie</u> Stadt.
   영 We'll go downtown together.
   '우리는 함께 시내로 간다.'
8. Jemand steht an d<u>er</u> Tür.
   영 Someone is standing at the door.
   '누군가가 문에 서 있다.'
9. Ich gehe jeden Tag auf d<u>en</u> Markt.
   영 I go to the market every day. '나는 매일 시장으로 간다.'
10. Er sitzt unter ein<u>em</u> Baum hinter sein<u>em</u> Haus.
    영 He's sitting under a tree behind his house. '그는 그의 집 뒤에 있는 나무 아래에 앉아 있다.'

33. 3·4격 전치사 (3) : 「3·4격 전치사 + 정관사」의 축약형

(3 · 4격 전치사 축약형)

im	("in dem")	⇒	「im + 남성 · 중성명사 3격」	'... 안에, ...에' (영 in ...)
ins	("in das")	⇒	「ins + 중성명사 4격」	'... 안으로, ...로' (영 into ... ; to ...)
am	("an dem")	⇒	「am + 남성 · 중성명사 3격」	'... 옆에, ...에' (영 at ...)

Er ist im Garten.

영 He is in the garden. '그는 정원 안에 있다.'

▸ ... ist im Garten

↓

「im + 남성 · 중성명사 3격」 : 남성명사 Garten이 옴. → im Garten '정원 안에'

※ 3 · 4격 전치사 in이 동사 ist와 함께 '... 안에 있다' → '위치'로서 3격!
따라서 남성명사 Garten이 전치사 in 뒤에 3격으로 와야 함!
→ 남성 3격 정관사 dem이 와서 원래 "in dem"이어야 하지만 im으로 축약!

Wir gehen ins Konzert.

영 We're going to the concert. '우리는 음악회로 간다.'

▸ ... gehen ins Konzert

↓

「ins + 남성 · 중성명사 4격」 : 중성명사 Konzert가 옴. → ins Konzert '음악회로'

※ 3 · 4격 전치사 in이 동사 geh*en*과 함께 '... 안으로 가다' → '방향'으로서 4격!
따라서 중성명사 Konzert가 전치사 in 뒤에 4격으로 와야 함!
→ 중성 4격 정관사 das가 와서 원래 "in das"이어야 하지만 ins로 축약!

Meine Kinder sitzen am Tisch.

영 My children are sitting at the table. '나의 아이들은 식탁(옆)에 앉아 있다.'

▸ ... sitzen am Tisch

↓

「am + 남성 · 중성명사 3격」 : 남성명사 Tisch가 옴. → am Tisch '식탁 옆에'

※ 3 · 4격 전치사 an이 동사 sitz*en*과 함께 '... (옆)에 앉아 있다' → '위치'로서 3격!
따라서 남성명사 Tisch가 전치사 an 뒤에 3격으로 와야 함!
→ 중성 3격 정관사 dem이 와서 원래 "an dem"이어야 하지만 am으로 축약!

연습문제

✔ 전치사 축약형 im, ins, am 중에서 알맞은 것은?

1. Gehst du oft _____ Kino?
2. Meine Tante ist noch _____ Krankenhaus.
3. Wir sitzen an einem Tisch _____ Fenster.

✔ 빈 칸 (a)에 알맞은 전치사는? 그리고 올바른 어미는?

4. Er wartet __(a)__ sein__ Freund.
5. Hast du Angst __(a)__ dein__ Vater?
6. Mein Bruder denkt nur __(a)__ sein__ Freundin.

✔ 빈 칸에 올바른 어미는?

7. Wir reden über unser__ Problem.
8. Geh zurück an d__ Arbeit!
9. Sehen Sie auch das Schiff unter d__ Brücke?
10. Ich kaufe Obst und Gemüse auf d__ Markt.

정답 · 해설

1. Gehst du oft **ins** Kino?
   영 Do you often go to the cinema?
   '너는 자주 영화관에 가니?'
2. Meine Tante ist noch **im** Krankenhaus.
   영 My aunt is still in the hospital.
   '나의 숙모님은 아직 병원에 계신다.'
3. Wir sitzen an einem Tisch **am** Fenster.
   영 We're sitting at a table by the window. '우리는 창가에 있는 테이블에 앉아 있다.'

4. Er wartet **auf** sein**en** Freund.
   영 He's waiting for his friend.
   '그는 그의 친구를 기다리고 있다.'
5. Hast du Angst **vor** dein**em** Vater?
   영 Do you have a fear of your father?
   '너는 너의 아버지에 대한 두려움을 가지고 있니?'
6. Mein Bruder denkt nur **an** sein**e** Freundin.
   영 My brother only thinks of his girlfriend. '나의 남자 형제는 오로지 자신의 여자 친구만을 생각한다.'

7. Wir reden über unser_ Problem.
   영 We're talking about our problem.
   '우리는 우리의 문제에 대하여 이야기하고 있다.'
8. Geh zurück an d**ie** Arbeit!
   영 Go back to work!
   '작업으로 되돌아가라!' (= '다시 일을 시작해라.')
9. Sehen Sie auch das Schiff unter d**er** Brücke?
   영 Do you see the ship under the bridge, too? '당신도 역시 저 다리 아래에 있는 배를 보시나요?'
10. Ich kaufe Obst und Gemüse auf d**em** Markt.
   영 I buy fruit and vegetables at the market. '나는 과일과 채소를 시장에서 산다.'

34. 3·4격 전치사 (4) : 3·4격 전치사와 시간적 표현

- am Morgen 아침에 (영 in the morning)
- am Mittag 정오에 (영 at noon)
- am Vormittag 오전에 (영 in the morning)
- am Nachmittag 오후에 (영 in the afternoon)
- am Abend 저녁에 (영 in the evening)
- in der Nacht 밤에 (영 in the night)

- am Sonntag 일요일에 (영 on Sunday)
- am Montag 월요일에 (영 on Monday)
- am Dienstag 화요일에 (영 on Tuesday)
- am Mittwoch 수요일에 (영 on Wednesday)
- am Donnerstag 목요일에 (영 on Thursday)
- am Freitag 금요일에 (영 on Friday)
- am Samstag / am Sonnabend 토요일에 (영 on Saturday)

- im Januar 1월에 (영 in January)
- im Februar 2월에 (영 in February)
- im März 3월에 (영 in March)
- im April 4월에 (영 in April)
- im Mai 5월에 (영 in May)
- im Juni 6월에 (영 in June)
- im Juli 7월에 (영 in July)
- im August 8월에 (영 in August)
- im September 9월에 (영 in September)
- im Oktober 10월에 (영 in October)
- im November 11월에 (영 in November)
- im Dezember 12월에 (영 in December)

- im Frühling 봄에 (영 in spring)
- im Sommer 여름에 (영 in summer)
- im Herbst 가을에 (영 in autumn)
- im Winter 겨울에 (영 in winter)

연습문제

빈 칸에 알맞은 낱말은?

1. Es schneit oft ______ Januar.
2. ______ Sonntag bin ich frei.
3. Ich trinke Kaffee ______ Morgen.
4. Er besucht uns einmal ______ Jahr.
5. Viele Blumen blühen ______ Frühling.

올바른 어미는?

6. Für wen ist dies__ Fahrrad? - Das ist für mein__ Sohn.
7. Mit wem kommt Thomas zur Party? - Mit sein__ Freunden.
8. In dies__ Zimmer ist kein__ Fernseher.
9. Sie schreibt ein__ Buch über ihr__ Liebe.

정답 · 해설

1. Es schneit oft **im** Januar.
   영 It often snows in January.
   '1월에는 자주 눈이 온다.'

2. **Am** Sonntag bin ich frei.
   영 On Sunday I am free.
   '일요일에는 나는 자유롭다.'

3. Ich trinke Kaffee **am** Morgen.
   영 I drink coffee in the morning.
   '나는 아침에 커피를 마신다.'

4. Er besucht uns einmal **im** Jahr.
   영 He visits us once a year.
   '그는 1년에 한 번 우리를 방문한다.'

5. Viele Blume*n* blühen **im** Frühling.
   영 Many flowers bloom in the spring. '많은 꽃들은 봄에 핀다.'

6. Für wen ist dies**es** Fahrrad? - Das ist für mein**en** Sohn.
   영 Who is this bicycle for? - It is for my son.
   '이 자전거는 누구를 위한 것이지?' - '그것은 나의 아들을 위한 거야.'

7. Mit wem kommt Thomas zur Party? - Mit sein**en** Freunde*n*.
   영 Who will Thomas come to the party with? - With his friends.
   '토마스는 누구와 함께 파티에 오니?' - '그의 친구들과 함께.'

8. In dies**em** Zimmer ist kein_ Fernseher.
   영 There is no TV in this room. '이 방에는 텔레비전이 없다.'

9. Sie schreibt ein_ Buch über ihr**e** Liebe.
   영 She's writing a book about her love. '그녀는 그녀의 사랑에 관한 책을 쓰고 있다.'

35. 명사 2격 (1) : 2격(= "소유격") 명사의 정관사 및 부정관사

[영어]

명사의 소유격 ⇒ 두 가지 형식!

(1) 「A's B」 'A의 B' : the child's father '그 아이의 아버지'

(2) 「B of A」 'A의 B' : the name of the flower '그 꽃의 이름'

[독일어]

명사의 2격 (= 소유격) ⇒ 기본적으로 한 가지 형식!

「B A(2격) 」 'A의 B' ※ A가 B의 뒤에 위치하며, A를 2격 형태로 만든다!

der Vater des Kindes(2격) '그 아이의 아버지' / der Name der Blume(2격) '그 꽃의 이름'

2격 명사 ⇒ 성, 수에 따라 정관사 및 부정관사가 다르다!

(남성, 중성명사 2격)

정관사 des ... ; 부정관사 eines ...

des ... ⇒ dieses ...

eines ... ⇒ meines ... ; deines ... ; seines ... ; ihres (Ihres) ... ; unseres ...

※ 남성 · 중성명사 2격은 명사 자체에 -s 혹은 -es가 붙음!

Die Eltern des Kindes sind sehr freundlich.

영 The child's parents are very friendly. '그 아이의 부모님은 매우 친절하다.'

▸ Die Eltern des Kindes ...

↓

중성명사 Kind의 2격 형!

→ 중성 2격 정관사 des가 옴.

※ 중성명사 2격이므로 명사 자체에 -es가 붙어 Kindes

(Kind는 1 음절이므로 -s가 아닌 -es를 붙여 음절 추가!)

Das ist das Auto meines Vaters.

영 This is my father's car. '이것은 내 아버지의 차이다.'

▸ ... das Auto meines Vaters

↓

남성명사 Vater의 2격 형!

→ mein-(영 my)은 남성 2격 부정관사 eines와 동일하게 meines

※ 남성명사 2격이므로 명사 자체에 -s가 붙어 Vaters

(Vater는 2 음절이므로 -es가 아닌 -s를 붙임.)

(여성, 복수명사 2격)

정관사 der ... ; 부정관사 einer ...
der ... ⇒ dieser ...
einer ... ⇒ meiner ... ; deiner ... ; seiner ... ; ihrer (Ihrer) ... ; unserer ...
〈주의〉 여성 · 복수명사는 -s, -es 없음!

Ich kenne die Familie der Frau.

영 I know the woman's family. '나는 그 여자의 가족을 안다.'

▸ ... die Familie der Frau

↓

여성명사 Frau의 2격 형!

→ 여성 2격 정관사 der가 옴.

(여성명사이므로 -s, -es 없음! 즉, Fraus 아님!)

Der Vater dieser Kinder ist Polizist.

영 These children's father is a policeman. '이 아이들의 아버지는 경찰관이다.'

▸ Der Vater dieser Kinder ...

↓

복수명사 Kinder의 2격 형!

→ dies-(영 this)는 복수 2격 정관사 der와 동일하게 dieser

(복수명사이므로 -s, -es 없음! 즉, Kinders 아님!)

3격 전치사 von은 '소유'의 의미를 지닐 수 있다 :
「... von A」 'A의 ...' (영 ... of A)
※ 이 '소유'의 von은 무엇보다 사람 이름, 국가 명, 지역 명 등 고유명사에 사용!

Er ist der König von Schweden.

영 He is the king of Sweden. '그는 스웨덴의 왕이다.'

▸ ... der König von Schweden

↓

국가 명 Schweden은 고유명사 → ... von Schweden '스웨덴의 ...'

연습문제

올바른 2격 형태는?

der Garten d__ Haus__

ein Fenster d__ Zimmer__

die Farbe d__ Tür__

die Liebe d__ Eltern__

ein Foto mein__ Freund__

die Geschichte unser__ Universität__

die Kinder ein__ Arzt__

der Motor dies__ Auto__

올바른 2격 형태는?

1. Der Sohn d__ Mann__ ist ein Freund mein__ Sohn__.
2. Der Name dies__ Frau__ ist nicht bekannt.
3. Ich lese ein Buch über das Leben ein__ Politiker__.
4. Die Hälfte d__ Studenten__ an dieser Universität kommt aus dem Ausland.

주어진 우리말을 독일어로 옮길 때 빈 칸에 알맞은 표현은?

5. '마리아(Maria)의 컴퓨터는 고장 났다.' ⇒ ________________ ist kaputt.
6. '베를린은 독일의 수도이다.' ⇒ Berlin ist ________________.

올바른 것을 선택하시오.

7. Wir schenken ihm/ihn ein Buch.
8. Er liebt ihr/sie sehr.
9. Wem/Wen gehört dieser Ball?
10. Ich frage dir/dich noch einmal.
11. Manchmal spreche ich mit ihnen/sie.
12. Ich kenne ihm/ihn gut.
13. Das hier ist für Ihnen/Sie.
14. Helfen Sie mir/mich bitte!

der Garten des Hauses

영 the garden of the house.

ein Fenster des Zimmers

영 a window of the room

die Farbe der Tür_

영 the color of the door

die Liebe der Eltern_

영 the parents' love

ein Foto meines Freundes

영 a photograph of my friend's

die Geschichte unserer Universität_

영 the history of our university

die Kinder eines Arztes

영 A doctor's children

der Motor dieses Autos

영 the motor of this car

1. Der Sohn des Mannes ist ein Freund meines Sohnes.
   영 The man's son is a friend of my son's. '그 남자의 아들은 내 아들의 한 친구이다.'

2. Der Name dieser Frau_ ist nicht bekannt.
   영 This woman's name is not known. '이 여자의 이름은 알려져 있지 않다.'

3. Ich lese ein Buch über das Leben eines Politikers.
   영 I'm reading a book about a politician's life. '나는 한 정치가의 인생에 관한 책을 읽고 있다.'

4. Die Hälfte der Student*en*_ an dieser Universität kommt aus dem Ausland.
   영 Half of the students in this university come from abroad.
   '이 대학에 있는 학생들의 절반은 외국 출신이다.

5. Marias Computer ist kaputt. 혹은 Der Computer von Maria ist kaputt.
   영 Maria's computer is broken.

6. Berlin ist die Hauptstadt von Deutschland.
   영 Berlin is the capital of Germany.

7. Wir schenken ihm/~~ihn~~ ein Buch.
   영 We give him a book.
   '우리는 그에게 책을 선물한다.'

8. Er liebt ~~ihr~~/sie sehr.
   영 He loves her very much.
   '그는 그녀를 매우 사랑한다.'

9. Wem/~~Wen~~ gehört dieser Ball?
   영 Who does this ball belong to?
   '이 공은 누구 것이지?'

10. Ich frage ~~dir~~/dich noch einmal.
    영 I ask you once more.
    '나는 너에게 다시 한번 질문한다.'

11. Manchmal spreche ich mit ihnen/~~sie~~.
    영 Sometimes I talk with them.
    '가끔 나는 그들과 이야기한다.'

12. Ich kenne ~~ihm~~/ihn gut.
    영 I know him well.
    '나는 그를 잘 안다.'

13. Das hier ist für ~~Ihnen~~/Sie.
    영 This is for you.
    '여기 이것은 당신을 위한 것입니다.'

14. Helfen Sie mir/~~mich~~ bitte!
    영 Help me please.
    '저를 도와주세요.'

36. 명사 2격 (2) : 뒤에 오는 명사가 2격인 전치사

(2격 전치사)

2격 전치사 : 뒤에 오는 명사가 2격	
wegen '... 때문에' (영 because of ...)	**trotz** '...에도 불구하고' (영 in spite of ...)

Er bleibt zu Hause wegen einer Krankheit.

영 He stays at home because of an illness. '그는 질병 때문에 집에 머물고 있다.'

▸ ... wegen einer Krankheit

↓

여성명사 Krankheit가 2격 전치사 wegen과 결합 → 여성 2격 부정관사 einer가 옴.
(여성명사이므로 -s, -es 없음! 즉, Krankheits 아님!)

Trotz des Regens spielen wir Fußball.

영 We're playing football in spite of the rain. '비에도 불구하고 우리는 축구한다.'

▸ Trotz des Regens ...

↓

남성명사 Regen이 2격 전치사 trotz와 결합 → 남성 2격 정관사 des가 옴.
(남성명사 2격이므로 명사 자체에 -s가 붙어 Regens)

---

wessen ... (2격) '누구의 ...?' (영 whose ...)

〈참고〉 **wer** (1격) '누가?' (영 who)
wem (3격) '누구에게?' (영 to whom)
wen (4격) '누구를?' (영 whom)

Wessen Buch ist das? - Das ist mein Buch.

영 Whose book is this? - It is my book.
'이것은 누구의 책인가?' - '그것은 나의 책이다.'

▸ Wessen Buch ...?

↓

「Wessen + 명사」 '누구의 ...?' (영 whose ...)

연습문제

✔ 올바른 2격 형태는?

1. Ich gehe zum Arzt wegen ein__ Erkältung__.
2. Trotz sein__ Alter__ ist er noch gesund.
3. Statt mein__ Mutter__ besuche ich ihre Freundin im Krankenhaus.

✔ 빈 칸 (a)에 알맞은 의문사 wer의 형태는? 그리고 올바른 2격 형태는?

4. __(a)__ gehört dieses Haus? - Es gehört dem Chef ein__ Firma__ in Berlin.
5. __(a)__ ist das? - Das ist ein Bruder mein__ Freund__.
6. Für __(a)__ kochst du? - Für die Freunde mein__ Kinder__.
7. __(a)__ Auto nehmen wir? - Heute nehmen wir das Auto mein__ Vater__.

정답 · 해설

1. Ich gehe zum Arzt wegen ein<u>er</u> Erkältung_.
   영 I go to the doctor because of a cold. '나는 감기 때문에 의사에게 간다.'
2. Trotz sein<u>es</u> Alter<u>s</u> ist er noch gesund.
   영 In spite of his age he is still healthy. '그의 나이에도 불구하고 그는 아직 건강하다.'
3. Statt mein<u>er</u> Mutter_ besuche ich ihre Freundin im Krankenhaus.
   영 Instead of my mother I'll visit her friend in the hospital.
   '나의 어머니 대신 내가 병원에 있는 그녀의 친구를 방문한다.'

4. <u>Wem</u> gehört dieses Haus? - Es gehört dem Chef ein<u>er</u> Firma_ in Berlin.
   영 Who does this house belong to? - It belongs to the boss of a company in Berlin.
   '이 집은 누구 것이니?' - '그것은 베를린에 있는 한 회사의 사장 소유야.'
5. <u>Wer</u> ist das? - Das ist ein Bruder mein<u>es</u> Freund<u>es</u>.
   영 Who is this? - It is a brother of my friend's.
   '이것은 누구니?' - '그것은 내 친구의 한 남자 형제야.'
6. Für <u>wen</u> kochst du? - Für die Freund*e* mein<u>er</u> Kind*er*_.
   영 Who are you cooking for? - For my children's friends.
   '너는 누구를 위해 요리하니?' - '내 아이들의 친구들을 위해서야.'
7. <u>Wessen</u> Auto nehmen wir? - Heute nehmen wir das Auto mein<u>es</u> Vater<u>s</u>.
   영 Whose car do we take? - Today we take my father's car.
   '우리 누구 차를 타지?' - '오늘 우리는 내 아버지의 차를 탈거야.'

37. 형용사 어미변화 (1) : 형용사 앞에 der, die, das, eine가 오는 경우

[영어]

형용사는 뒤에 오는 명사를 수식한다.

an old man '한 늙은 남자' / an old woman '한 늙은 여자'
(old: 형용사)

[독일어]

영어처럼 독일어 형용사 역시 뒤에 오는 명사를 수식한다.

그러나 영어와 달리 독일어 형용사는 이 경우 어미변화 한다!

ein alter Mann (영 an old man) / eine alte Frau (영 an old woman)

alter ↓ 형용사 alt + 어미 -er / alte ↓ 형용사 alt + 어미 -e

형용사 어미변화 ⇒ 형용사 앞에 오는 정관사 및 부정관사의 형태에 따라 일정한 방식으로 이루어진다.
따라서 이를 〈규칙〉처럼 이해하고 연습해야 한다!

형용사 어미변화 〈규칙 1〉

(남성)	der + 형용사 -e	⇒ der alte Mann	(영 the old man)
(중성)	das + 형용사 -e	⇒ das kleine Kind	(영 the little child)
(여성)	die/eine + 형용사 -e	⇒ die schöne Frau	(영 the beautiful woman)
		eine schöne Frau	(영 a beautiful woman)

Der neue Chef ist sehr freundlich.

영 The new chief is very friendly.

'새로 부임한 사장님은 매우 친절하다.'

▸ Der neue Chef ...
↓
앞에 남성 1격 der가 있음. → 형용사 어미 -e가 붙어 neue

Das dicke Buch ist interessant.

영 The thick book is interesting.

'그 두꺼운 책은 재미있다.'

▸ Das dicke Buch ...
↓
앞에 중성 1격 das가 있음.
→ 형용사 어미 -e가 붙어 dicke

Ich lese das dicke Buch.

영 I'm reading the thick book.

'나는 그 두꺼운 책을 읽고 있다.'

▸ ... das dicke Buch
↓
앞에 중성 4격 das가 있음.
→ 형용사 어미 -e가 붙어 dicke

Er kauft ein Buch für das kleine Kind.

영 He buys a book for the little child.
'그는 그 작은 아이를 위한 책을 한 권 산다.'

▸ ... für das kleine Kind
↓
앞에 중성 4격 das가 있음. → 형용사 어미 -e가 붙어 kleine

Die junge Frau ist Studentin.

영 The young woman is a student.
'그 젊은 여자는 대학생이다.'

▸ Die junge Frau ...
↓
앞에 여성 1격 die가 있음.
→ 형용사 어미 -e가 붙어 junge

Er liebt die junge Frau.

영 He loves the young woman.
'그는 그 젊은 여자를 사랑한다.'

▸ ... die junge Frau
↓
앞에 여성 4격 die가 있음.
→ 형용사 어미 -e가 붙어 junge

Das ist ein Geschenk für die junge Frau.

영 This is a present for the young woman.
'이것은 그 젊은 여자를 위한 선물이다.'

▸ ... für die junge Frau
↓
앞에 여성 4격 die가 있음. → 형용사 어미 -e가 붙어 junge

Berlin ist eine alte Stadt.

영 Berlin is an old city.
'베를린은 오래 된 도시이다.'

▸ ... eine alte Stadt
↓
앞에 여성 1격 eine가 있음.
→ 형용사 어미 -e가 붙어 alte

Wir sehen eine alte Stadt.

영 We're seeing an old city.
'우리는 오래된 도시 하나를 보고 있다.'

▸ ... eine alte Stadt
↓
앞에 여성 4격 eine가 있음.
→ 형용사 어미 -e가 붙어 alte

Er lernt für eine wichtige Prüfung.

영 He's studying for an important exam.
'그는 한 중요한 시험을 위해 공부한다.'

▸ ... für eine wichtige Prüfung
↓
앞에 여성 4격 eine가 있음. → 형용사 어미 -e가 붙어 wichtige

연습문제

올바른 어미는?

1. D__ alt__ Mann ist Arzt.
   Dies__ alt__ Mann ist Arzt.

2. D__ arm__ Mädchen lebt allein.
   Dies__ arm__ Mädchen lebt allein.
   Das ist für d__ klein__ Kind.
   Das ist für dies__ klein__ Kind.

3. D__ groß__ Familie ist reich.
   Dies__ groß__ Familie ist reich.
   Ich kenne d__ schön__ Frau.
   Ich kenne dies__ schön__ Frau.

4. Hier ist ein__ klein__ Katze.
   Hier ist mein__ klein__ Katze.
   Ich suche ein__ schwarz__ Tasche.
   Ich suche mein__ schwarz__ Tasche.

올바른 어미는?

5. D__ nett__ Mann und sein__ attraktiv__ Frau tanzen zusammen.

6. D__ jung__ Mutter erzählt ihren Kindern ein__ kurz__ Geschichte.

7. Ist dies__ dick__ Buch teuer? - Nein, es ist nicht so teuer.

8. Ich brauche kein__ neu__ Wohnung.

9. D__ schön__ Bild an der Wand gehört meinem Bruder.

10. Dies__ lang__ Satz ist nicht einfach.

1. Der alte Mann ist Arzt.
   ↳ Dieser alte Mann ist Arzt.
   영 The/This old man is a doctor. '그/이 늙은 남자는 의사이다.'

2. Das arme Mädchen lebt allein.
   ↳ Dieses arme Mädchen lebt allein.
   영 The/This poor girl lives alone.
   '그/이 가련한 소녀는 혼자 산다.'

   Das ist für das kleine Kind.
   ↳ Das ist für dieses kleine Kind.
   영 This is for the/this little child.
   '이것은 그/이 작은 아이를 위한 것이다.'

3. Die große Familie ist reich.
   ↳ Diese große Familie ist reich.
   영 The/This big family is rich.
   '그/이 큰 가족은 부자이다.'

   Ich kenne die schöne Frau.
   ↳ Ich kenne diese schöne Frau.
   영 I know the/this beautiful woman.
   '나는 그/이 아름다운 여자를 안다.'

4. Hier ist eine kleine Katze.
   ↳ Hier ist meine kleine Katze.
   영 Here is a/my little cat.
   '여기에 한/나의 작은 고양이가 있다.'

   Ich suche eine schwarze Tasche.
   ↳ Ich suche meine schwarze Tasche.
   영 I'm looking for a/my black bag.
   '나는 한/나의 검정색 핸드백을 찾고 있다.'

5. Der nette Mann und seine attraktive Frau tanzen zusammen.
   영 The friendly man and his attractive wife are dancing together.
   '그 친절한 남자와 그의 매혹적인 부인이 함께 춤춘다.'

6. Die junge Mutter erzählt ihren Kindern eine kurze Geschichte.
   영 The young mother's telling her children a short story.
   '그 젊은 어머니는 그녀의 아이들에게 짧은 이야기 하나를 얘기해준다.'

7. Ist dieses dicke Buch teuer? - Nein, es ist nicht so teuer.
   영 Is this thick book expensive? - No, it is not so expensive.
   '이 두꺼운 책은 비싸니?' - '아니, 그것은 그렇게 비싸지 않아.'

8. Ich brauche keine neue Wohnung.
   영 I don't need a new apartment. '나는 새 아파트를 필요로 하지 않는다.'

9. Das schöne Bild an der Wand gehört meinem Bruder.
   영 The beautiful picture on the wall belongs to my brother.
   '벽에 있는 그 아름다운 그림은 나의 남자 형제 소유이다.'

10. Dieser lange Satz ist nicht einfach.
    영 This long sentence is not simple. '이 긴 문장은 단순하지 않다.'

38. 형용사 어미변화 (2) : 형용사 앞에 ein이 오는 경우

형용사 어미변화 〈규칙 2〉

(남성)	ein_ + 형용사 -er	⇒	ein alter Mann (영 an old man)
(중성)	ein_ + 형용사 -es	⇒	ein kleines Kind (영 a little child)

Er ist ein guter Freund.

영 He is a good friend.

'그는 좋은 친구이다.'

▸ ... ein guter Freund

↓

앞에 남성 1격 ein_이 있음.

→ 형용사 어미 -er가 붙어 guter

Das ist ein schönes Zimmer.

영 This is a beautiful room.

'이것은 좋은 방이다.'

▸ ... ein schönes Zimmer

↓

앞에 중성 1격 ein_이 있음.

→ 형용사 어미 -es가 붙어 schönes

Er hat ein schönes Zimmer.

영 He has a beautiful room.

'그는 좋은 방 하나를 가지고 있다.'

▸ ... ein schönes Zimmer

↓

앞에 중성 4격 ein_이 있음.

→ 형용사 어미 -es가 붙어 schönes

Ich spare Geld für ein neues Auto.

영 I'm saving money for a new car.

'나는 새 차를 위해 돈을 저축하고 있다.'

▸ ... für ein neues Auto

↓

앞에 중성 4격 ein_이 있음.

→ 형용사 어미 -es가 붙어 neues

연습문제

올바른 어미는?

1. Das ist ein__ neu__ Computer.
   Das ist mein__ neu__ Computer.

2. Das ist ein__ schön__ Auto.
   Das ist mein__ schön__ Auto.

   Ich suche ein__ rot__ Fahrrad.
   Ich suche mein__ rot__ Fahrrad.

   Das Geschenk ist für ein__ klein__ Kind.
   Das Geschenk ist für mein__ klein__ Kind.

올바른 어미는?

3. Vor unserem Haus ist ein__ schön__ groß__ Garten.
4. Wir gehen jetzt in ein__ chinesisch__ Restaurant.
5. Mein__ klein__ Zimmer hat ein__ schön__ Fenster.

정답 · 해설

1. Das ist ein_ neuer Computer.
   ↳ Das ist mein_ neuer Computer.
   영 This is a/my new computer. '이것은 한/나의 새 컴퓨터이다.'

2. Das ist ein_ schönes Auto.
   ↳ Das ist mein_ schönes Auto.
   영 This is a/my beautiful car.
   '이것은 한/나의 멋진 자동차이다.'

   Ich suche ein_ rotes Fahrrad.
   ↳ Ich suche mein_ rotes Fahrrad.
   영 I'm looking for a/my red bicycle.
   '나는 한/나의 붉은색 자전거를 찾고 있다.'

   Das Geschenk ist für ein_ kleines Kind.
   ↳ Das Geschenk ist für mein_ kleines Kind.
   영 This gift is for a/my little child. '이 선물은 한/나의 작은 아이를 위한 것이다.'

3. Vor unserem Haus ist ein_ schöner großer Garten.
   영 There is a beautiful large garden in front of our house. '우리 집 앞에는 아름다운 큰 정원이 있다.'

4. Wir gehen jetzt in ein_ chinesisches Restaurant.
   영 We're going to a Chinese restaurant now. '우리는 지금 한 중국 식당으로 간다.'

5. Mein_ kleines Zimmer hat ein_ schönes Fenster.
   영 My small room has a beautiful window. '나의 작은 방은 예쁜 창문 하나를 가지고 있다.'

39. 형용사 어미변화 (3) : 형용사 앞에 den, einen이 오는 경우

형용사 어미변화 〈규칙 3〉

den / einen + 형용사 -en ⇒	den guten Freund	(영 the good friend)
	einen guten Freund	(영 a good friend)

Sehen Sie den alten Mann?

영 Do you see the old man?

'그 늙은 남자가 보이시나요?'

▸ ... den alten Mann

↓

앞에 남성 4격 den이 있음.

→ 형용사 어미 -en이 붙어 alten

Das ist für den alten Mann.

영 This is for the old man.

'이것은 그 늙은 남자를 위한 것이다.'

▸ ... für den alten Mann

↓

앞에 남성 4격 den이 있음.

→ 형용사 어미 -en이 붙어 alten

Ich habe einen kleinen Sohn.

영 I have a little son.

'나는 작은 아들 한 명을 가지고 있다.'

▸ ... einen kleinen Sohn

↓

앞에 남성 4격 einen이 있음.

→ 형용사 어미 -en이 붙어 kleinen

Er arbeitet für einen reichen Mann.

영 He works for a rich man.

'그는 한 부유한 남자를 위해 일한다.'

▸ ... für einen reichen Mann

↓

앞에 남성 4격 einen이 있음.

→ 형용사 어미 -en이 붙어 reichen

연습문제

올바른 어미는?

1. Ich suche ein__ braun__ Hut.
   Ich suche mein__ braun__ Hut.

   Wir reden über ein__ gut__ Lehrer.
   Wir reden über unser__ gut__ Lehrer.

2. Kennst du d__ jung__ Mann?
   Kennst du dies__ jung__ Mann?

   Das Geschenk ist für d__ neu__ Chef.
   Das Geschenk ist für dies__ neu__ Chef.

올바른 어미는?

3. Mein__ deutsch__ Freund hat ein__ groß__ Hund und ein__ klein__ Katze.
4. D__ jung__ Student legt ein__ dick__ Buch auf sein__ neu__ Schreibtisch.
5. D__ klein__ Schülerin versteht nicht d__ lang__ Satz.
   Sie fragt ihr__ nett__ Lehrer.

정답 · 해설

1. Ich suche ein<u>en</u> braun<u>en</u> Hut.
   ↳ Ich suche mein<u>en</u> braun<u>en</u> Hut.
   영 I'm looking for a/my brown hat.
   '나는 한/나의 갈색 모자를 찾고 있다.'

   Wir reden über ein<u>en</u> gut<u>en</u> Lehrer.
   ↳ Wir reden über unser<u>en</u> gut<u>en</u> Lehrer.
   영 We're talking about a/our good teacher.
   '우리는 한/우리의 좋은 선생님에 대하여 이야기한다.'

2. Kennst du d<u>en</u> jung<u>en</u> Mann?
   ↳ Kennst du dies<u>en</u> jung<u>en</u> Mann?
   영 Do you know the/this young man?
   '너는 그/이 젊은 남자를 아니?'

   Das Geschenk ist für d<u>en</u> neu<u>en</u> Chef.
   ↳ Das Geschenk ist für dies<u>en</u> neu<u>en</u> Chef.
   영 The gift is for the/this new boss.
   '그 선물은 새로 부임한 그/이 보스를 위한 것이다.'

3. Mein_ deutsch<u>er</u> Freund hat ein<u>en</u> groß<u>en</u> Hund und ein<u>e</u> klein<u>e</u> Katze.
   영 My German friend has a big dog and a little cat.
   '나의 독일 친구는 큰 개 한 마리와 작은 고양이 한 마리를 가지고 있다.'

4. D<u>er</u> jung<u>e</u> Student legt ein_ dick<u>es</u> Buch auf sein<u>en</u> neu<u>en</u> Schreibtisch.
   영 The young student is putting a thick book on his new desk.
   '그 젊은 대학생은 두꺼운 책 하나를 자신의 새 책상 위에 놓는다.'

5. D<u>ie</u> klein<u>e</u> Schülerin versteht nicht d<u>en</u> lang<u>en</u> Satz. Sie fragt ihr<u>en</u> nett<u>en</u> Lehrer.
   영 The little schoolgirl doesn't understand the long sentence. She asks her friendly teacher.
   '그 작은 여학생은 그 긴 문장을 이해하지 못한다. 그녀는 자신의 친절한 선생님께 질문한다.'

40. 형용사 어미변화 (4) : 형용사 앞에 복수의 die가 오는 경우

형용사 어미변화 〈규칙 4〉

복수 die + 형용사 -en ⇒ die kleinen Kinder (영 the little children)

Die roten Schuhe sind teuer.

영 The red shoes are expensive.
'그 붉은 색 구두는 비싸다.'

▸ Die roten Schuh*e* ...
↓
앞에 복수 1격 die가 있음.
→ 형용사 어미 -en이 붙어 roten

Ich nehme die roten Schuhe.

영 I'll take the red shoes.
'나는 그 붉은 색 구두를 택한다.'

▸ ... die roten Schuh*e*
↓
앞에 복수 4격 die가 있음.
→ 형용사 어미 -en이 붙어 roten

Danke für die schönen Blumen!

영 Thank you for the beautiful flowers!
'그 아름다운 꽃들에 대해 감사드립니다!'

▸ ... für die schönen Blume*n*
↓
앞에 복수 4격 die가 있음.
→ 형용사 어미 -en이 붙어 schönen

연습문제

올바른 어미는?

D__ alt__ Freunde sind nett.

Dies__ alt__ Freunde sind nett.

Mein__ alt__ Freunde sind nett.

Das ist für d__ klein__ Kinder.

Das ist für dies__ klein__ Kinder.

Das ist für mein__ klein__ Kinder.

올바른 어미는?

1. Mein__ deutsch__ Gäste sehen d__ schön__ Fotos an der Wand.
2. D__ fleißig__ Studenten lernen Tag und Nacht für ein__ wichtig__ Prüfung.
3. Dies__ jung__ Mann braucht kein__ neu__ Freunde.
4. Denk an dies__ arm__ Mädchen! Sie leben allein ohne ihr__ Eltern.

정답 · 해설

Di<u>e</u> alt<u>en</u> Freund*e* sind nett.
↳ Dies<u>e</u> alt<u>en</u> Freund*e* sind nett.
↳ Mein<u>e</u> alt<u>en</u> Freund*e* sind nett.
영 The/These/My old friends are friendly.
'그/이/나의 오랜 친구들은 친절하다.'

Das ist für d<u>ie</u> klein<u>en</u> Kind*er*.
↳ Das ist für dies<u>e</u> klein<u>en</u> Kind*er*.
↳ Das ist für mein<u>e</u> klein<u>en</u> Kind*er*.
영 This is for the/these/my little children
'이것은 그/이/나의 작은 아이들을 위한 것이다.'

1. Mein<u>e</u> deutsch<u>en</u> Gäst*e* sehen d<u>ie</u> schön<u>en</u> Foto*s* an der Wand.
   영 My German guests are seeing the beautiful photographs on the wall.
   '나의 독일 손님들은 벽에 있는 그 아름다운 그림들을 보고 있다.'
2. D<u>ie</u> fleißig<u>en</u> Student*en* lernen Tag und Nacht für ein<u>e</u> wichtig<u>e</u> Prüfung.
   영 The diligent students study day and night for an important examination.
   '그 부지런한 대학생들은 한 중요한 시험을 위해 밤낮으로 공부한다.'
3. Dies<u>er</u> jung<u>e</u> Mann braucht kein<u>e</u> neu<u>en</u> Freund*e*.
   영 This young man doesn't need new friends.
   '이 젊은 남자는 새 친구들을 필요로 하지 않는다.'
4. Denk an dies<u>e</u> arm<u>en</u> Mädchen! Sie leben allein ohne ihr<u>e</u> Eltern.
   영 Think of these poor girls. They live alone without their parents.
   '이 불쌍한 소녀들을 생각해라. 그들은 (그들의) 부모 없이 홀로 살고 있다.'

41. 형용사 어미변화 (5) : 형용사 앞에 3격의 (부)정관사가 오는 경우

형용사 어미변화 〈규칙 5〉

> ※ 3격 정관사/부정관사 뒤에 오는 형용사 ⇒ 무조건 -en
>
> 남성 · 중성 3격 dem / einem
> 여성 3격 der / einer + 형용사 -en
> 복수 3격 den

1. 남성 · 중성 3격 dem/einem + 형용사 -en

⇒ dem guten Freund (영 to the good friend)

einem guten Freund (영 to a good friend)

Ich gebe dem kleinen Kind ein Buch.

영 I give the little child a book.

'나는 그 작은 아이에게 책 한 권을 준다.'

▸ ... dem kleinen Kind ...

↓

앞에 중성 3격 정관사 dem이 있음.

→ 형용사 어미 -en이 붙어 kleinen

Wir helfen einem armen Mann.

영 We help a poor man.

'우리는 한 가난한 남자를 돕고 있다.'

▸ ... einem armen Mann

↓

앞에 남성 3격 부정관사 einem이 있음.

→ 형용사 어미 -en이 붙어 armen

2. 여성 3격 der/einer + 형용사 -en

⇒ der schönen Frau (영 to the beautiful woman)

einer schönen Frau (영 to a beautiful woman)

Er schickt der jungen Frau ein Foto.

영 He'll send the young woman a photograph.

'그는 그 젊은 여자에게 사진 하나를 보낸다.'

▸ ... der jungen Frau

↓

앞에 여성 3격 정관사 der가 있음.

→ 형용사 어미 -en이 붙어 jungen

Wir leben in einer kleinen Stadt.

영 We live in a small city.

'우리는 한 작은 도시에서 살고 있다.'

▸ ... in einer kleinen Stadt

↓

앞에 여성 3격 부정관사 einer가 있음.

→ 형용사 어미 -en이 붙어 kleinen

---

3. 복수 3격 den + 형용사 -en

⇒ den kleinen Kindern (영 to the little children)

〈주의〉 복수 3격의 형태는 항상 -n이어야 함. → ... Kindern

Ich mache eine Reise mit den alten Freunden.

영 I'll make a trip with the old friends.

'나는 그 오랜 친구들과 함께 여행을 한다.'

▸ ... mit den alten Freunden

↓

앞에 복수 3격 정관사 den이 있음.

→ 형용사 어미 -en이 붙어 alten

※ 복수 3격이므로 복수형 Freunde에 추가로 -n이 붙어 Freunden

연습문제

올바른 어미는?

1. Wir schreiben d__ alt__ Mann eine E-Mail.
   Wir schreiben dies__ alt__ Mann eine E-Mail.

   Ich rede mit ein__ klein__ Kind.
   Ich rede mit mein__ klein__ Kind.

2. Er zeigt d__ jung__ Frau ein Foto.
   Er zeigt dies__ jung__ Frau ein Foto.

   Ich gehe zu ein__ nett__ Ärztin.
   Ich gehe zu mein__ nett__ Ärztin.

3. Er spielt mit d__ klein__ Kinder__.
   Er spielt mit dies__ klein__ Kinder__.
   Er spielt mit sein__ klein__ Kinder__.

올바른 어미는?

4. Mein__ alt__ Freunde sitzen zusammen an ein__ rund__ Tisch im Garten.

5. Wem gehört dies__ groß__ Haus? - Es gehört ein__ reich__ Familie.

6. D__ nett__ Leute helfen oft dies__ arm__ Mädchen.

7. D__ alt__ Mann tanzt mit sein__ schön__ Frau auf einer Party.

8. D__ jung__ Mutter erzählt ihr__ klein__ Kinder__ eine Geschichte.

9. Am nächst__ Sonntag besuchen wir ein__ groß__ Museum in München.

10. Unser__ neu__ Chef geht mit d__ ausländisch__ Gäste__ in ein__ gut__ Restaurant.

1. Wir schreiben dem alten Mann eine E-Mail.
   ↳ Wir schreiben diesem alten Mann eine E-Mail.
   ⓔ We'll write an e-mail to the/this old man. '우리는 그/이 늙은 남자에게 이메일을 쓴다.'

   Ich rede mit einem kleinen Kind.
   ↳ Ich rede mit meinem kleinen Kind.
   ⓔ I'm talking with a/my little child. '나는 한/나의 아이와 함께 이야기한다.'

2. Er zeigt der jungen Frau ein Foto.
   ↳ Er zeigt dieser jungen Frau ein Foto.
   ⓔ He shows the/this young woman a photograph.
   '그는 그/이 젊은 여자에게 사진 하나를 보여준다.'

   Ich gehe zu einer netten Ärztin.
   ↳ Ich gehe zu meiner netten Ärztin.
   ⓔ I'm going to a/my friendly doctor.
   '나는 한/나의 친절한 여의사에게로 간다.'

3. Er spielt mit den kleinen Kindern.
   ↳ Er spielt mit diesen kleinen Kindern.
   ↳ Er spielt mit seinen kleinen Kindern.
   ⓔ He's playing with the/these/his little children. '그는 그/이/그의 작은 아이들과 함께 놀고 있다.'

4. Meine alten Freunde sitzen zusammen an einem runden Tisch im Garten.
   ⓔ My old friends are sitting together at a round table in the garden.
   '나의 오랜 친구들은 정원에 있는 한 둥근 테이블 옆에 함께 앉아 있다.'

5. Wem gehört dieses große Haus? - Es gehört einer reichen Familie.
   ⓔ Who does this big house belong to? - It belongs to a rich family.
   '이 큰 집은 누구 것이니?' - '그것은 한 부유한 가족 소유야.'

6. Die netten Leute helfen oft diesem armen Mädchen (혹은 diesen armen Mädchen).
   ⓔ The friendly people often help this poor girl (혹은 these poor girls).
   '그 친절한 사람들은 이 불쌍한 소녀를(혹은 소녀들을) 자주 돕는다.'

7. Der alte Mann tanzt mit seiner schönen Frau auf einer Party.
   ⓔ The old man is dancing with his beautiful wife at a party.
   '그 늙은 남자는 한 파티에서 자신의 아름다운 부인과 춤을 춘다.'

8. Die junge Mutter erzählt ihren kleinen Kindern eine Geschichte.
   ⓔ The young mother is telling her little children a story.
   '그 젊은 어머니는 자신의 작은 아이들에게 이야기 하나를 얘기해준다.'

9. Am nächsten Sonntag besuchen wir ein_ großes Museum in München.
   ⓔ We'll visit a big museum in Munich next Sunday. '다음 일요일 우리는 뮌헨의 한 큰 박물관을 방문한다.'

10. Unser_ neuer Chef geht mit den ausländischen Gästen in ein_ gutes Restaurant.
    ⓔ Our new boss is going with the foreign guests to a good restaurant.
    '우리의 새 보스는 그 외국 손님들과 함께 한 좋은 식당으로 간다.'

42. 형용사 어미변화 (6) : 형용사 앞에 2격의 (부)정관사가 오는 경우

형용사 어미변화 〈규칙 6〉

※ 2격 정관사/부정관사 뒤에 오는 형용사 ⇒ 무조건 -en

남성 · 중성 2격 des / eines
여성 2격 der / einer + 형용사 -en
복수 2격 der

1. 남성 · 중성 2격 des/eines + 형용사 -en

⇒ ... des alten Vaters (영 the old father's ...)
... eines kleinen Kindes (영 a little child's ...)
〈주의〉 남성 · 중성명사 2격은 -s 혹은 -es가 붙음. → ... Vaters / ... Kindes

Ich kenne den Sohn des alten Mannes.

영 I know the old man's son. '나는 그 늙은 남자의 아들을 안다.'

▸ ... den Sohn des alten Mannes
↳ 앞에 남성 2격 des가 있음.
→ 형용사 어미 -en이 붙어 alten
※ 남성명사 2격임. → -es가 붙어 Mannes

Die Farbe des neuen Autos ist rot.

영 The new car's color is red. '그 새 차의 색깔은 붉다.'

▸ Die Farbe des neuen Autos ...
↳ 앞에 중성 2격 des가 있음.
→ 형용사 어미 -en이 붙어 neuen
※ 중성명사 2격임. → -s가 붙어 Autos

Das ist das Haus eines bekannten Musikers.

영 This is the house of a famous musician. '이것은 한 유명한 음악가의 집이다.'

▸ ... das Haus eines bekannten Musikers
↳ 앞에 남성 2격 eines가 있음.
→ 형용사 어미 -en이 붙어 bekannten
※ 남성명사 2격임. → -s가 붙어 Musikers

2. 여성 2격 der/einer + 형용사 -en

⇒ ... der schönen Frau (영 the beautiful woman's ...)

... einer schönen Frau (영 a beautiful woman's ...)

Kennst du die Adresse der jungen Frau?

영 Do you know the address of the young woman?

'너는 그 젊은 여자의 주소를 아니?'

▸ ... die Adresse der jungen Frau

↳ 앞에 여성 2격 der가 있음.

→ 형용사 어미 -en이 붙어 jungen

Er ist der Chef einer großen Firma.

영 He is the chief of a big firm.

'그는 한 큰 회사의 사장이다.'

▸ ... der Chef einer großen Firma

↳ 앞에 여성 2격 einer가 있음.

→ 형용사 어미 -en이 붙어 großen

---

3. 복수 2격 der + 형용사 -en

⇒ ... der kleinen Kinder (영 the little children's ...)

Wo sind die Eltern der kleinen Kinder?

영 Where are the parents of the little children?

'그 작은 아이들의 부모님은 어디에 계시니?'

▸ ... die Eltern der kleinen Kinder

↳ 앞에 복수 2격 der가 있음.

→ 형용사 어미 -en이 붙어 kleinen

Ich mache das wegen der deutschen Gäste.

영 I'm doing this because of the German guests.

'나는 그 독일 손님들 때문에 이것을 하고 있다.'

▸ ... wegen der deutschen Gäste

↳ 앞에 복수 2격 der가 있음.

→ 형용사 어미 -en이 붙어 deutschen

연습문제

올바른 2격 형태는?

1. ein Fenster d__ klein__ Zimmer__ | das Haus ein__ gut__ Arzt__
   ein Fenster dies__ klein__ Zimmer__ | das Haus mein__ gut__ Arzt__

2. ein Foto d__ reich__ Familie__ | die Kinder ein__ nett__ Ärztin__
   ein Foto dies__ reich__ Familie__ | die Kinder mein__ nett__ Ärztin__

3. wegen d__ dick__ Bücher__
   wegen dies__ dick__ Bücher__
   wegen mein__ dick__ Bücher__

올바른 어미는? (괄호 안은 2격!)

4. D__ schön__ Haus (d__ jung__ Arzt__) hat ein__ klein__ grün__ Garten.

5. Unser__ nett__ Nachbarin kennt die Adresse (d__ alt__ Frau__).

6. Der Sohn (dies__ ausländisch__ Arbeiter__) ist ein Freund (mein__ klein__ Sohn__).

7. D__ jung__ Vater (dies__ klein__ Kinder__) arbeitet in ein__ groß__ Firma__.

8. Ich kaufe ein__ interessant__ Buch über das Leben (ein__ berühmt__ Politiker__).

9. Mein__ deutsch__ Freund geht zum Arzt (wegen ein__ stark__ Erkältung__).

10. Wessen Auto ist das?
    - Das gehört d__ reich__ Chef (ein__ japanisch__ Bank__) in Berlin.

1. ein Fenster des kleinen Zimmers
   ↳ ein Fenster dieses kleinen Zimmers
   영 a window of the/this small room
   '그/이 작은 방의 한 창문'

   das Haus eines guten Arztes
   ↳ das Haus meines guten Arztes
   영 a/my good doctor's house
   '한/나의 훌륭한 의사의 집'

2. ein Foto der reichen Familie_
   ↳ ein Foto dieser reichen Familie_
   영 a photograph of the/this rich family
   '그/이 부유한 가족의 사진 하나'

   die Kind***er*** einer netten Ärztin_
   ↳ die Kind***er*** meiner netten Ärztin_
   영 a/my friendly doctor's children
   '한/나의 친절한 여의사의 아이들'

3. wegen der dicken Büch***er***_
   ↳ wegen dieser dicken Büch***er***_
   ↳ wegen meiner dicken Büch***er***_
   영 because of the/these/my thick books
   '그/이/나의 두꺼운 책들 때문에'

4. Das schöne Haus (des jungen Arztes) hat einen kleinen grünen Garten.
   영 The young doctor's beautiful house has a small green garden.
   '그 젊은 의사의 아름다운 집은 작은 녹색의 정원을 가지고 있다.'

5. Unsere nette Nachbarin kennt die Adresse (der alten Frau_).
   영 Our friendly neighbour knows the old woman's address.
   '우리의 친절한 이웃여자는 그 늙은 여자의 주소를 안다.'

6. Der Sohn (dieses ausländischen Arbeiters) ist ein Freund (meines kleinen Sohnes).
   영 This foreign worker's son is a friend of my little son's.
   '이 외국 노동자의 아들은 나의 작은 아들의 한 친구이다.'

7. Der junge Vater (dieser kleinen Kind***er***_) arbeitet in einer großen Firma.
   영 These little children's young father works in a big company.
   '이 작은 아이들의 젊은 아버지는 한 큰 회사에서 일한다.'

8. Ich kaufe ein_ interessantes Buch über das Leben (eines berühmten Politikers).
   영 I'll buy an interesting book about a famous politician's life.
   '나는 한 유명한 정치가의 삶에 관한 흥미로운 책 한 권을 구입한다.'

9. Mein_ deutscher Freund geht zum Arzt (wegen einer starken Erkältung_).
   영 My German friend goes to the doctor because of a bad cold.
   '나의 독일 친구는 심한 감기 때문에 의사에게로 간다.'

10. Wessen Auto ist das?
    - Das gehört dem reichen Chef (einer japanischen Bank_) in Berlin.
    영 Whose car is this? - It belongs to the rich boss of a Japanese bank in Berlin.
    '이것은 누구의 차니?' - '그것은 베를린에 있는 한 일본 은행의 부유한 은행장 소유야.'

43. 형용사 어미변화 (7) : 형용사 앞에 (부)정관사가 없는 경우

형용사 앞에 정관사/부정관사가 없을 경우 ⇒ 형용사 자체가 정관사 d- 어미변화!

Wir sind gute Freunde.

영 We are good friends.
'우리는 좋은 친구들이다.'

▸ ... sind gute Freunde
↓
형용사 gut 앞에 관사 없음!
→ 복수 1격 정관사 die 어미변화 하여 gute

Deutscher Wein ist nicht schlecht.

영 German wine is not bad.
'독일 포도주는 나쁘지 않다.'

▸ Deutscher Wein ist ...
↓
형용사 deutsch 앞에 관사 없음!
→ 남성 1격 정관사 der 어미변화 하여 Deutscher

Wir haben heute schönes Wetter.

영 We have fine weather today.
'오늘은 날씨가 좋다.'

▸ ... haben ... schönes Wetter
↓
형용사 schön 앞에 관사 없음!
→ 중성 4격 정관사 das 어미변화 하여 schönes

연습문제

형용사 앞에 (부)정관사가 없는 경우들이다. 올바른 형용사 어미는?

1. Wir machen Käse und Butter aus frisch__ Milch.

2. Dieser Film ist für klein__ Kinder.

3. Hast du Hunger? - Ja, ich habe groß__ Hunger.

4. Bring mir bitte ein Glas kalt__ Wasser!

5. Bei schön__ Wetter spielen wir Fußball.

6. Ich trinke stark__ Kaffee oder schwarz__ Tee.

정답 · 해설

1. Wir machen Käse und Butter aus frisch**er** Milch.
   영 We make cheese and butter from fresh milk.
   '우리는 신선한 우유로부터 치즈와 버터를 만든다.'

2. Dieser Film ist für klein**e** Kinder.
   영 This movie is for little children.
   '이 영화는 작은 아이들을 위한 것이다.'

3. Hast du Hunger? - Ja, ich habe groß**en** Hunger.
   영 Are you hungry? - Yes, I am very hungry.
   '너는 배고프니?' - '응, 나는 배가 많이 고파.'

4. Bring mir bitte ein Glas kalt**es** Wasser!
   영 Please bring me a glass of cold water.
   '차가운 물 한잔 가져와라.'

5. Bei schön**em** Wetter spielen wir Fußball.
   영 In good weather we'll play football.
   '좋은 날씨일 경우 우리는 축구를 한다.'

6. Ich trinke stark**en** Kaffee oder schwarz**en** Tee.
   영 I'll drink strong coffee or black tea.
   '나는 진한 커피 혹은 홍차를 마실래.'

44. 형용사 어미변화 (8) : 형용사의 명사화

[영어]

형용사 rich '부유한' ⇒ **the** rich '부자들' / 형용사 true '참된' ⇒ **the** true '참 됨, 진리'
이와 같이 「**the** + 형용사」는 명사가 된다. ⇒ 형용사의 명사화!

[독일어]

독일어 역시 **영어처럼** 형용사를 명사화 할 수 있다.
독일어의 경우, 제한 없이 거의 모든 형용사의 명사화가 가능하며, 또한 빈번히 나타난다!

> 형용사의 명사화 : 형용사를 대문자 표기하고, 어미변화 하면 명사가 된다!
>
> 예 형용사 alt '늙은' (영 old)
>
> 남성 변화 ⇒ '남자'를 뜻함 : der **A**lt**e** '그 늙은 남자' / ein **A**lt**er** '한 늙은 남자'
>
> 여성 변화 ⇒ '여자'를 뜻함 : die **A**lt**e** '그 늙은 여자' / eine **A**lt**e** '한 늙은 여자'
>
> 복수 변화 ⇒ '사람들'을 뜻함 : die **A**lt**en** '그 늙은 사람들'

Ein Deutscher und ein Amerikaner besuchen uns.

영 A German and an American visit us. '한 독일 남자와 미국인이 우리를 방문한다.'

▸ Ein **D**eutsch**er** und ...
↓
형용사 deutsch('독일의')의 명사화! → 남성 변화하여 '독일 남자'를 뜻함.
「남성 1격 ein_ + 형용사 **-er**」 → Ein_ **D**eutsch**er**

Die Frau ist eine Fremde.

영 The woman is a stranger. '그 여자는 낯선 사람이다.'

▸ ... eine **F**remd**e**
↓
형용사 fremd('낯선')의 명사화! → 여성 변화하여 '낯선 여자'를 뜻함.
「여성 1격 ein**e** + 형용사 **-e**」 → ein**e** **F**remd**e**

Die Reichen sind nicht immer glücklich.

영 The rich are not always happy. '부유한 사람들이 항상 행복한 것은 아니다.'

▸ Die **R**eich**en** ...
↓
형용사 reich('부유한')의 명사화! → 복수 변화하여 '부유한 사람들'을 뜻함.
「복수 1격 die + 형용사 **-en**」 → Die **R**eich**en**

연습문제

✔ 밑줄 친 부분의 어미 형태에 주목하여 각 문장을 해석하시오.

1. Er ist noch <u>ein Jugendlich*er*</u>.
   Sie ist noch <u>ein*e* Jugendlich*e*</u>.
   Wir sind noch <u>Jugendlich*e*</u>.

2. Wo ist <u>mein Klein*er*</u>?
   Wo ist <u>mein*e* Klein*e*</u>?
   Wo sind <u>mein*e* Klein*en*</u>?

3. Kennst du <u>d*en* Fremd*en*</u> dort?
   Kennst du <u>d*ie* Fremd*e*</u> dort?
   Kennst du <u>d*ie* Fremd*en*</u> dort?

4. <u>Dies*er* Deutsch*e*</u> ist sehr freundlich.
   <u>Dies*e* Deutsch*e*</u> ist sehr freundlich.
   <u>Dies*e* Deutsch*en*</u> sind sehr freundlich.

정답 · 해설

1. Er ist noch <u>ein Jugendlich*er*</u>.
   ↳ 남성명사화! → '남자 청소년'
   영 He is still a young person.
   '그는 아직 남자 청소년이다.'

   Sie ist noch <u>ein*e* Jugendlich*e*</u>.
   ↳ 여성명사화! → '여자 청소년'
   영 She is still a young person.
   '그녀는 아직 여자 청소년이다.'

   Wir sind noch <u>Jugendlich*e*</u>.
   ↳ 복수명사화! → '청소년들'
   영 We are still young people.
   '우리는 아직 청소년들이다.'

2. Wo ist <u>mein Klein*er*</u>?
   ↳ 남성명사화! → '작은 남자', 즉 '작은 아들'
   영 Where is my little son?
   '나의 작은 아들은 어디 있지?'

   Wo ist <u>mein*e* Klein*e*</u>?
   ↳ 여성명사화! → '작은 여자', 즉 '작은 딸'
   영 Where is my little daughter?
   '나의 작은 딸은 어디 있지?'

   Wo sind <u>mein*e* Klein*en*</u>?
   ↳ 복수명사화 → '작은 사람들', 즉 '아이들'
   영 Where are my little children?
   '나의 아이들은 어디 있지?'

3. Kennst du <u>d*en* Fremd*en*</u> dort?
   ↳ 남성명사화! → '낯선 남자'
   영 Do you know that strange man?
   '너는 저기 있는 낯선 남자를 아니?'

   Kennst du <u>d*ie* Fremd*e*</u> dort?
   ↳ 여성명사화! → '낯선 여자'
   영 Do you know that strange woman?
   '너는 저기 있는 낯선 여자를 아니?'

   Kennst du <u>d*ie* Fremd*en*</u> dort?
   ↳ 복수명사화! → '낯선 사람들'
   영 Do you know those strange people?
   '너는 저기 있는 낯선 사람들을 아니?'

4. <u>Dies*er* Deutsch*e*</u> ist sehr freundlich.
   ↳ 남성명사화! → '독일 남자'
   영 This German man is very friendly.
   '이 독일 남자는 매우 친절하다.'

   <u>Dies*e* Deutsch*e*</u> ist sehr freundlich.
   ↳ 여성명사화! → '독일 여자'
   영 This German woman is very friendly.
   '이 독일 여자는 매우 친절하다.'

   <u>Dies*e* Deutsch*en*</u> sind sehr freundlich.
   ↳ 복수명사화! → ' 독일 사람들'
   영 These Germans are very friendly.
   '이 독일 사람들은 매우 친절하다.'

45. 형용사 어미변화 (9) : 형용사적 성격의 현재분사

[영어]

1. 현재분사의 형태 : 「동사 원형 + -ing」 '...하고 있는'
   sleep '잠자다' ⇒ 현재분사 sleeping '잠자고 있는'
   play '놀다' ⇒ 현재분사 playing '놀고 있는'
2. 현재분사의 용법 : 현재분사 "...ing"는 형용사의 역할을 한다!
   a/the sleeping dog '잠자고 있는 개'
   playing children '놀고 있는 아이들'

[독일어]

1. 현재분사의 형태 : 「동사 원형 + -d」 '... 하고 있는'
   schlafen '잠자다' ⇒ 현재분사 schlafend '잠자고 있는'
   spielen '놀다' ⇒ 현재분사 spielend '놀고 있는'
2. 현재분사의 용법 : 현재분사 "...d"는 형용사의 역할을 한다!
   ein schlafender Hund / der schlafende Hund '잠자고 있는 개'
   spielende Kinder '놀고 있는 아이들'

〈주의〉 영어의 현재분사 ...ing는 "현재 진행" 시제 「be + ...ing」에 사용된다.
He is singing now. '그는 지금 노래하고 있는 중이다.'
독일어는 영어와 달리 "현재 진행" 시제가 없다!
따라서 영어 문장을 모방한 "Er ist jetzt singend"와 같은 문장은 틀림!

Legen Sie die Eier in das kochende Wasser!

영 Put the eggs into the boiling water.
'계란들을 끓고 있는 물에 넣으세요.'

▸ ... in das koch*ende* Wasser
↓
현재분사 kochend '끓는, 끓고 있는' (⇐ 동사 kochen '끓다')

(1) 여기서 현재분사 kochend는 형용사로서 뒤에 오는 명사 Wasser를 수식 · 설명!

(2) 3 · 4격 전치사 in이 동사 legen과 함께 와서 '... 안으로 넣다'로 해석됨. → '방향'으로서 4격!
따라서 전치사 in 뒤에 중성명사 Wasser가 4격으로 옴.
→ 중성 4격 정관사 das가 앞에 오며,
현재분사 kochend는 형용사 어미변화 하여 das koch*ende* ...

※ 이 문장은 Sie-명령문 「동사 원형 + Sie ...!」 '...하세요' : Legen Sie ...!

연습문제

✔ 〈보기〉처럼 현재분사 "...d"의 올바른 형태를 넣으시오.

〈보기〉 Das Kind spielt. ⇒ das spielen**de** Kind

Mein Freund lacht. ⇒ Mein ________ Freund

Ein Mädchen weint. ⇒ ein ________ Mädchen

Vögel singen. ⇒ ________ Vögel

✔ 올바른 어미는?

1. Mein Vater ist ein__ hart arbeitend__ Mensch.
2. Ich kaufe ein__ sprechend__ Puppe für meine kleine Tochter.
3. Sehen Sie dies__ schwimmend__ Kind!
4. D__ Studierend__ in unserer Stadt sind alle glücklich.

정답 · 해설

〈보기〉 Das Kind spielt. ⇒ das spielen**de** Kind
영 The child is playing. '그 아이는 놀고 있다.' ⇒ the child playing '놀고 있는 그 아이'

Mein Freund lacht. ⇒ mein lachen**der** Freund
영 My friend is laughing. '내 친구는 웃고 있다.' ⇒ my friend laughing '웃고 있는 나의 친구'

Ein Mädchen weint. ⇒ ein weinen**des** Mädchen
영 A girl is crying. '한 소녀가 운다.' ⇒ A crying girl '한 울고 있는 소녀'

V**ö**gel singen. ⇒ singen**de** V**ö**gel
영 Birds are singing. '새들이 노래한다.' ⇒ singing birds '노래하는 새들'

1. Mein Vater ist ein_ hart arbeiten**der** Mensch.
   영 My father is a hard-working person. '나의 아버지는 부지런히 일하는 사람이다.'
2. Ich kaufe ein**e** sprechen**de** Puppe für meine kleine Tochter.
   영 I'll buy a talking doll for my little daughter. '나는 나의 작은 딸을 위해 말하는 인형을 하나 산다.'
3. Sehen Sie dies**es** schwimmen**de** Kind!
   영 See this child swimming. '이 수영하고 있는 아이를 보세요.'
4. D**ie** Studieren**den*** in unserer Stadt sind alle glücklich. (* 현재분사 studieren**d**의 명사화!)
   영 The students in our city are all happy. '우리 도시 안의 대학생들은 모두 행복하다.'

46. 분리동사 (1) : 접두어 형식의 부사어를 지니는 특수한 동사

[영어]

동사 come '오다' + **back** '뒤로' ⇒ come **back** '돌아오다'

동사 go '가다' + **out** '밖으로' ⇒ go **out** '외출하다'

동사 get '...에 이르다' + **up** '위로' ⇒ get **up** '기상하다'

영어의 경우, 이와 같이 부사어적 성격을 갖는 back, out, up, off, down ...과 함께 오는 동사들이 있다.

[독일어]

영어처럼 독일어에도 부사어적 요소와 함께 오는 동사들이 있다.

독일어의 분리동사가 이에 해당한다.

> 분리동사 : 예를 들어 **zurück**kommen처럼 부사어 **zurück**이 앞에 붙어있는 동사!
> 이 부사어는 문장 안에서 분리되어 맨 뒤에 온다.
>
> 예 **zurück**kommen '돌아오다' (영 come back)
> ⇒ 부사어 **zurück** '뒤로, 되돌려' (영 back) + 동사 kommen '오다' (영 come)
>
> Er komm*t* morgen **zurück**. 영 He will come **back** tomorrow.
>
> ※ 이와 같이 분리되는 부사어를 "분리전철"이라고 한다!

Wir gehen oft aus.

영 We often go out. '우리는 자주 외출한다.'

▸ Wir geh*en* ... **aus**
↓
분리동사 ***aus***gehen에서 분리전철 **aus-**가 분리되어 문장 맨 뒤에 옴!

분리동사 ***aus***gehen '외출하다' (영 go out)

⇒ 부사어 **aus** '밖으로' (영 out) + 동사 gehen '가다' (영 go)

Ich stehe um 6 Uhr auf.

영 I get up at 6 o'clock. '나는 6시에 일어난다.'

▸ Ich steh*e* ... **auf**
↓
분리동사 ***auf***stehen에서 분리전철 **auf-**가 분리되어 문장 맨 뒤에 옴!

분리동사 ***auf***stehen '기상하다' (영 get up)

⇒ 부사어 **auf** '위로' (영 up) + 동사 stehen '서 있다' (영 stand)

연습문제

주어진 낱말을 사용하여 우리말 문장을 독일어로 옮기시오.

1. 너는 오늘 저녁에 네 형과 함께 외출하니? (heute Abend / Bruder / *aus*gehen)

2. 내일 일찍 일어나라. (morgen / früh / *auf*stehen)

밑줄 친 문장에서 사용된 동사의 원형은?

3. Ich denke, der Plan ist nicht schlecht. Wir geben ihn nicht auf. ⇒ ________

4. Wann kommst du wieder zurück? - Vielleicht am Samstag. ⇒ ________

5. Ich rufe dich später an. - Danke, ich warte auf deinen Anruf. ⇒ ________

6. Nehmen Sie bitte Ihren Hut ab! ⇒ ________

정답 · 해설

1. **Gehst du heute Abend mit deinem Bruder aus?**
   영 Will you go out with your brother this evening?

2. **Steh morgen früh auf!**
   영 Get up early tomorrow.

3. Ich denke, der Plan ist nicht schlecht. Wir **geben** ihn nicht ***auf***. ⇒ ***auf*****geben**
   영 I think the plan is not bad. We will not give it up.
   '나는 그 계획이 나쁘지 않다고 생각한다. 우리는 그것을 포기하지 않을 것이다.'

4. Wann **kommst** du wieder ***zurück***? - Vielleicht am Samstag. ⇒ ***zurück*****kommen**
   영 When will you come back again? - Maybe on Saturday.
   '너는 언제 다시 돌아올 거니?' - '아마도 토요일에.'

5. Ich **rufe** dich später ***an***. - Danke, ich warte auf deinen Anruf. ⇒ ***an*****rufen**
   영 I'll call you later. - Thanks, I'll wait for your call.
   '나중에 너에게 전화할 게.' - '고마워, 너의 전화를 기다릴 게.'

6. **Nehmen** Sie bitte Ihren Hut ***ab***! ⇒ ***ab*****nehmen**
   영 Please take off your hat. '당신의 모자를 벗으세요.'

47. 분리동사 (2) : 분리되지 않는 접두어를 지니는 동사

> 형태가 **ver-**, **be-**, **er-**, **ge-**인 동사 ⇒ 분리되지 **않음**!

예 **ver**stehen '...을 이해하다' (영 understand) ⇐ stehen '서 있다' (영 stand)
besuchen '...을 방문하다' (영 visit) ⇐ suchen '...을 찾다' (영 look for)
erkennen '...을 인식하다' (영 recognize) ⇐ kennen '...을 알다' (영 know)
gehören '...에 속하다' (영 belong to) ⇐ hören '...을 듣다' (영 hear)

〈주의〉 이 접두어들 **ver-**, **be-**, **er-**, **ge-**는 별다른 의미를 지니지 **않음**!
따라서, 예를 들어 stehen과 **ver**stehen은 각각 별개의 낱말로 이해하여 학습해야 함!

Ich **verstehe** dich.
영 I **understand** you. '나는 너를 이해해.'

▸ Ich **ver**stehe ...
↳ 접두어 **ver-**는 분리되지 **않음**! (즉, "Ich stehe ... **ver**" **아님**!)

Er **bekommt** ein Geschenk von seinem Freund.
영 He **receives** a present from his friend. '그는 그의 친구로부터 선물을 받는다.'

▸ Er **be**kommt ...
↳ 접두어 **be-**는 분리되지 **않음**! (즉, "Er kommt ... **be**" **아님**!)

> 형태가 **über-**, **unter-**인 동사 ⇒ 분리되지 **않음**!

예 **über**setzen '...을 번역하다' (영 translate)
⇒ über '...을 건너' (영 over) + setzen '...을 두다, 앉히다' (영 put, set)

unterschreiben '서명하다' (영 sign)
⇒ unter '... 아래' (영 under) + schreiben '...을 쓰다, 필기하다' (영 write)

Übersetzen Sie diesen Satz!
영 **Translate** this sentence.
'이 문장을 번역하세요.'

▸ **Über**setzen Sie ...!
↳ 접두어 **über-**는 분리되지 **않음**!
(즉, "Setzen ... **über**!" **아님**!)

Unterschreiben Sie hier!
영 **Sign** here.
'여기 서명하세요.'

▸ **Unter**schreiben Sie ...!
↳ 접두어 **unter-**는 분리되지 **않음**!
(즉, "Schreiben ... **unter**!" **아님**!)

연습문제

✔ 분리? 혹은 비분리? 주어진 동사를 사용하여 문장을 완성하시오.

1. erzählen : Die Mutter ________ ihren kleinen Kindern eine Geschichte ____.

2. einladen : Ich ________ dich zu meiner Party ____. - Danke für die Einladung!

3. besuchen : Bald ________ er seinen alten Freund in Deutschland ____.

4. verstehen : Sprechen Sie bitte langsam! Ich ________ kein Wort ____.

5. übersetzen : Er ________ einen englischen Text ins Deutsche ____.

6. zurückgeben : Wir ________ ihm sein rotes Auto ____.

정답 · 해설

1. **er**zählen : 접두어 **er-**는 비분리!

   Die Mutter **erzählt** ihren kleinen Kind*er*n eine Geschichte.

   영 The mother is telling her little children a story.
   '그 어머니는 자신의 작은 아이들에게 이야기 하나를 말해준다.'

2. *ein*laden : 접두어 *ein-*은 분리!

   Ich **lade** dich zu meiner Party *ein*. - Danke für die Einladung!

   영 I invite you to my party. - Thank you for the invitation!
   '나는 너를 내 파티에 초대하겠어.' - '초대해줘서 고마워!'

3. **be**suchen : 접두어 **be-**는 비분리!

   Bald **besucht** er seinen alten Freund in Deutschland.

   영 He'll visit his old friend in Germany soon. '곧 그는 독일에 있는 그의 오랜 친구를 방문한다.'

4. **ver**stehen : 접두어 **ver-**는 비분리!

   Sprechen Sie bitte langsam! Ich **verstehe** kein Wort.

   영 Please speak slowly. I don't understand a word.
   '천천히 말하세요. 저는 한 단어도 이해하지 못하겠어요.'

5. **über**setzen : 접두어 **über-**는 비분리!

   Er **übersetzt** einen englischen Text ins Deutsche.

   영 He's translating an English text into German. '그는 한 영어 텍스트를 독일어로 번역한다.'

6. *zurück*geben : 접두어 *zurück-*은 분리!

   Wir **geben** ihm sein rotes Auto *zurück*.

   영 We'll give him back his red car. '우리는 그에게 그의 붉은색 자동차를 되돌려 준다.'

48. 재귀대명사 & 재귀동사 (1) : 3격 및 4격 재귀대명사의 형태

[영어]

1. 재귀대명사 **oneself** '... 자신' : 앞에 나온 주어를 다시 가리키는 대명사
2. 재귀대명사의 형태 ⇒ 해당 문장의 주어에 따라 구분!

   주어가 **I** '나는' ⇒ 재귀대명사는 **my**self '나 자신'

   주어가 **you** '너는' ⇒ 재귀대명사는 **your**self '너 자신'

   주어가 **he** '그는' ⇒ 재귀대명사는 **him**self '그 자신'

   ...
3. 재귀대명사의 용법 ⇒ 오로지 목적어로만 사용! (주어는 될 수 없음!)

   (1) 동사의 목적어 : I love myself. '나는 나 자신을 사랑한다.'

   (2) 전치사의 목적어 : He's doing it for himself. '그는 그 자신을 위해 그것을 하고 있다.'

[독일어]

1. 독일어 역시 **영어처럼** 재귀대명사가 있다 : **sich** '... 자신'
2. 독일어 재귀대명사 역시 **영어처럼** 해당 문장의 주어에 따라 구분된다.
3. 독일어 재귀대명사 역시 **영어처럼** 오로지 목적어로만 사용된다.

---

1. 재귀대명사 **sich** '... 자신' : 앞에 나온 주어를 다시 가리키는 대명사

2. 재귀대명사의 형태 : 해당 문장의 주어에 따라 구분!

   (**영어와 달리 3격** 및 **4격** 재귀대명사 두 종류가 있다!)

   주어가 **ich** ⇒ 3격 재귀대명사 **mir** / 4격 재귀대명사 **mich**

   주어가 **du** ⇒ 3격 재귀대명사 **dir** / 4격 재귀대명사 **dich**

   주어가 **wir** ⇒ 3격 및 4격 재귀대명사 모두 **uns**

   나머지 모든 주어들, 즉 **er**, **sie**(영 she), **es** ; **sie**(영 they) ; **Sie**('당신' 영 you)

   ⇒ 3격 및 4격 재귀대명사 모두 **sich**

3. 재귀대명사의 용법 : 동사 및 전치사의 목적어! (주어는 될 수 없음!)

   3격 재귀대명사 ⇒ 3격 목적어로 사용됨!

   4격 재귀대명사 ⇒ 4격 목적어로 사용됨!

(4격 재귀대명사)

Ich liebe mich selbst.

영 I love myself.

'나는 나 자신을 사랑한다.'

▸ Ich liebe mich selbst

↓

4격 재귀대명사임. (주어가 ich → 4격 재귀대명사 mich)

앞의 타동사 liebe의 4격 목적어로 사용됨!

〈참고〉 재귀대명사가 '... 자신'으로 해석될 때 보통 selbst와 함께 옴!

Er macht das für sich selbst.

영 He's doing it for himself.

'그는 자기 자신을 위해 그것을 하고 있다.'

▸ Er ... für sich selbst

↓

4격 재귀대명사임. (주어가 er → 4격 재귀대명사는 sich)

앞의 4격 전치사 für의 목적어로 사용됨!

(3격 재귀대명사)

Ich vertraue mir selbst.

영 I trust myself.

'나는 나 자신을 신뢰한다.'

▸ Ich vertraue mir selbst

↓

3격 재귀대명사임. (주어가 ich → 3격 재귀대명사 mir)

앞의 동사 vertraue의 3격 목적어로 사용됨!

Bist du mit dir selbst zufrieden?

영 Are you satisfied with yourself?

'너는 너 자신에게 만족하니?'

▸ ... du mit dir selbst ...?

↓

3격 재귀대명사임. (주어가 du → 3격 재귀대명사 dir)

앞의 3격 전치사 mit의 목적어로 사용됨!

✔ 각 주어에 따른 3격 및 4격 재귀대명사는?

주어		3격	4격	주어		3격	4격
ich (영 I)	⇒	______	______	**wir** (영 we)	⇒	______	______
du (영 you)	⇒	______	______	**er** (영 he)	⇒	______	______
es (영 it)	⇒	______	______	**sie** (영 they)	⇒	______	______
sie (영 she)	⇒	______	______	**Sie** (영 you)	⇒	______	______

✔ 재귀대명사? 혹은 인칭대명사? 밑줄 친 대명사를 판단하시오.

1. Meine Eltern verstehen mich nicht.
2. Ich verstehe mich selbst nicht.
3. Vertraust du dir selbst?
4. Ich helfe dir später.
5. Wir sind stolz auf uns selbst.
6. Unser Lehrer wartet jetzt auf uns.

✔ 빈 칸에 들어갈 재귀대명사는?

7. Ich kenne ______ selbst gut.
8. Manchmal sprechen wir mit ______ selbst.
9. Er sagt zu ______ selbst : „Ich bin jung und stark!“
10. Du denkst nur an ______ selbst.
11. Die alte Frau schreibt jetzt ein Buch über ______ selbst und ihre Familie.
12. Für wen lebst du? - Natürlich lebe ich für ______ selbst.

ich (영 I)	⇒	mir	mich	wir (영 we)	⇒	uns	uns
du (영 you)	⇒	dir	dich	er (영 he)	⇒	sich	sich
es (영 it)	⇒	sich	sich	sie (영 they)	⇒	sich	sich
sie (영 she)	⇒	sich	sich	Sie (영 you)	⇒	sich	sich

1. Meine Eltern verstehen mich nicht.
   ↳ 인칭대명사

   영 My parents don't understand me.
   '나의 부모님은 나를 이해하지 못해.'

2. Ich verstehe mich selbst nicht.
   ↳ 재귀대명사

   영 I don't understand myself.
   '나는 나 자신을 이해하지 못해.'

3. Vertraust du dir selbst?
   ↳ 재귀대명사

   영 Do you trust yourself?
   '너는 너 자신을 신뢰하니?'

4. Ich helfe dir später.
   ↳ 인칭대명사

   영 I'll help you later.
   '나는 나중에 너를 돕겠어.'

5. Wir sind stolz auf uns selbst.
   ↳ 재귀대명사

   영 We are proud of ourselves.
   '우리는 우리 자신에 대하여 자부심을 갖는다.'

6. Unser Lehrer wartet jetzt auf uns.
   ↳ 인칭대명사

   영 Our teacher is waiting for us now.
   '우리의 선생님이 지금 우리를 기다리신다.'

7. Ich kenne mich selbst gut.

   영 I know myself well. '나는 나 자신을 잘 안다.'

8. Manchmal sprechen wir mit uns selbst.

   영 Sometimes we talk with ourselves. '때때로 우리는 우리 자신과 말한다.'

9. Er sagt zu sich selbst : „Ich bin jung und stark!“

   영 He says to himself, “I am young and strong!”
   '그는 그 자신에게 말한다. “나는 젊고 강하다!”라고.'

10. Du denkst nur an dich selbst.

    영 You only think of yourself. '너는 오로지 너 자신만을 생각해.'

11. Die alte Frau schreibt jetzt ein Buch über sich selbst und ihre Familie.

    영 The old woman is writing a book about herself and her family now.
    '그 늙은 여자는 지금 자기 자신과 자신의 가족에 대한 책을 쓴다.'

12. Für wen lebst du? - Natürlich lebe ich für mich selbst.

    영 Who do you live for? - Of course, I live for myself.
    '너는 누구를 위해 사니?' - '당연히 나는 나 자신을 위해 살지.'

49. 재귀대명사 & 재귀동사 (2) : 4격 재귀대명사를 요구하는 동사

[영어]

영어의 동사 wash는 주로 타동사로 사용된다.

wash '...을 씻다' : I **wash** the car. '나는 그 차를 씻는다.'

그런데 타동사인 wash의 목적어로 재귀대명사가 오면 자동사 의미를 지니게 된다 :

I wash **myself**. ('나는 나 자신을 씻는다' →) '나는 목욕한다.'

↓

재귀대명사로서 앞의 동사 wash의 목적어임. ⇒ 자동사 의미 '목욕하다'!

즉, 재귀대명사가 타동사의 목적어로 사용됨으로써 자동사 의미를 이루게 된다.

[독일어]

독일어 역시 **영어처럼** 이러한 경우들이 있다.

> 4격 재귀대명사가 타동사의 4격 목적어('...을, ...를')가 됨으로써
> 자동사적 용법을 이루는 경우들이 빈번하다.
>
> (타동사) 「waschen + 4격」 '...을 씻다' (영 wash)
>
> Ich wasche oft mein Auto. 영 I often wash my car.
>
> ⇒ (재귀동사) 「waschen + **sich**[4]」 ('자기 자신을 씻다' →) '목욕하다' (영 bathe)
>
> Ich wasche **mich** jeden Tag. 영 I bathe every day.
>
> ↓
>
> 4격 재귀대명사! 앞의 wasche의 목적어 ⇒ 자동사 의미 '목욕하다'!

Ich interessiere mich für Musik.

영 I am interested in music.

'나는 음악에 흥미를 가지고 있다.'

▸ Ich interessiere **mich** ...

↓

4격 재귀대명사임. (주어가 **ich** → 4격 재귀대명사는 **mich**)

앞의 동사 interessiere의 4격 목적어 ⇒ 자동사 의미 '흥미를 갖다'

※ (타동사) 「interessieren + 4격$_{사람}$」 '누구로 하여금 흥미 갖게 만들다' (영 interest)

⇒ (재귀동사) 「interessieren + sich[4]」 ('자기 자신으로 하여금 흥미 갖게 만들다' →) '흥미를 갖다'

(영 be interested)

Wir freuen uns über deinen Besuch.

영 We are glad of your visit. 혹은 We are pleased with your visit.
'우리는 너의 방문에 대해 기뻐하고 있어.'

▸ Wir freuen **uns** ...
↓
4격 재귀대명사임. (주어가 **wir** → 4격 재귀대명사 **uns**)
앞의 동사 freu*en*의 4격 목적어임. ⇒ 자동사 의미 '기뻐하다'

※ (타동사) 「freuen + 4격사람 」 '누구를 기쁘게 하다' (영 please)
⇒ (재귀동사) 「freuen + sich⁴」 ('자기 자신을 기쁘게 하다' →) '기뻐하다' (영 be glad ; be pleased)

Die Tür öffnet sich automatisch.

영 The door opens automatically. 혹은 The door is opened automatically.
'그 문은 자동으로 열린다.'

▸ Die Tür öffnet **sich** ...
↓
4격 재귀대명사임. (주어 "Die Tür"는 **sie**(영 she)에 해당 → 4격 재귀대명사 **sich**)
앞의 동사 öffn*et*의 4격 목적어임. ⇒ 자동사 의미 '열리다'

※ (타동사) 「öffnen + 4격」 '...을 열다' (영 open)
⇒ (재귀동사) 「öffnen + sich⁴」 ('자기 자신을 열다' →) '열리다' (영 open ; be opened)

Erinnerst du dich noch an Thomas? - Ja, ich erinnere mich an ihn.

영 Do you still remember Thomas? - Yes, I remember him.
'너는 아직 토마스를 기억하고 있니?' - '응, 나는 그를 기억하고 있어.'

▸ Erinnerst du **dich** ...?
↓
4격 재귀대명사임. (주어가 **du** → 4격 재귀대명사 **dich**)
앞의 동사 Erinner*st*의 4격 목적어 ⇒ 자동사 의미 '기억하다'

※ (타동사) 「erinnern + 4격사람 」 '누구로 하여금 생각나게 만들다' (영 remind)
⇒ (재귀동사) 「erinnern + sich⁴」 ('자기 자신으로 하여금 생각나게 만들다' →) '기억하다' (영 remember)

▸ ... ich erinnere **mich** ...
↓
4격 재귀대명사임. (주어가 **ich** → 4격 재귀대명사 **mich**)

연습문제

빈 칸에 올바른 4격 재귀대명사는?

1. Wir waschen _____ jeden Tag.

2. Interessierst du _____ für Sport?

3. Die Leute freuen _____ über meine Hilfe.

4. Ich verletze _____ oft.

5. Die Welt verändert _____ schnell.

6. Er informiert _____ über uns.

7. Ich ärgere _____ über ihn.

8. Setz _____ bitte auf einen Stuhl!

빈 칸에 올바른 4격 재귀대명사는?

9. Liebst du _____ selbst?

10. Wir bauen dieses Haus für _____ selbst.

11. Warum hasst er _____ selbst?

12. Ich kenne _____ selbst sehr gut.

1. Wir waschen uns jeden Tag.
   영 We wash ourselves every day.
   '우리는 매일 목욕한다.'

2. Interessierst du dich für Sport?
   영 Are you interested in sports?
   '너는 스포츠에 흥미를 갖고 있니?'

3. Die Leute freuen sich über meine Hilfe.
   영 The people are pleased with my help.
   '그 사람들은 나의 도움에 대하여 기뻐한다.'

4. Ich verletze mich oft. 영 I often hurt myself. '나는 자주 상처 입는다.'
   ※ 타동사 「verletzen + 4격」 '...을 디치게 하다, 상처 입히다'
   ↳ 4격 재귀동사 「verletzen + sich^4」 ('자기 자신을 다치게 하다' →) '다치다, 상처 입다'

5. Die Welt verändert sich schnell. 영 The world changes fast. '세계는 빨리 변화한다.'
   ※ 타동사 「verändern + 4격」 '...을 변화시키다'
   ↳ 4격 재귀동사 「verändern + sich^4」 ('자기 자신을 변화시키다' →) '변화하다'

6. Er informiert sich über uns. 영 He informs himself of us. '그는 우리에 대하여 알게 된다.'
   ※ 타동사 「informieren + 4격」 '누구에게 정보를 주다, 알게 하다'
   ↳ 4격 재귀동사 : 「informieren + sich^4」 ('자기 자신에게 정보를 주다' →) '정보를 지니다, 알게 되다'

7. Ich ärgere mich über ihn. 영 I am annoyed with him. '나는 그에 대해 화난다.'
   ※ 타동사 「ärgern + 4격」 '누구를 화나게 하다'
   ↳ 4격 재귀동사 「ärgern + sich^4」 ('자기 자신을 화나게 하다' →) '화나다, 화내다'

8. Setz dich bitte auf einen Stuhl! 영 Please sit down on a chair. '의자 하나에 앉아라.'
   ※ 타동사 「setzen + 4격」 '...을 앉히다'
   ↳ 4격 재귀동사 「setzen + sich^4」 ('자기 자신을 앉히다' →) '앉다'

9. Liebst du dich selbst?
   영 Do you love yourself? '너는 너 자신을 사랑하니?'

10. Wir bauen dieses Haus für uns selbst.
    영 We're building this house for ourselves. '우리는 우리 자신을 위해 이 집을 짓는다.'

11. Warum hasst er sich selbst?
    영 Why does he hate himself? '왜 그는 그 자신을 싫어하지?'

12. Ich kenne mich selbst sehr gut.
    영 I know myself very well. '나는 나 자신을 매우 잘 안다.'

50. 재귀대명사 & 재귀동사 (3) : 3격 재귀대명사를 요구하는 동사

3격 재귀대명사가 동사의 3격 목적어(= 간접목적어 '...에, ...에게') 역할을 함.
⇒ '자신'과 연관된 특정 행위를 의미!

예 「kaufen + 3격사람 + 4격」 '누구에게 ...을 사주다' (영 buy)
Ich kaufe dir ein Auto. 영 I'll buy you a car. 혹은 I'll buy a car for you.

⇒ 「kaufen + sich³ + 4격」
('자신에게 ...을 사주다' →) '자신을 위해 ...을 사다' (영 buy ... for oneself)

Ich kaufe **mir** ein Auto. 영 I'll buy a car **for myself.**
↓
3격 재귀대명사! 앞의 동사 kaufe의 간접목적어 역할!

Ich wasche **mir** die Hände.

영 I wash my hands. '나는 나 자신의 손을 씻는다.'

▸ Ich wasche **mir** ...
↓
3격 재귀대명사임. (주어 **ich** → 3격 재귀대명사 **mir**)
앞의 동사 wasch*e*의 3격 목적어!

※ 「waschen + 3격사람 + 4격」 '누구에게 ...을 씻어주다' (영 wash)
⇒ 「waschen + sich³ + 4격」 ('자신에게 ...을 씻어주다' →) '자기 몸의 ...을 씻다'

Mein Sohn wünscht **sich** ein Fahrrad.

영 My son wants a bicycle. '나의 아들은 자전거 하나 갖기를 소원한다.'

▸ Mein Sohn wünscht **sich** ...
↓
3격 재귀대명사임. (주어 "Mein Sohn"은 **er**에 해당 → 3격 재귀대명사 **sich**)
앞의 동사 wünsch*t*의 3격 목적어!

※ 「wünschen + 3격사람 + 4격」 '누구에게 ...을 기원하다' (영 wish)
⇒ 「wünschen + sich³ + 4격」 ('자신에게 ...을 기원하다' →) '... 갖기를 소원하다' (영 want)

연습문제

✔ 빈 칸에 올바른 3격 재귀대명사는?

1. Er kauft ______ ein Buch.

   Kaufen Sie ______ diese Jacke!

   Wir kaufen ______ ein Haus in Berlin.

   Warum kaufst du ______ kein neues Auto?

2. Ich wasche ______ das Gesicht.

   Wasch ______ die Füße!

   Die Kinder waschen ______ die Hände.

3. Was wünschst du ______ zum Geburtstag? - Ich wünsche ______ einen Computer.

정답 · 해설

1. Er kauft sich ein Buch.

   영 He buys a book for himself. '그는 그 자신을 위해 책을 한 권 산다.'

   Kaufen Sie sich diese Jacke!

   영 Buy this jacket for yourself. '당신 자신을 위해 이 재킷을 사세요.'

   Wir kaufen uns ein Haus in Berlin.

   영 We buy a house in Berlin for ourselves. '우리는 우리 자신을 위해 베를린에 집을 한 채 산다.'

   Warum kaufst du dir kein neues Auto?

   영 Why don't you buy a new car for yourself? '왜 너는 너 자신을 위해 새 자동차를 사지 않니?'

2. Ich wasche mir das Gesicht.

   영 I'm washing my face. '나는 나의 얼굴을 씻는다.'

   Wasch dir die Fü**ß*e***!

   영 Wash your feet. '너의 발을 씻어라.'

   Die Kind***er*** waschen sich die H**ä**nd***e***.

   영 The children are washing their hands. '그 아이들은 그들의 손을 씻는다.'

3. Was wünschst du dir zum Geburtstag? - Ich wünsche mir einen Computer.

   영 What do you want for your birthday? - I want a computer.
   '너는 생일에 무엇을 원하니?' - '나는 컴퓨터를 원해.'

51. 재귀대명사 & 재귀동사 (4) : 상호대명사 ('서로서로')

[영어/독일어]

영어의 each other 및 one another는 '서로서로'를 뜻하는 "상호대명사"이다.

이들은 동사 혹은 전치사의 목적어가 된다 :

We love each other/one another. '우리는 서로서로를 사랑하다.' ⇒ 타동사 love의 목적어!

They talk with each other/one another. '그들은 서로서로와 이야기 한다.' ⇒ 전치사 with의 목적어!

이에 해당하는 독일어의 상호대명사는 einander이다.

상호대명사 einander '서로서로' ⇒ **영어처럼** 동사 및 전치사의 목적어가 됨!

Wir lieben einander.

영 We love each other/one another. '우리는 서로서로를 사랑한다.'

▸ Wir lieben einander

↳ 앞의 타동사 lieben의 4격 목적어!

Sie reden miteinander.

영 They talk with each other/one another. '그들은 서로서로와 이야기 한다.'

▸ ... reden miteinander

↳ 3격 전치사 mit의 목적어!

〈주의〉 이 "miteinander"처럼 전치사와 einander는 붙여서 표기함! (즉, "mit einander"는 틀림!)

주어가 복수일 경우 ⇒ 재귀대명사는 '서로서로'를 뜻할 수 있다.

〈주의〉 **영어에 없는** 독일어만의 독특한 문법 사항임!

Wir lieben uns. (= Wir lieben einander.)

영 We love each other/one another. '우리는 서로서로를 사랑한다.'

▸ Wir lieben uns

↳ 복수 주어 wir(영 we)의 4격 재귀대명사! → '서로서로'를 뜻함.

Sie helfen sich gegenseitig. (= Sie helfen einander.)

영 They help each other/one another. '그들은 서로서로를 돕는다.'

▸ Sie helfen sich gegenseitig

↳ 복수 주어 sie(영 they)의 3격 재귀대명사! → '서로서로'를 뜻함.

〈주의〉 이와 같이 3격 재귀대명사의 경우는 추가로 gegenseitig가 붙음!

연습문제

주어진 낱말을 사용하여 우리말 문장을 독일어로 옮기시오.

1. 우리가 서로서로 아는 사이인가요? (kennen)

2. 그 오랜 친구들은 서로서로 매우 잘 이해해요. (verstehen / alt / gut / Freund)

3. 내 남자 형제들은 서로서로 신뢰해요. (vertrauen / Bruder)

4. 그들은 서로서로를 위한 시간이 없어요. (haben / für / Zeit)

5. 이 사람들은 서로서로 매일 만나요. (sehen / dies- / jeden Tag / Leute)

정답 · 해설

1. Kennen wir **einander**? 혹은 Kennen wir **uns**?
   영 Do we know each other/one another?

2. Die alten Freund*e* verstehen **einander** sehr gut. 혹은 Die alten Freund*e* verstehen **sich** sehr gut.
   영 The old friends understand each other/one another very well.

3. Meine Br**ü**der vertrauen **einander**. 혹은 Meine Br**ü**der vertrauen **sich gegenseitig**.
   영 My brothers trust each other/one another.

4. Sie haben keine Zeit für**einander**.
   영 They have no time for each other/one another.

5. Diese Leute sehen **einander** jeden Tag. 혹은 Diese Leute sehen **sich** jeden Tag.
   영 These people see each other/one another every day.

52. 단수 2, 3인칭 불규칙 동사 (1) : 어간 모음 e → i

[영어/독일어]

독일어 동사의 현재 시제 ⇒ 원칙적으로 어미만 변화하고, 어간은 변화 없음!

예 동사 geh*en* (영 go) : ich geh*e* ... ; du geh*st* ... ; er geh*t* ... ⇒ 어간 geh-는 변화 없음!

그런데 어간 모음도 변화하는 몇몇 예외적인 동사들이 있다.

예 동사 helf*en* (영 help) ⇒ du hilf*st* ... (즉, du helf*st* 아님!)
↓
동사 helf*en*의 어간 helf- 안의 모음 e가 i로 변화!

이러한 어간 모음의 변화는 모두 3가지 유형이다 : e → i ; e → ie ; a → ä

영어에 없는 독일어만의 독특한 문법 사항이므로 세심한 학습이 요구된다!

현재 시제, 주어가 du 및 er, sie, es일 때 ⇒ 어간 모음 e → i

helfen '...을 돕다' (영 help)

ich helfe ... ; du hilf*st* ... ; er (sie, es) hilf*t* ... ; wir helf*en* ...

(helf*st* 아님!) (helf*t* 아님!)

※ 동일하게 변화하는 동사들 :

sprechen '...을 말하다' (영 speak) ⇒ du sprich*st* ... ; er sprich*t* ...

geben '...을 주다' (영 give) ⇒ du gib*st* ... ; er gib*t* ...

essen '(...을) 먹다' (영 eat) ⇒ du iss*t* ... ; er iss*t* ...

Ich helfe dir und du **hilfst** mir.

영 I help you and you **help** me. '나는 너를 돕고, 너는 나를 돕는다.'

▸ Ich helfe ... und du hilf*st* ...
↓ ↳ 주어가 du → helfen의 어간 모음 e가 i로 변화!
주어가 ich
→ helfen의 어간 모음 e는 변화 없이 그대로!

Sprichst du Englisch? - Ja, ich spreche gut Englisch.

영 Do you **speak** English? - Yes, I speak English well.
'너는 영어를 하니? - 응, 나는 영어를 잘 해.'

▸ Sprich*st* du ... ? - Ja, ich spreche ...
↓ ↳ 주어가 ich → sprech*en*의 어간 모음 e는 변화 없이 그대로!
주어가 du → sprech*en*의 어간 모음 e가 i로 변화!

연습문제

✔ 주어진 동사의 올바른 형태는?

1. helfen : Wer ________ diesem armen Mädchen? ________ du ihr?

2. essen : ________ du gern Fisch? - Nein, ich ________ keinen Fisch.

3. geben : Was ________ du deinem kleinen Sohn? - Ich ________ ihm ein Bilderbuch.

4. sprechen : Mit wem ________ dein Bruder jetzt? - Mit seinem alten Freund.

✔ 주어진 Sie-명령문을 du-명령문으로 바꾸시오.

5. Sprechen Sie bitte nicht so schnell! ⇒ ____________________!

6. Bitte helfen Sie mir noch einmal! ⇒ ____________________!

정답 · 해설

1. Wer <u>h**i**lf*t*</u> diesem armen Mädchen? <u>H**i**lf*st*</u> du ihr?
   - 영 Who will help this poor girl? Will you help her?
   '누가 이 불쌍한 소녀를 도와주지? 네가 그녀를 도와줄래?'

2. <u>**I**ss*t*</u> du gern Fisch? - Nein, ich <u>ess*e*</u> keinen Fisch.
   - 영 Do you like to eat fish? - No, I don't eat fish.
   '너는 생선을 즐겨 먹니?' - '아니, 나는 생선을 먹지 않아.'

3. Was <u>g**i**b*st*</u> du deinem kleinen Sohn? - Ich <u>geb*e*</u> ihm ein Bilderbuch.
   - 영 What will you give your little son? - I'll give him a picture book.
   '너는 무엇을 너의 작은 아들에게 줄 거니?' - '나는 그에게 그림책을 한 권 줄 거야.'

4. Mit wem <u>spr**i**ch*t*</u> dein Bruder jetzt? - Mit seinem alten Freund.
   - 영 Who is your brother talking with now? - With his old friend.
   '너의 남자 형제는 지금 누구와 이야기하니?' - '그의 오랜 친구와'

5. Sprechen Sie bitte nicht so schnell! ⇒ <u>Spr**i**ch bitte nicht so schnell!</u>
   - 영 Please don't speak so fast. '그렇게 빨리 말하지 마세요.'
   - 영 Please don't speak so fast. '그렇게 빨리 말하지 말아라.'

6. Bitte helfen Sie mir noch einmal! ⇒ <u>Bitte h**i**lf mir noch einmal!</u>
   - 영 Please help me once more. '한 번 더 저를 도와주세요.'
   - 영 Please help me once more. '한 번 더 나를 도와줘.'

53. 단수 2, 3인칭 불규칙 동사 (2) : 어간 모음 e → ie

현재 시제, 주어가 du 및 er, sie, es일 때 ⇒ 어간 모음 e → ie

sehen '...을 보다' (영 see)

ich sehe ... ; du siehst ... ; er (sie, es) sieht ... ; wir sehen ...

sehst 아님! seht 아님!

※ 동일하게 변화하는 동사 :

lesen '...을 읽다' (영 read) ⇒ du liest ... ; er liest ...

Mein Freund sieht nichts ohne seine Brille.

영 My friend sees nothing without his glasses.

'나의 친구는 자신의 안경 없이는 아무것도 보지 못한다.'

▸ Mein Freund sieht ...

↓

주어 "Mein Freund"는 er에 해당함.

→ sehen의 어간 모음 e가 ie로 변화!

Was liest du jetzt? - Ich lese die Zeitung.

영 What are you reading now? - I'm reading the newspaper.

'너는 지금 무엇을 읽고 있니?' - '나는 신문을 읽고 있어.'

▸ ... liest du ... ? - Ich lese ...

↳ 주어가 ich → lesen의 어간 모음 e는 변화 없이 그대로!

↓

주어가 du

→ lesen의 어간 모음 e가 ie로 변화!

연습문제

주어진 동사의 올바른 형태는?

1. sehen : ________ du mich? - Nein, ich ________ dich nicht.

2. lesen : Was macht dein Vater? - Er ________ ein Buch in seinem Zimmer.

3. *aus*sehen : Wie ________ ich jetzt _____? - Du ________ sehr gut _____.

4. *fern*sehen : Er ________ jeden Abend mit seinen Kindern zusammen _____.

주어진 동사의 du-명령문 형태는?

5. lesen : ________ bitte dieses interessante Buch!

6. *fern*sehen : Bitte ________ nicht im Bett _____!

정답 · 해설

1. Sieh*st* du mich? - Nein, ich seh*e* dich nicht.
   영 Do you see me? - No, I don't see you.
   '너는 내가 보이니? - 아니, 나는 네가 보이지 않아.'

2. Was macht dein Vater? - Er lies*t* ein Buch in seinem Zimmer.
   영 What is your father doing? - He's reading a book in his room.
   '너의 아버지는 무엇을 하고 계시니?' - '그는 자신의 방에서 책을 읽고 계셔.'

3. Wie seh*e* ich jetzt *aus*? - Du sieh*st* sehr gut *aus*.
   영 How do I look now? - You look very well.
   '나는 지금 외모가 어때 보이니?' - '너는 매우 좋아 보여.'

4. Er sieh*t* jeden Abend mit seinen Kind***er***n zusammen *fern*.
   영 He watches TV together with his children every evening.
   '그는 매일 저녁 자신의 아이들과 함께 텔레비전을 본다.'

5. Lies bitte dieses interessante Buch!
   영 Please read this interesting book. '이 흥미로운 책을 읽어라.'

6. Bitte sieh nicht im Bett *fern*!
   영 Please don't watch TV in bed. '잠자리에서 텔레비전을 보지 마라.'

54. 단수 2, 3인칭 불규칙 동사 (3) : 어간 모음 a → ä

현재 시제, 주어가 **du** 및 **er, sie, es**일 때 ⇒ 어간 모음 **a** → **ä**

schlafen '잠자다' (영 sleep)

ich schlaf*e* ... ; du schläf*st* ... ; er (sie, es) schläf*t* ... ; wir schlaf*en* ...

schlaf*st* 아님! schlaf*t* 아님!

※ 동일하게 변화하는 동사들 :

fahren '(차 타고) 가다' (영 go, drive) ⇒ du fähr*st* ... ; er fähr*t* ...

fallen '떨어지다' (영 fall) ⇒ du fäll*st* ... ; er fäll*t* ...

Mein Sohn schläft oft auf meinem Bett.

영 My son often sleeps on my bed.

'내 아들은 자주 내 침대 위에서 잔다.'

▸ Mein Sohn schläf*t* ...

↓

주어 "Mein Sohn"은 **er**에 해당

→ schlaf*en*의 어간 모음 **a**가 **ä**로 변화!

Fährst du mit dem Zug? - Nein, ich fahre mit dem Bus.

영 Do you go by train? - No, I go by bus.

'너는 기차로 가니?' - '아니, 나는 버스로 가.'

▸ Fähr*st* du ...? - Nein, ich fahr*e* ...

↳ 주어가 **ich** → fahr*en* 어간 모음 **a**는 변화 없이 그대로!

↓

주어가 **du**

→ fahr*en*의 어간 모음 **a**가 **ä**로 변화!

연습문제

주어진 동사의 올바른 형태는?

1. schlafen : Wo ________ du heute? - Heute ________ ich in diesem Zimmer.
2. fahren : Mein Bruder ________ oft zu seinem koreanischen Freund in Berlin.
3. waschen : Mein kleiner Sohn ist im Badezimmer. Er ________ sich die Hände.
4. *ein*schlafen : Der alte Mann ________ manchmal vor dem Fernseher _____.

주어진 Sie-명령문을 du-명령문으로 바꾸시오.

5. Schlafen Sie bitte nicht auf dem Sofa! ⇒ ________________________________!
6. Bitte fahren Sie schnell in die Stadt! ⇒ ________________________________!

정답 · 해설

1. Wo schläf*st* du heute? - Heute schlaf*e* ich in diesem Zimmer.
   - 영 Where will you sleep today? - Today, I'll sleep in this room.
   - '너는 오늘 어디서 잠잘 거니?' - '오늘 나는 이 방에서 잘 거야.'
2. Mein Bruder fähr*t* oft zu seinem koreanischen Freund in Berlin.
   - 영 My brother often goes to his Korean friend in Berlin.
   - '나의 남자 형제는 베를린에 있는 그의 한국 친구에게로 자주 간다.'
3. Mein kleiner Sohn ist im Badezimmer. Er wäsch*t* sich die Händ*e*.
   - 영 My little son is in the bathroom. He's washing his hands.
   - '나의 작은 아들은 목욕탕에 있어. 그는 손을 씻고 있어.'
4. Der alte Mann schläf*t* manchmal vor dem Fernseher *ein*.
   - 영 The old man sometimes falls asleep in front of the TV.
   - '그 늙은 남자는 가끔 텔레비전 앞에서 잠든다.'
5. Schlafen Sie bitte nicht auf dem Sofa! ⇒ Schlaf bitte nicht auf dem Sofa!*
   - 영 Please don't sleep on the sofa. ⇒ 영 Please don't sleep on the sofa.
   - '소파 위에서 잠자지 마세요.' ⇒ '소파 위에서 잠자지 마라.'
6. Bitte fahren Sie schnell in die Stadt! ⇒ Bitte fahr schnell in die Stadt!*
   - 영 Please go downtown fast. ⇒ 영 Please go downtown fast.
   - '빨리 시내로 가세요.' ⇒ '빨리 시내로 가라.'

* 유형 a → ä 불규칙 동사의 du-명령문 ⇒ 어간 모음 a는 변화 없음 : Schlaf ...! / Fahr ...!
(즉, Schläf ...! / Fähr ...! 아님!)

55. 단수 2, 3인칭 불규칙 동사 (4) : 동사 werden 및 wissen

※ 동사 **werden** 및 **wissen** ⇒ 현재 시제에서 어간 모음이 변화!

werden '... 되다' (영 become)

ich werd*e* ... ; du **wirst** ... ; er (sie, es) **wird** ... ; wir werd*en* ...

werde*st* 아님! werde*t* 아님!

wissen '...을 알다' (영 know)

ich **weiß** ... ; du **weiß*t*** ... ; er (sie, es) **weiß** ... ; wir wiss*en* ...

wiss*e* 아님! wiss*t* 아님! wiss*t* 아님!

〈주의〉 동사 wissen은 주어가 **ich**일 경우도 불규칙!

Du wirst berühmt. / Er wird Arzt.

영 You'll become famous.

'너는 유명해져.'

▸ Du **wirst** ...

↓

주어가 **du**

→ 동사 werd*en*은 불규칙 형태 wir*st*

영 He becomes a doctor.

'그는 의사가 된다.'

▸ Er **wird** ...

↓

주어가 **er**

→ 동사 werd*en*은 불규칙 형태 wird

Weißt du das? - Ja, ich weiß das.

영 Do you know it? - Yes, I know it.

'너는 그것을 아니?' - '응, 나는 (그것을) 알아.'

▸ **Weißt** du ...? - Ja, ich **weiß** ...

↳ 주어가 **ich** → 동사 wiss*en*은 불규칙 형태 weiß

↓

주어가 **du**

→ 동사 wiss*en*은 불규칙 형태 weiß*t*

연습문제

주어진 동사의 올바른 형태는?

1. wissen : ________ du etwas über den neuen Chef?
   - Nein, ich ________ nichts über ihn.
2. werden : Ich denke, mein Freund ________ ein guter Lehrer.
3. fahren : Mit wem ________ du nach München? - Ich ________ mit meiner Mutter.
4. sehen : Was ________ du jetzt? - Ich ________ ein blaues Haus.
5. sprechen : ________ du Deutsch? - Ja, ich ________ gut Deutsch.
6. schlafen : Gehst du jetzt ins Bett? Gute Nacht und ________ gut!

정답 · 해설

1. **Weiß*t*** du etwas über den neuen Chef?
   - Nein, ich **weiß** nichts über ihn.

   영 Do you know something about the new boss? - No, I know nothing about him.
   '너는 그 새 보스에 대하여 뭔가를 알고 있니?' - '아니, 나는 그에 관해 아무것도 알지 못해.'

2. Ich denke, mein Freund **wird** ein guter Lehrer.

   영 I think my friend will become a good teacher.
   '나는 내 친구가 좋은 선생님이 될 거라고 생각해.'

3. Mit wem **fährs*t*** du nach München? - Ich **fahr*e*** mit meiner Mutter.

   영 Who will you go to Munich with? - I'll go with my mother.
   '너는 누구와 함께 뮌헨으로 가니?' - '나는 나의 어머니와 함께 가.'

4. Was **siehs*t*** du jetzt? - Ich **seh*e*** ein blaues Haus.

   영 What are you seeing now? - I'm seeing a blue house.
   '너는 지금 무엇을 보고 있니?' - '나는 한 파란색 집을 보고 있어.'

5. **Sprichs*t*** du Deutsch? - Ja, ich **sprech*e*** gut Deutsch.

   영 Do you speak German? - Yes, I speak German well.
   '너는 독일어를 하니?' - '응, 나는 독일어를 잘 해.'

6. Gehst du jetzt ins Bett? Gute Nacht und **schlaf** gut!

   영 Are you going to bed now? Good night and sleep tight!
   '너는 지금 잠자리에 드니? 안녕, 그리고 잘 자!'

56. 화법조동사 (1) : können의 형태, 용법

[영어]

1. 조동사 can은 바로 뒤에 동사 원형과 함께 온다 : 「can + 동사 원형 ...」 '...할 수 있다'
   We can play football well. '우리는 축구를 잘 할 수 있다.'

2. can의 형태 ⇒ 변화하지 않고 항상 can이다!
   I can ... ; you can ... ; he (she, it) can ... ; we can ... ; they can ...

[독일어]

영어 조동사 can에 해당하는 것은 독일어 화법조동사 können이다.

1. 화법조동사 könn*en* ⇒ 영어처럼 동사 원형과 함께 온다!
   (영어와 달리 동사 원형은 문장 맨 뒤에 위치!)

   「könn*en* ... 동사 원형」 '... 할 수 있다' (영 can ; be able to ...)

   Wir können gut Fußball spielen. 영 We can play Football well.

2. können의 형태 ⇒ 영어와 달리 주어가 ich, du, er (sie, es)일 때 불규칙!

   ich kann ... ; du kann*st* ... ; er (sie, es) kann ...
   (könn*e* 아님! ; könn*st* 아님! ; könn*t* 아님!)

   wir könn*en* ... ; sie (Sie) könn*en* ...

〈주의〉 이러한 können의 두 가지 특성,
즉 [1] 동사 원형이 문장 뒤에 오는 것, 그리고 [2] 주어가 ich, du, er일 때 불규칙 형태인 것은 다른 화법조동사들에도 동일하게 적용된다!

Können Sie dieses Buch lesen? - Ja, ich kann es lesen.

영 Can you read this book? - Yes, I can read it.
'당신은 이 책을 읽을 수 있나요?' - '예, 저는 그것을 읽을 수 있어요.'

▸ Können Sie ... lesen ?
  ↓ ↳ 동사 원형 문장 맨 뒤!
  주어가 Sie ('당신' 영 you)
  → können의 형태는 원형 그대로 könn*en*

▸ ... ich kann ... lesen
  ↓ ↳ 동사 원형 문장 맨 뒤!
  주어가 ich
  → können의 형태는 불규칙적인 kann

연습문제

✔ 화법조동사 können을 사용하여 독일어로 옮기시오. (괄호 안의 동사를 참고할 것!)

1. 나는 수영을 잘 할 수 있다. (schwimmen) ⇒ ______________________

2. 너는 오늘 저녁 외출할 수 있니? (*aus*gehen) ⇒ ______________________

3. 언제 그가 나에게 올 수 있지? (kommen) ⇒ ______________________

4. 우리는 너를 이해할 수 없어. (verstehen) ⇒ ______________________

✔ 화법조동사 **k**önnen의 올바른 형태는? 그리고 빈 칸에 올바른 어미는?

5. Ich **k**______ dir mein__ neu__ Wohnung zeigen.

6. Was **k**______ wir für d__ arm__ Mädchen tun?

7. Heute **k**______ die Mutter nicht mit ihr__ klein__ Kinder__ spielen.

정답 · 해설

1. Ich **kann** gut schwimmen. — 영 I can swim well.
2. **Kann*st*** du heute Abend *aus*gehen? — 영 Can you go out this evening?
3. Wann **kann** er zu mir kommen? — 영 When can he come to me?
4. Wir **könn*en*** dich nicht verstehen. — 영 We cannot understand you.

5. Ich **kann** dir mein**e** neu**e** Wohnung zeigen.
   영 I can show you my new apartment.
   '나는 너에게 나의 새 아파트를 보여줄 수 있어.'
6. Was **könn*en*** wir für d**as** arm**e** Mädchen tun? (혹은 ... für d**ie** arm**en** Mädchen ...)
   영 What can we do for the poor girl? (혹은 ... for the poor girl**s**)
   '우리는 그 불쌍한 소녀를 위해 무엇을 할 수 있을까?' (혹은 ... 소녀**들**을 위해 ...)
7. Heute **kann** die Mutter nicht mit ihr**en** klein**en** Kind*er***n** spielen.
   영 Today, the mother cannot play with her little children.
   '오늘 그 어머니는 그녀의 작은 아이들과 함께 놀아줄 수 없다.'

57. 화법조동사 (2) : müssen의 형태, 용법

[영어/독일어]

영어 조동사 **must**는 '...해야 하다'를 뜻한다.
이에 해당하는 것은 독일어 화법조동사 **müssen**이다.

1. 화법조동사 **müssen** ⇒ 문장 맨 뒤의 동사 원형과 함께 온다!

   「**müssen** ... 동사 원형」 '... 해야 하다' (영 must ; have to ...)

2. müssen의 형태 ⇒ 주어가 **ich**, **du**, **er** (**sie**, **es**)일 때 불규칙!

   ich **muss** ... ; du **muss*t*** ... ; er (sie, es) **muss** ...
   (müss*e* 아님! / müss*t* 아님! / müss*t* 아님!)

   wir müss*en* ... ; sie (Sie) müss*en* ...

Was muss ich jetzt tun? - Du musst nach Hause gehen.

영 What must I do now? - You must go home.
'내가 지금 무엇을 해야 하지?' - '너는 집으로 가야 해.'

▸ ... **muss** ich ... tun ?
↓ ↳ 동사 원형 문장 맨 뒤!
주어가 **ich**
→ müssen의 형태는 불규칙적인 **muss**

▸ Du **musst** ... gehen
↓ ↳ 동사 원형 문장 맨 뒤에!
주어가 **du**
→ müssen의 형태는 불규칙적인 **muss*t***

Die Studenten müssen Deutsch und Englisch lernen.

영 The students must learn German and English.
'그 대학생들은 독일어와 영어를 배워야 한다.'

▸ Die Studenten **müssen** ... lernen
↓ ↳ 동사 원형 문장 맨 뒤에!
주어 "Die Student***en***"은
복수의 **sie**(영 they)에 해당 → müssen은 원형 그대로 **müss*en***

[영어/독일어]

영어 조동사 must의 부정문 "must not ..." ⇒ (금지) '...해서는 안 된다'

영어와 달리 독일어 화법조동사 müssen의 부정문 "müssen nicht ..."는 '불필요'를 뜻한다.

「müssen ... nicht (혹은 kein-) ... 동사 원형」 '... 할 필요 없다'
(영 don't have to ... ; don't need to ...)

Ich muss heute nicht arbeiten. Heute ist Sonntag.

영 I don't have to work today. Today is Sunday.

'나는 오늘 일할 필요 없어. 오늘은 일요일이야.'

▸ Ich muss ... nicht arbeiten

↓

nicht가 사용된 부정문 → '...할 필요 없다'

주어가 ich → müssen의 형태는 불규칙적인 muss

(동사 원형 arbeiten은 문장 맨 뒤에!)

Du musst kein Taxi rufen. Du kannst den Bus nehmen.

영 You don't have to call a taxi. You can take the bus.

'너는 택시를 부를 필요 없어. 너는 버스를 탈 수 있어.'

▸ Du musst kein Taxi rufen

↓

kein-이 사용된 부정문 → '...할 필요 없다'

주어가 du → müssen의 형태는 불규칙적인 mus*st*

(동사 원형 rufen은 문장 맨 뒤에!)

▸ Du kannst ... nehmen

↓ ↳ 동사 원형 문장 맨 뒤!

주어가 du

→ können의 형태는 불규칙적인 kann*st*

연습문제

화법조동사 müssen을 사용하여 독일어로 옮기시오. (괄호 안의 동사를 참고할 것!)

1. 내가 지금 무엇을 해야 하니? (tun) ⇒ ______________________

2. 너는 여기 머무를 필요 없어. (bleiben) ⇒ ______________________

3. 왜 그는 여기서 살아야 하니? (leben) ⇒ ______________________

4. 우리는 독일어를 배워야 해. (lernen) ⇒ ______________________

화법조동사 **m**üssen의 올바른 형태는? 그리고 올바른 어미는? (괄호 안은 2격!)

5. D__ alt__ Mann **m**_______ für sein__ groß__ Familie arbeiten.

6. Die Studenten **m**_______ dies__ dick__ Bücher lesen.

7. Heute **m**_______ er den Vater (sein__ deutsch__ Freund__) besuchen.

8. Ich **m**_______ mit mein__ neu__ Chef in ein__ chinesisch__ Restaurant gehen.

화법조동사 **m**üssen 및 **k**önnen의 올바른 형태는?

9. Dieser Satz ist zu schwierig. Ich **m**_______ meinen Lehrer fragen.

10. **K**_______ Sie morgen früh aufstehen? - Ja, ich stehe immer früh auf.

11. Er wartet jetzt auf uns. Wir **m**_______ schnell in die Stadt fahren.

12. Mein kleiner Sohn **k**_______ sich allein die Hände waschen.

13. Du **m**_______ nicht für mich kochen. Ich habe keinen Hunger.

14. **K**_______ du mir helfen? - Ja, gerne. Wie **k**_______ ich dir helfen?

1. Was muss ich jetzt tun? — 영 What must I do now?

2. Du muss*t* nicht hier bleiben. — 영 You don't have to stay here.

3. Warum muss er hier leben? — 영 Why must he live here?

4. Wir müss*en* Deutsch lernen. — 영 We must learn German.

5. Der alte Mann muss für seine große Familie arbeiten.
   영 The old man must work for his big family. '그 늙은 남자는 그의 큰 가정을 위해 일해야만 한다.'

6. Die Student*en* müss*en* diese dicken Büch*er* lesen.
   영 The students must read these thick books. '그 대학생들은 이 두꺼운 책들을 읽어야만 한다.'

7. Heute muss er den Vater seines deutschen Freundes besuchen.
   영 Today, he must visit his German friend's father. '오늘 그는 그의 독일 친구의 아버지를 방문해야 한다.'

8. Ich muss mit meinem neuen Chef in ein_ chinesisches Restaurant gehen.
   영 I must go with my new boss to a Chinese restaurant.
   '나는 나의 새 보스와 함께 한 중국 식당으로 가야 한다.'

9. Dieser Satz ist zu schwierig. Ich muss meinen Lehrer fragen.
   영 This sentence is too difficult. I must ask my teacher.
   '이 문장은 너무 어려워. 나는 나의 선생님께 질문해야만 해.'

10. Könn*en* Sie morgen früh *auf*stehen? - Ja, ich stehe immer früh *auf*.
    영 Can you get up early tomorrow? - Yes, I always get up early.
    '당신은 내일 일찍 일어날 수 있나요?' - '예, 저는 항상 일찍 일어납니다.'

11. Er wartet jetzt auf uns. Wir müss*en* schnell in die Stadt fahren.
    영 He's waiting for us now. We must go downtown fast.
    '그는 지금 우리를 기다리고 있어. 우리는 빨리 시내로 가야 해.'

12. Mein kleiner Sohn kann sich allein die Händ*e* waschen.
    영 My little son can wash his hands alone. '나의 작은 아들은 혼자서 자신의 손을 씻을 수 있다.'

13. Du muss*t* nicht für mich kochen. Ich habe keinen Hunger.
    영 You don't need to cook for me. I am not hungry.
    '너는 나를 위해 요리할 필요 없어. 나는 배고프지 않아.'

14. Kann*st* du mir helfen? - Ja, gerne. Wie kann ich dir helfen?
    영 Can you help me? - Yes, with pleasure. How can I help you?
    '너는 나를 도와줄 수 있겠니?' - '응, 기꺼이. 내가 어떻게 너를 도와줄 수 있지?'

58. 화법조동사 (3) : dürfen의 형태, 용법

[영어/독일어]

영어 조동사 **may**는 '...해도 되다'를 뜻한다.
이에 해당하는 것은 독일어 화법조동사 **dürfen**이다.

1. 화법조동사 **dürfen** ⇒ 문장 맨 뒤의 동사 원형과 함께 온다!

   「**dürfen** ... 동사 원형」 '... 해도 되다' (영 may ; be allowed to)

2. dürfen의 형태 ⇒ 주어가 **ich**, **du**, **er** (**sie**, **es**)일 때 불규칙!

   ich **darf** ... ; du **dar*fst*** ... ; er (sie, es) **darf** ...
   dürfe 아님! ; dürf*st* 아님! ; dürf*t* 아님!

   wir dürf*en* ... ; sie (Sie) dürf*en* ...

Darf ich dich morgen besuchen?

- Kein Problem! Du darfst mich besuchen.

영 May I visit you tomorrow? - No problem! You may visit me.
'내가 내일 너를 방문해도 되니?' - '문제없어! 너는 나를 방문해도 돼.'

▸ **Darf** ich ... besuchen ?
↓ ↳ 동사 원형 문장 맨 뒤에!
주어가 **ich**
→ dürfen의 형태는 불규칙적인 **darf**

▸ Du **darfst** ... besuchen ?
↓ ↳ 동사 원형 문장 맨 뒤에!
주어가 **du**
→ dürfen의 형태는 불규칙적인 **dar*fst***

Dürfen wir die Toilette benutzen? - Ja, sie ist da hinten.

영 May we use the toilet? - Yes, it is back there.
'우리가 화장실을 사용해도 되나요?' - '예, 그것은 저기 뒤편에 있어요.'

▸ **Dürfen** wir ... benutzen ?
↓ ↳ 동사 원형 문장 맨 뒤에!
주어가 **wir**
→ dürfen의 형태는 원형 그대로 **dürf*en***

[영어/독일어]

영어 조동사 may의 부정문 "may **not** ..." ⇒ (금지) '...해서는 안 된다'
독일어 화법조동사 dürfen의 부정문 "dürfen **nicht** ..." 역시 **영어처럼** '금지'를 뜻한다.

> 「dürfen ... **nicht** (혹은 **kein-**) ... 동사 원형」 '... 해서는 안 된다'
> (영 may not ... ; must not ...)

Darf ich hier parken? - Nein, Sie dürfen hier nicht parken.

영 May I park here? - No, you may not park here.
'내가 여기 주차해도 되나요?' - '아니오, 당신은 여기 주차해서는 안 돼요.'

▸ Darf ich ... parken ?
↓ ↳ 동사 원형 문장 맨 뒤에!
주어가 **ich**
→ dürfen의 형태는 불규칙적인 **darf**

▸ Sie **dürfen** ... **nicht** parken
↓
nicht가 사용된 부정문 → (금지) '...해서는 안 된다'

주어가 **Sie** ('당신' 영 you) → dürfen의 형태는 원형 그대로 **dürf*en***
(동사 원형 parken은 문장 맨 뒤에!)

Kinder dürfen keinen Alkohol trinken.

영 Children may not drink alcohol. (혹은 Children must not drink alcohol.)
'아이들은 술을 마셔서는 안 된다.'

▸ Kinder **dürfen** **keinen** Alkohol trinken
↓
kein-이 사용된 부정문 → (금지) '...해서는 안 된다'

주어 Kinder는 복수의 **sie**(영 they)에 해당 → dürfen의 형태는 원형 그대로 **dürf*en***
(동사 원형 trinken은 문장 맨 뒤에!)

연습문제

화법조동사 dürfen을 사용하여 독일어로 옮기시오. (괄호 안의 동사를 참고할 것!)

1. 내가 이 사과를 먹어도 되니? (essen) ⇒ ______________________

2. 너는 여기서 TV를 봐도 돼. (*fern*sehen) ⇒ ______________________

3. 그는 지금 물을 마시면 안 돼. (trinken) ⇒ ______________________

4. 언제 우리가 너를 방문해도 되니? (besuchen) ⇒ ______________________

화법조동사 dürfen의 올바른 형태는? 그리고 올바른 어미는? (괄호 안은 2격!)

5. Klein__ Kinder **d**______ immer in unser__ groß__ Garten spielen.

6. **D**______ ich noch einmal d__ schön__ Bild an d__ Wand (dein__ Zimmer__) sehen?

화법조동사 **d**ürfen, **m**üssen, **k**önnen의 올바른 형태는?

7. Wir haben morgen eine wichtige Prüfung. Du **m**______ heute lernen.

8. Bei schönem Wetter **k**______ wir in den Park gehen.

9. Ich schenke dir das Buch. Du **d**______ es nehmen.

10. **D**______ ich dich zum Abendessen einladen?

11. Er **m**______ zu Fuß zur Arbeit gehen. Sein Auto ist kaputt.

dürfen? 혹은 müssen? 내용상 알맞은 것은?

12. Du ________ mir nicht helfen. Ich kann alles allein machen.

13. Wir ________ nicht auf den Berg steigen. Das ist für uns zu gefährlich.

14. Peter ist noch ein Kind. Er ________ keinen Wein trinken.

15. Ich bin nicht krank. Ich ________ nicht zum Arzt gehen.

1. **Darf** ich diesen Apfel essen? 영 May I eat this apple?

2. Du **darf*st*** hier *fern*sehen. 영 You may watch TV here.

3. Er **darf** jetzt kein Wasser trinken. 영 He may not drink water now.

4. Wann **dürf*en*** wir dich besuchen? 영 When may we visit you?

5. Klein**e** Kind***er*** **dürf*en*** immer in unser**em** groß**en** Garten spielen.
영 Little children may always play in our large garden.
'작은 아이들은 언제든지 우리의 큰 정원에서 놀아도 된다.'

6. **Darf** ich noch einmal d**as** schön**e** Bild an d**er** Wand dein**es** Zimmer**s** sehen?
영 May I see the beautiful picture on the wall of your room once more?
'네 방의 벽에 걸린 그 멋진 그림을 내가 다시 한 번 봐도 될까?'

7. Wir haben morgen eine wichtige Prüfung. Du **muss*t*** heute lernen.
영 We have an important test tomorrow. You must study today.
'우리는 내일 중요한 시험이 있어. 너는 오늘 공부해야만 해.'

8. Bei schönem Wetter **könn*en*** wir in den Park gehen.
영 In good weather we can go to the park. '좋은 날씨일 경우 우리는 공원으로 갈 수 있다.'

9. Ich schenke dir das Buch. Du **darf*st*** es nehmen.
영 I give you the book. You may take it. '나는 너에게 그 책을 선물할 게. 너는 그것을 가져도 돼.'

10. **Darf** ich dich zum Abendessen *ein*laden?
영 May I invite you to dinner? '내가 너를 저녁식사에 초대해도 될까?'

11. Er **muss** zu Fuß zur Arbeit gehen. Sein Auto ist kaputt.
영 He must go to work on foot. His car is broken. '그는 걸어서 출근해야 한다. 그의 차가 고장났다.'

12. Du **muss*t*** mir nicht helfen. Ich kann alles allein machen.
영 You don't have to help me. I can do everything alone.
'너는 나를 도울 필요가 없어. 나는 모든 것을 혼자 할 수 있어.'

13. Wir **dürf*en*** nicht auf den Berg steigen. Das ist für uns zu gefährlich.
영 We must not climb the mountain. That is too dangerous for us.
'우리는 그 산으로 올라가서는 안 돼. 그것은 우리에게 너무 위험해.'

14. Peter ist noch ein Kind. Er **darf** keinen Wein trinken.
영 Peter is still a child. He must not drink wine. '페터는 아직 아이야. 그는 포도주를 마시면 안 돼.'

15. Ich bin nicht krank. Ich **muss** nicht zum Arzt gehen.
영 I am not sick. I don't need to go to the doctor. '나는 아프지 않아. 나는 의사에게 갈 필요 없어.'

59. 화법조동사 (4) : wollen의 형태, 용법

[영어/독일어]

독일어 화법조동사 **wollen**은 '의지' 혹은 '욕구'를 뜻한다.
영어 조동사 중에는 직접 이에 해당하는 것이 없고,
'욕구'를 뜻하는 "**want to** ..."가 대체로 이에 일치한다.

1. 화법조동사 **wollen** ⇒ 문장 맨 뒤의 동사 원형과 함께 온다!

 「**wollen** ... 동사 원형」 '... 하려고 하다' (영 want to ...)

2. wollen의 형태 ⇒ 주어가 **ich**, **du**, **er** (**sie**, **es**)일 때 불규칙!

 ich **will** ... (wolle 아님!) ; du **will*st*** ... (woll*st* 아님!) ; er (sie, es) **will** ... (woll*t* 아님!)

 wir woll*en* ... ; sie (Sie) woll*en* ...

Wie lange willst du hier bleiben? - Bis morgen.

영 How long do you want to stay here? - Until tomorrow.
'얼마나 오랫동안 너는 여기 머무르려 하니?' - '내일까지.'

▸ ... **willst** du ... bleiben ?
↓ ↳ 동사 원형 문장 맨 뒤에!
주어가 **du**
→ wollen의 형태는 불규칙적인 **will*st***

Mein Bruder will in Deutschland studieren.

영 My brother wants to study in Germany.
'나의 남자 형제는 독일에서 공부하려고 한다.'

▸ Mein Bruder **will** ... studieren
↓ ↳ 동사 원형 문장 맨 뒤에!
주어 "Mein Bruder"는 **er**에 해당
→ wollen의 형태는 불규칙적인 **will**

연습문제

✔ 화법조동사 wollen의 올바른 형태는?

1. Ich lade dich ein. Wo ________ du essen?

2. Er hilft mir oft. Ich ________ ihm etwas schenken.

3. Wer ________ heute in diesem Zimmer schlafen?

4. Meine Eltern ________ eine Reise nach Paris machen.

5. ________ Sie reich sein? Dann müssen Sie sparen.

6. Die Frau sucht das Badezimmer. Sie ________ sich die Hände waschen.

정답 · 해설

1. Ich lade dich *ein*. Wo **will*st*** du essen?
   - 영 I invite you. Where do you want to eat?
   - '나는 너를 초대하겠어. 너는 어디서 식사할래?'

2. Er hilft mir oft. Ich **will** ihm etwas schenken.
   - 영 He often helps me. I want to give him something as a gift.
   - '그는 자주 나를 도와 줘. 나는 그에게 뭔가를 선물하려고 해.'

3. Wer **will** heute in diesem Zimmer schlafen?
   - 영 Who want to sleep in this room today?
   - '누가 오늘 이 방에서 잘래?'

4. Meine Eltern **woll*en*** eine Reise nach Paris machen.
   - 영 My parents want to make a trip to Paris.
   - '나의 부모님은 파리로 여행하려고 한다.'

5. **Woll*en*** Sie reich sein? Dann müssen Sie sparen.
   - 영 Do you want to be rich? Then you must save.
   - '당신은 부자이고 싶나요? 그렇다면 당신은 저축해야만 합니다.'

6. Die Frau sucht das Badezimmer. Sie **will** sich die H**ä**nd***e*** waschen.
   - 영 The woman is looking for the bathroom. She want to wash her hands.
   - '그 여자는 목욕탕을 찾고 있다. 그녀는 자신의 손을 씻으려고 한다.'

60. 화법조동사 (5) : sollen의 형태, 용법

[영어/독일어]

영어 조동사 **should** ⇒ (충고, 권고) '... 해야 하다, ... 하는 것이 좋다'
이에 해당하는 것은 독일어 화법조동사 **sollen**이다.

1. 화법조동사 **sollen** ⇒ **문장 맨 뒤**의 **동사 원형**과 함께 온다!

   「**sollen** ... 동사 원형」 '... 해야 하다, ... 하는 것이 좋다' (영 should ; shall)

2. sollen의 형태 ⇒ 주어가 **ich**, **du**, **er** (**sie**, **es**)일 때 형태에 **주의**!

   ich **soll** ... ; du **soll*st*** ... ; er (sie, es) **soll** ...
   (ich: soll*e* 아님! / er: soll*t* 아님!)

   wir soll*en* ... ; sie (Sie) soll*en* ...

Du **sollst** viel Obst **essen**.

영 You **should eat** much fruit.
'너는 과일을 많이 먹어야 해.'

▸ Du **sollst** ... essen
↓ ↳ 동사 원형 **문장 맨 뒤**에!
주어가 **du**
→ sollen의 형태는 **soll*st***

Ist es nicht kalt hier? - **Soll** ich die Tür **schließen**?

영 Isn't it cold here? - **Shall** I **close** the door?
'여기 춥지 않나요?' - '제가 문을 닫아드릴까요?'

▸ ... - **Soll** ich ... schließen ?
↓ ↳ 동사 원형 **문장 맨 뒤**에!
주어가 **ich**
→ sollen의 형태는 **불규칙**적인 **soll**

연습문제

✔ 화법조동사 sollen의 올바른 형태는?

1. Warum ________ ich dieses Buch lesen? Ist es so interessant?

2. Bist du müde? Du ________ jetzt schlafen.

3. ________ ich morgen wieder kommen? - Danke, das ist sehr nett von Ihnen.

4. Er ________ schnell nach Hause gehen. Seine Mutter wartet auf ihn.

5. Wir ________ nicht zu viel essen. Das ist nicht gesund.

6. Ich denke, Kinder ________ glücklich sein.

정답 · 해설

1. Warum **soll** ich dieses Buch lesen? Ist es so interessant?
   영 Why should I read this book? Is it so interesting?
   '왜 내가 이 책을 읽어야 하나요? 그것이 그렇게 재미있나요?'

2. Bist du müde? Du **soll*st*** jetzt schlafen.
   영 Are you tired? You should sleep now.
   '너 피곤하니? 너는 지금 자야 해.'

3. **Soll** ich morgen wieder kommen? - Danke, das ist sehr nett von Ihnen.
   영 Shall I come again tomorrow? - Thanks, it is very kind of you.
   '제가 내일 다시 와드릴까요?' - '고마워요, 당신 매우 친절하시군요.'

4. Er **soll** schnell nach Hause gehen. Seine Mutter wartet auf ihn.
   영 He should go home quickly. His mother is waiting for him.
   '그는 빨리 집에 가야 해. 그의 어머니가 그를 기다리고 계셔.'

5. Wir **soll*en*** nicht zu viel essen. Das ist nicht gesund.
   영 We shouldn't eat too much. That is not healthy.
   '우리는 너무 많이 먹지 않아야 한다. 그것은 건강에 좋지 않다.'

6. Ich denke, Kind***er*** **soll*en*** glücklich sein.
   영 I think children should be happy.
   '아이들은 행복해야 한다고 나는 생각해.'

61. 화법조동사 (6) : möchten의 형태, 용법

[영어/독일어]
독일어 화법조동사 **möchten**은 '욕구, 바램'을 공손하게 표현한다.
영어 조동사 중에는 직접 이에 해당하는 것이 없고,
"**would like to** ..." 혹은 "**want to** ..."가 대체로 이에 일치한다.

1. 화법조동사 **möchten** ⇒ 문장 맨 뒤의 동사 원형과 함께 온다!

   「**möchten** ... 동사 원형」 '... 하고 싶다' (영 would like to ... ; want to ...)

2. möchten의 형태 ⇒ 주어가 **ich**, **du**, **er** (**sie**, **es**)일 때 형태에 주의!

   ich **möchte** ... ; du **möchte*st*** ... ; er (sie, es) **möchte** ...
   möchte*t* 아님!

   wir möchte*n* ... ; sie (Sie) möchte*n* ...

Ich möchte dir mein neues Auto zeigen.

영 I would like to show you my new car.
'나는 너에게 나의 새 차를 보여주고 싶어.'

▸ Ich **möchte** ... zeigen ?
↓ ↳ 동사 원형 문장 맨 뒤에!
주어가 **ich**
→ möchten의 형태는 **möchte**

Was möchten Sie trinken? - Ein Glas Wein, bitte.

영 What would you like to drink? - A glass of wine, please.
'당신은 무엇을 마시고 싶으세요?' - '한 잔의 포도주요, 부탁해요.'

▸ ... **möchten** Sie ... trinken ?
↓ ↳ 동사 원형 문장 맨 뒤에!
주어가 **Sie** ('당신' 영 you)
→ möchten의 형태는 **möchte*n***

연습문제

✔ 화법조동사 möchten의 올바른 형태는?

1. Ich ________ dich zu meiner Party einladen. - Wann ist die Party?

2. ________ du etwas trinken? - Nein, danke. Ich habe keinen Durst.

3. Mit wem ________ Sie sprechen? - Ist Herr Müller da?

4. Warum ________ er mich sehen? - Das weiß ich auch nicht.

5. Frag mich! Was ________ du wissen?

6. Mein deutscher Freund ________ Arzt werden. Er lernt sehr viel.

정답 · 해설

1. Ich **möchte** dich zu meiner Party *ein*laden. - Wann ist die Party?
   - 영 I'd like to invite you to my party. - When is the party?
     '나는 너를 내 파티에 초대하고 싶어.' - '그 파티가 언제니?'

2. **Möchte*st*** du etwas trinken? - Nein, danke. Ich habe keinen Durst.
   - 영 Would you like to drink something? - No, thanks. I am not thirsty.
     '너는 뭔가를 마시고 싶니?' - '고맙지만 아니야. 나는 목마르지 않아.'

3. Mit wem **möchte*n*** Sie sprechen? - Ist Herr Müller da?
   - 영 Who would you like to speak with? - Is Mr. Müller there?
     '당신은 누구와 이야기하기를 원하시나요?' - '뮐러 씨 계시나요?'

4. Warum **möchte** er mich sehen? - Das weiß ich auch nicht.
   - 영 Why does he want to see me? - I don't know that either.
     '그가 왜 나를 만나고 싶어 하니?' - '그건 나 역시 몰라.'

5. Frag mich! Was **möchte*st*** du wissen?
   - 영 Ask me. What would you like to know?
     '나에게 질문해. 너는 무엇을 알고 싶은 거야?'

6. Mein deutscher Freund **möchte** Arzt werden. Er lernt sehr viel.
   - 영 My German friend wishes to become a doctor. He's studying very much.
     '나의 독일 친구는 의사가 되고 싶어 해. 그는 공부를 무척 많이 하고 있어.'

62. 화법조동사 (7) : 화법조동사가 동사 원형 없이 오는 경우

[영어/독일어]

영어 조동사 can, must, may ... ⇒ 반드시 동사 원형과 함께 와야 한다!

(예외 : Can you speak English? - Yes, I can. ⇒ 반복을 피해 관습적으로 동사 생략!)

영어와 달리 독일어 화법조동사 können, müssen, dürfen ... ⇒ 일정 조건 하에서 동사 원형 생략 가능!

Er **kann** Englisch. ⇒ 동사 원형 생략됨!

↔ 영 He can English. ⇒ 영어에서는 동사 원형 없으므로 틀린 문장!

> 화법조동사 können, müssen, dürfen ...은 동사 원형 없이도 올 수 있다!
>
> 1. 주어진 문맥을 통해 동사 원형이 분명한 경우 ⇒ 동사 원형 생략 가능!
> 2. '방향'을 뜻하는 부사어가 있을 경우
>   ⇒ '장소 이동' 동사 원형 gehen (영 go), kommen (영 come) ... 생략 가능!

Er kann Englisch.

영 He can speak English. '그는 영어를 할 수 있다.'

▸ Er **kann** Englisch (sprechen)?

↓

언어 "Englisch"가 있는 점을 고려할 때

동사 원형은 당연히 sprechen이어야 함. → 문맥상 분명하므로 생략 가능!

Ich muss nach Hause.

영 I must go home. '나는 집으로 가야 해.'

▸ Ich **muss** nach Hause (gehen)

↓

'방향'을 뜻하는 부사어('집으로')가 있음.

→ '장소 이동' 동사 원형 gehen 생략 가능!

Darf ich jetzt ins Bett?

영 May I go to bed now? '내가 지금 잠자리에 들어도 돼요?'

▸ Darf ich ... ins Bett (gehen)?

↓

'방향'을 뜻하는 부사어('침대로')가 있음.

→ '장소 이동' 동사 원형 gehen 생략 가능!

연습문제

✔ 밑줄 친 화법조동사 문장에서 생략된 동사 원형은?

1. Ich möchte ein Kilo Bananen. Wie viel kostet das?

2. Ich habe eine starke Erkältung. Ich muss zum Arzt.

✔ 주어진 화법조동사의 올바른 형태는?

können : ich ________ / du ________ / er (sie, es) ________ / wir ________

müssen : ich ________ / du ________ / er (sie, es) ________ / wir ________

dürfen : ich ________ / du ________ / er (sie, es) ________ / wir ________

wollen : ich ________ / du ________ / er (sie, es) ________ / wir ________

sollen : ich ________ / du ________ / er (sie, es) ________ / wir ________

möchten : ich ________ / du ________ / er (sie, es) ________ / wir ________

정답 · 해설

1. Ich möchte ein Kilo Banane*n* **haben**. Wie viel kostet das?
   ↳ **nehmen**, **kaufen**도 가능!

   영 I'd like to have (혹은 take, buy) a kilo of bananas. How much does it cost?
   '저는 바나나 1 킬로를 사고 싶어요. 그것 가격이 얼마입니까?'

2. Ich habe eine starke Erkältung. Ich muss zum Arzt **gehen**.

   영 I have a bad cold. I must go to the doctor.
   '나는 심한 감기에 걸렸어. 나는 의사에게 가봐야 해.'

können	: ich **kann**	/	du **kann*st***	/	er (sie, es) **kann**	/	wir könn*en*
müssen	: ich **muss**	/	du **muss*t***	/	er (sie, es) **muss**	/	wir müss*en*
dürfen	: ich **darf**	/	du **darf*st***	/	er (sie, es) **darf**	/	wir dürf*en*
wollen	: ich **will**	/	du **will*st***	/	er (sie, es) **will**	/	wir woll*en*
sollen	: ich **soll**	/	du **soll*st***	/	er (sie, es) **soll**	/	wir soll*en*
möchten	: ich **möchte**	/	du **möchte*st***	/	er (sie, es) **möchte**	/	wir möchte*n*

63. 화법조동사 (8) : 화법조동사의 특성을 지니는 타동사 mögen

1. 타동사 **mögen** '...을 좋아하다' (영 like, want)

   〈주의〉 mögen은 일반 타동사임! → 화법조동사가 아니므로 동사 원형 없음!

2. mögen의 형태 ⇒ 화법조동사처럼 주어가 **ich**, **du**, **er** (**sie**, **es**)일 때 불규칙!

   ich **mag** ... (mög*e* 아님!) ; du **mag*st*** ... (mögs*t* 아님!) ; er (sie, es) **mag** ... (mög*t* 아님!)

   wir mög*en* ... ; sie (Sie) mög*en* ...

Mögen Sie Kaffee? - Ja, ich **mag** Kaffee sehr.

영 Do you **like** coffee? - Yes, I **like** coffee very much.

'커피를 좋아하시나요?' - '예, 저는 커피를 매우 좋아해요.'

▸ **Mögen** Sie ...?
↓
주어가 **Sie** '당신' (영 you) → mögen의 형태는 원형 그대로 **Mög*en***

▸ ... ich **mag** ...
↓
주어가 **ich** → mögen의 형태는 불규칙적인 **mag**

Ich **mag** ihn, aber er **mag** mich nicht.

영 I **like** him, but he doesn't **like** me.

'나는 그를 좋아하지만 그는 나를 좋아하지 않는다.'

▸ Ich **mag** ...
↓
주어가 **ich** → mögen의 형태는 불규칙적인 **mag**

▸ ... er **mag** ...
↓
주어가 **er** → mögen의 형태는 불규칙적인 **mag**

연습문제

✔ 타동사 mögen의 올바른 형태는?

1. Ich ________ Maria und sie ________ mich auch.

2. Thomas und Michael sind gute Freunde. Sie ________ sich sehr.

3. Warum ________ du nicht diesen Hund? - Ich ________ keine Tiere.

4. Meine kleinen Kinder ________ Eis und Schokolade.

5. ________ Sie klassische Musik? - Ja, ich höre Mozart fast jeden Tag.

6. Wir möchten nicht in der Stadt leben. Wir ________ die Natur.

정답 · 해설

1. Ich **mag** Maria und sie **mag** mich auch.
   - 영 I like Maria and she likes me, too.

     '나는 마리아를 좋아하고, 그녀 역시 나를 좋아한다.'

2. Thomas und Michael sind gute Freund***e***. Sie **mög*en*** sich sehr.
   - 영 Thomas and Michael are good friends. They like each other very much.

     '토마스와 미하엘은 좋은 친구 관계이다. 그들은 서로를 매우 좋아한다.'

3. Warum **mag*st*** du nicht diesen Hund? - Ich **mag** keine Tier***e***.
   - 영 Why don't you like this dog? - I don't like animals.

     '너는 왜 이 개를 좋아하지 않니? - 나는 동물들을 좋아하지 않아.'

4. Meine kleinen Kind***er*** **mög*en*** Eis und Schokolade.
   - 영 My little children like ice cream and chocolate.

     '나의 작은 아이들은 아이스크림과 초콜릿을 좋아한다.'

5. **Mög*en*** Sie klassische Musik? - Ja, ich höre Mozart fast jeden Tag.
   - 영 Do you like classical music? - Yes, I listen to Mozart almost every day.

     '당신은 고전 음악을 좋아하시나요? - 예, 저는 거의 매일 모차르트를 들어요.'

6. Wir möchten nicht in der Stadt leben. Wir **mögen** die Natur.
   - 영 We wouldn't like to live in the city. We like nature.

     '우리는 도시에서 살고 싶지 않아요. 우리는 자연을 좋아해요.'

64. 의문사 (1) : 의문대명사 wer의 형태, 용법

[영어/독일어]

영어의 의문사 who는 주격, 소유격, 목적격 형태가 다르다.

who (주격) '누가?' ; whose ... (소유격) '누구의 ...?' ; whom (목적격) '누구를?'

영어처럼 독일어 의문사 wer(영 who) 역시 해당 격에 따라 형태가 다르다.

wer (1격) '누가?' (영 who)	wessen ... (2격) '누구의 ...?' (영 whose ...)
wem (3격) '누구에게?' (영 to whom)	wen (4격) '누구를?' (영 whom)

Wer lebt in diesem Haus?

영 Who lives in this house? '누가 이 집에서 살지?'

▸ Wer lebt ...?
↓
1격 '누가?' ⇒ 문장의 주어

Wessen Freund ist er?

영 Whose friend is he? '그는 누구의 친구니?'

▸ Wessen Freund ...?
↓
2격 '누구의 ...?' ⇒ 바로 뒤에 명사가 옴.

Wem geben Sie das Buch?

영 Who do you give the book to? '당신은 누구에게 그 책을 주나요?'

▸ Wem geben Sie ...?
↓
3격 '누구에게?' ⇒ 동사 geb*en*의 간접목적어, 즉 3격 목적어

Wen liebst du?

영 Whom do you love? '너는 누구를 사랑하니?'

▸ Wen liebst du?
↓
4격 '누구를?' ⇒ 타동사 lieb*st*의 4격 목적어

[영어]

의문사 **who**가 전치사와 결합할 때 **두 가지** 형식이 가능 :

1. Who are you cooking **for**? ⇒ 전치사 for가 의문사와 분리되어 **문장 뒤**에 옴!
2. **For** whom are you cooking? ⇒ 전치사 for가 **의문사 앞**에 옴!

[독일어]

영어와 달리 독일어 의문사 **wer**(영 who)가 전치사와 결합할 때 ⇒ 전치사는 반드시 **의문사 wer 앞**에 옴!

> 의문사 **wer**(영 who)가 **전치사**와 함께 올 경우 ⇒ 전치사는 **의문사 wer 앞**에!
>
> **Für** wen ...? '누구를 위해 ...?' / **Mit** wem ...? '누구와 함께 ...?'

Für wen kochst du?

영 Who are you cooking for? 혹은 For whom are you cooking?

'누구를 위해 너는 요리하고 있니?'

▸ **Für** wen ...?
↓
전치사 für가 **의문사 wen 앞**에!
für는 **4격** 전치사 → **4격** 형 w**en**

Mit wem gehst du zur Party?

영 Who do you go to the party with? 혹은 With whom do you go to the party?

'너는 누구와 함께 파티에 가니?'

▸ **Mit** wem ...?
↓
전치사 mit이 **의문사 wem 앞**에!
mit은 **3격** 전치사 → **3격** 형 w**em**

연습문제

의문사 wer의 올바른 형태는?

1. Mit ______ spricht er?
2. ______ gehört dieser große Hund?
3. ______ rufst du jetzt an?
4. ______ kann morgen früh aufstehen?
5. ______ Brot ist das?
6. Für ______ sind die schönen Blumen?

빈 칸 (a)에 알맞은 의문사 wer의 형태는? 그리고 올바른 어미는? (괄호 안은 2격!)

7. __(a)__ willst du zur Party einladen? - All__ mein__ Freunde.

8. __(a)__ Auto können wir nehmen? - Dies__ blau__ Auto (mein__ Vater__).

9. Mit __(a)__ macht er die Reise? - Mit sein__ klein__ Kinder__.

10. __(a)__ soll ich dieses Paket schicken? - Ein__ alt__ Mann in München.

11. __(a)__ hilft dem armen Mädchen? - Ein__ reich__ Arzt.

12. Auf __(a)__ wartest du hier?
    - Ich warte auf mein__ Freundin und ihr__ Bruder.

주어진 동사의 올바른 현재 시제 형태는?

13. sehen : Wen ______ du jetzt?

14. fahren : Mit wem ______ er?

15. essen : Wer ______ keinen Fisch?

16. wollen : Wen ______ du fragen?

17. wissen : Wer ______ es nicht?

1. Mit wem spricht er?

영 Who is he speaking with?
'그는 누구와 말하고 있니?'

2. Wem gehört dieser große Hund?

영 Who does this big dog belong to?
'이 큰 개는 누구 소유니?'

3. Wen rufst du jetzt *an*?

영 Who are you calling now?
'너는 지금 누구에게 전화 거니?'

4. Wer kann morgen früh *auf*stehen?

영 Who can get up early tomorrow?
'누가 내일 일찍 일어날 수 있니?'

5. Wessen Brot ist das?

영 Whose bread is this?
'이것은 누구의 빵이니?'

6. Für wen sind die schönen Blume*n*?

영 Who are the beautiful flowers for?
'그 아름다운 꽃들은 누구를 위한 것이니?'

7. Wen willst du zur Party *ein*laden? - Alle meine Freunde.

영 Who do you want to invite to the party? - All my friends.
'너는 누구를 파티에 초대하려고 하니?' - '모든 나의 친구들.'

8. Wessen Auto können wir nehmen? - Dieses blaue Auto meines Vaters.

영 Whose car can we take? - This blue car of my father's.
'우리는 누구의 차를 타지?' - '나의 아버지의 이 파란색 차.'

9. Mit wem macht er die Reise? - Mit seinen kleinen Kinder*n*.

영 Who will he make the trip with? - With his little children.
'그는 누구와 함께 그 여행을 하니?' - '그의 작은 아이들과 함께.'

10. Wem soll ich dieses Paket schicken? - Einem alten Mann in München.

영 Who should I send this package to? - To an old man in Munich.
'내가 누구에게 이 소포를 보내야 하니?' - '뮌헨에 있는 한 늙은 남자에게.'

11. Wer hilft dem armen Mädchen? - Ein_ reicher Arzt.

영 Who is helping the poor girl? - A rich doctor. '누가 그 불쌍한 소녀를 돕니?' - '한 부유한 의사가.'

12. Auf wen wartest du hier? - Ich warte auf meine Freundin und ihren Bruder.

영 Who are you waiting for here? - I'm waiting for my girlfriend and her brother.
'너는 여기서 누구를 기다리니?' - '나는 나의 여자 친구와 그녀의 남자 형제를 기다려.'

13. Wen sieh*st* du jetzt? 영 Who are you seeing now? '너는 지금 누구를 보고 있니?'

14. Mit wem fähr*t* er? 영 Who does he go with? '그는 누구와 함께 가니?'

15. Wer iss*t* keinen Fisch? 영 Who doesn't eat fish? '누가 생선을 먹지 않니?'

16. Wen wills*t* du fragen? 영 Who do you want to ask? '너는 누구에게 질문하려고 하니?'

17. Wer weiß es nicht? 영 Who doesn't know it? '누가 그것을 알지 못하니?'

65. 의문사 (2) : 의문대명사 was의 형태, 용법

[영어/독일어]

영어 의문사 what은 주격 및 목적격이 될 수 있다.

what [1] (주격) '무엇이?' ; [2] (목적격) '무엇을?'

영어처럼 독일어 의문사 was(영 what) 역시 1격 및 4격이 될 수 있다.

was [1] (1격) '무엇이?' (영 what) ; [2] (4격) '무엇을?' (영 what)

Was ist neu?

영 What is new?

'무엇이 새롭나요?'

▸ Was ist ...?

↓

1격 '무엇이?' ⇒ 동사 ist의 주어

Was suchst du?

영 What are you looking for?

'너는 무엇을 찾고 있니?'

▸ Was suchst du?

↓

4격 '무엇을?' ⇒ 타동사 such*st*의 4격 목적어

[영어]

What do you need the money for? '너는 무엇을 위해 그 돈을 필요로 하니?'

의문사 what이 전치사 for 등과 결합할 때 ⇒ 전치사는 의문사와 분리되어 문장 뒤에 올 수 있다!

[독일어]

영어와 달리 독일어 의문사 was(영 what)가 전치사 für 등과 결합할 때 ⇒ 항상 "wo- + 전치사" 형태!

Wofür brauchst du das Geld? 영 What do you need the money for?

↳ "Für was"는 틀림!

의문사 was(영 what)가 전치사와 결합할 경우 ⇒ "wo- + 전치사" wofür '무엇을 위해?' (영 what ... for?) / womit '무엇을 가지고?' (영 what ... with?) ※ in, über ...처럼 전치사가 모음으로 시작할 경우 ⇒ "wor- + 전치사" worin '무엇 안에?' (영 what ... in?) / worüber '무엇에 관해?' (영 what ... about?)

Womit arbeitest du?

영 What are you working with?

'무엇을 가지고 너는 일하니?'

▸ Womit ...?

↓

mit + was → Womit

Worüber redest du?

영 What are you talking about?

'무엇에 관해 너는 말하고 있니?'

▸ Wor**über** ...?

↓

über + was → Wor*über*

(전치사 über는 모음으로 시작 → wor...!)

연습문제

1격? 혹은 4격? 밑줄 친 의문사 was의 격은?

1. Was trinken Sie?
2. Was macht dich so traurig?
3. Was ist dein Problem?
4. Was kannst du für mich tun?

빈 칸에 알맞은 "wo- + 전치사"의 형태는?

5. ________ brauchst du das Geld? - Für meine Reise nach Frankreich.
6. ________ wartet er? Wartet er auf den Bus?
7. ________ denkst du? - Ich denke jetzt an unseren neuen Plan.
8. Ich habe eine Frage. ________ soll ich das Fenster putzen? Mit diesem Wasser?

정답 · 해설

1. Was trinken Sie? ⇒ **4격!**
   영 What will you drink?
   '당신은 무엇을 마실 건가요?'

2. Was macht dich so traurig? ⇒ **1격!**
   영 What makes you so sad?
   '무엇이 너를 그렇게 슬프게 하니?'

3. Was ist dein Problem? ⇒ **1격!**
   영 What is your problem?
   '너의 문제가 무엇이니?'

4. Was kannst du für mich tun? ⇒ **4격!**
   영 What can you do for me?
   '너는 나를 위해 무엇을 할 수 있니?'

5. Wo**für** brauchst du das Geld? - Für meine Reise nach Frankreich.
   영 What do you need the money for? - For my trip to France.
   '너는 무엇을 위해 그 돈을 필요로 하니?' - '나의 프랑스 여행을 위해서야.'

6. Wo*r***auf** wartet er? Wartet er auf den Bus?
   영 What is he waiting for? Is he waiting for the bus?
   '그는 무엇을 기다리니?' 그는 버스를 기다리니?'

7. Wo*r***an** denkst du? - Ich denke jetzt an unseren neuen Plan.
   영 What arc you thinking of? - I'm thinking of our new plan now.
   '너는 무엇에 대해 생각하니? - 지금 나는 우리의 새 계획에 대해 생각해.'

8. Ich habe eine Frage. Wo**mit** soll ich das Fenster putzen? Mit diesem Wasser?
   영 I have a question. What should I clean the window with? With this water?
   '나는 질문이 있어. 내가 무엇을 가지고 창문을 닦아야 할까? 이 물을 가지고?'

66. 의문사 (3) : 의문부사 wie, wann, warum의 형태, 용법

[영어/독일어]
영어 의문사 how('어떻게?')에 해당하는 독일어 의문사는 wie이다.

> wie '어떻게?' (영 how)
> ※ 「wie + 형용사」 '얼마나 ...?'
> Wie alt ...? (영 How old ...?) / Wie lange ...? (영 How long ...?)

Wie ist das Wetter dort?

영 How is the weather there?
'그곳은 날씨가 어떠니?'

Wie endet der Film?

영 How does the film end?
'그 영화가 어떻게 끝나니?'

Wie alt bist du?

영 How old are you?
'너는 몇 살이니?'

▸ Wie alt ...?
↓
wie + alt '늙은'

Wie viel Geld hat er?

영 How much money does he have?
'그는 얼마나 많은 돈을 가지고 있니?'

▸ Wie viel Geld ...?
↓
wie + viel '많은'

※ 「Wie viel + 단수」 (영 how much ...?)
「Wie viele + 복수」 (영 how many ...?)

[영어/독일어]
영어 의문사 when('언제?')에 해당하는 독일어 의문사는 wann이다.
영어 의문사 why('왜?')에 해당하는 독일어 의문사는 warum이다.

> wann '언제?' (영 when) / warum '왜?' (영 why)

Wann beginnt es?

영 When does it begin? '그것이 언제 시작하니?'

Warum machst du das?

영 Why are you doing that? '너는 왜 그것을 하고 있니?'

연습문제

✔ 밑줄 친 의문사 ⓐ ~ ⓓ 중에서 올바른 사용이 아닌 것은?

ⓐWie ist das Wetter? - Es regnet jetzt.

Der Mann ist nicht klein. - ⓑWie hoch ist er?

ⓒWarum bleibst du zu Hause? - Wegen des starken Regens.

ⓓWann soll ich zu dir kommen? Am Morgen oder am Nachmittag?

✔ wie viel? 혹은 wie viele? 빈 칸에 올바른 형태는?

1. ________ Zeit brauchst du?

2. ________ Leute arbeiten hier?

3. Ist das teuer? ________ kostet das?

4. ________ Kinder haben Sie?

정답 · 해설

정답 : ⓑ Wie hoch ⇒ Wie **groß** ※ Wie **hoch** ...? (영 How **high** ...?) ⇒ '높이'를 묻는 표현!

Wie ist das Wetter? - Es regnet jetzt.

영 How is the weather? - It's raining now. '날씨가 어때?' - '지금 비가 와.'

Der Mann ist nicht klein. - **Wie groß** ist er?

영 The man is not short. - How tall is he? '그 남자는 작지 않아.' - '그는 키가 얼마인데?'

Warum bleibst du zu Hause? - Wegen des starken Regens.

영 Why are you staying at home? - Because of the heavy rain.
'너는 왜 집에 머무르니?' - '강한 비 때문이야.'

Wann soll ich zu dir kommen? Am Morgen oder am Nachmittag?

영 When should I come to you? In the morning or in the afternoon?
'내가 언제 너에게 가야 하지? 아침에 아니면 오후에?'

1. **Wie viel** Zeit brauchst du?
   영 How much time do you need?
   '너는 얼마나 많은 시간을 필요로 하니?'

2. **Wie viel*e*** Leute arbeiten hier?
   영 How many people work here?
   '얼마나 많은 사람들이 여기서 일하니?'

3. Ist das teuer? **Wie viel** kostet das?
   영 Is it expensive? How much does it cost?
   '그것이 비싸니? 그것은 가격이 얼마니?'

4. **Wie viel*e*** Kind*er* haben Sie?
   영 How many children do you have?
   '당신은 얼마나 많은 아이들을 가지고 계시나요?'

67. 의문사 (4) : 의문부사 wo, woher, wohin의 형태, 용법

[영어/독일어]

영어 의문사 where('어디에?')에 해당하는 독일어 의문사는 wo이다.

> wo '어디에, 어디에서?' (영 where)

Wo bist du jetzt?

영 Where are you now?
'너는 지금 어디에 있니?'

Wo arbeiten Sie?

영 Where do you work?
'당신은 어디에서 일하시나요?'

[영어]

Where do you come from? '너는 어디로부터 왔니?'

Where are you going to? '너는 어디로 가니?'

이와 같이 영어의 경우, '어디로부터?' 및 '어디로?' ⇒ 의문사 where가 전치사 from 및 to와 함께 사용됨!

[독일어]

영어와 달리 독일어의 경우, '어디로부터?' 및 '어디로?'를 뜻하는 의문사 woher 및 wohin이 별도로 있다!

> wo*her* '어디로부터?' (영 where ... from?) / wo*hin* '어디로?' (영 where ... to?)
>
> ※ woher ⇒ 의문사 wo '어디?' + 부사어 her '이리로'
> wohin ⇒ 의문사 wo '어디?' + 부사어 hin '저리로'

Woher kommst du? - Ich komme aus Korea.

영 Where do you come from? - I come from Korea.
'당신은 어디로부터 오셨나요?' - '저는 한국으로부터 왔어요.'

Wohin gehst du? - Ich gehe zur Bank.

영 Where are you going to? - I'm going to the bank.
'너는 어디로 가는 중이니?' - '나는 은행으로 가는 중이야.'

연습문제

wo? woher? 혹은 wohin? 빈 칸에 알맞은 의문사는?

1. ________ kommt dieser Mann? - Er kommt aus einer kleinen Stadt in England.

2. Entschuldigen Sie, ________ kann ich ein Taxi finden?

3. ________ fährt dieser Zug? - Er fährt nach München.

4. ________ sind die Kinder? - Sie spielen Fußball im Garten.

5. Ich lade dich zum Essen ein. ________ möchtest du gehen?

6. Unser neuer Chef kann sehr gut tanzen. - ________ weißt du das?

정답 · 해설

1. Woher kommt dieser Mann? - Er kommt aus einer kleinen Stadt in England.
   영 Where does this man come from? - He comes from a small city in England.
   '이 남자는 어디서 왔니?' - '그는 영국의 한 작은 도시로부터 왔어.'

2. Entschuldigen Sie, wo kann ich ein Taxi finden?
   영 Excuse me, where can I find a taxi?
   '실례지만, 어디서 제가 택시를 잡을 수 있을까요?'

3. Wohin fährt dieser Zug? - Er fährt nach München.
   영 Where does this train go? - It goes to Munich.
   '이 기차는 어디로 가나요?' - '그것은 뮌헨으로 갑니다.'

4. Wo sind die Kind***er***? - Sie spielen Fußball im Garten.
   영 Where are the children? - They're playing football in the garden.
   '아이들은 어디에 있지?' - '그들은 정원에서 축구하고 있어.'

5. Ich lade dich zum Essen *ein*. Wohin möchtest du gehen?
   영 I invite you for dinner. Where would you like to go?
   '나는 너를 식사에 초대하겠어. 너는 어디로 가고 싶니?'

6. Unser neuer Chef kann sehr gut tanzen. - Woher weißt du das?
   영 Our new boss can dance very well. - Where do you know that from?
   '우리의 새 보스는 매우 잘 춤 춰.' - '너는 어디서 그것을 알았지?'

68. 의문사 (5) : 의문대명사 welch-, was für ein-의 형태, 용법

[영어/독일어]
영어 의문사 which ... ('어떤 ...?')에 해당하는 독일어 의문사는 welch- ...

welch- ... '어떤 ...?' ; '어느 쪽 ...?' (영 which ...)

※ welch-는 정관사 d- 어미변화 : welcher, welche, welches ...

Welches Zimmer ist besser? / Welche Sprache lernst du?

영 Which room is better?
'어떤 방이 더 좋지?'

▸ Welches Zimmer ist ...?
↓
뒤에 있는 중성명사 Zimmer는 문장의 주어임!
→ 중성 1격 정관사 das 어미변화 하여 Welches

영 Which language are you learning?
'너는 어떤 언어를 배우고 있니?'

▸ Welche Sprache lern*st* ...?
↓
뒤에 있는 여성명사 Sprache는
동사 lern*st*의 4격 목적어임!
→ 여성 4격 정관사 die 어미변화 하여 Welche

[영어/독일어]
영어 의문사 what kind of ... ('어떤 종류의 ...?')에 해당하는 독일어 의문사는 was für ein- ...

was für ein- ... '어떤 종류의 ...?' ; '어떤 ...?' (영 what kind of ...)

〈주의〉 여기서 für는 4격 전치사 아님! 단지 고정된 형태에 불과함!
→ "was für ..." 뒤에 무조건 4격이 오는 것으로 오해하면 안 됨!

Was für ein Film ist das? / Was für eine Arbeit hast du?

영 What kind of film is it?
'그것은 어떤 종류의 영화니?'

▸ Was für ein Film ist das?
↓
뒤에 온 남성명사 Film은
동사 ist의 주격 보어
→ 남성 1격 ein

〈주의〉 für를 4격 전치사로 오해하여
남성 4격 "Was für einen Film ..."은 틀림!

영 What kind of job do you have?
'너는 어떤 종류의 일을 가지고 있니?'

▸ Was für eine Arbeit hast du?
↓
뒤에 온 여성명사 Arbeit는
동사 hast의 4격 목적어!
→ 여성 4격 eine

연습문제

✔ 의문사 welch- 및 was für ein-의 올바른 형태는?

1. Ich lese ein interessantes Buch. - Was für ein__ Buch ist das?

2. Welch__ Farbe magst du? - Ich mag helle Farben.

3. Was für ein__ Blumen willst du ihr schenken? - Rote Rosen.

4. In welch__ Zimmer kann er schlafen? - Er kann in diesem Zimmer schlafen.

5. Ich suche einen neuen Computer. - Was für ein__ Computer brauchen Sie?

6. Fährst du mit dem Bus? Welch__ Bus nimmst du?
   - Ich nehme den Bus Nummer 5.

정답 · 해설

1. Ich lese ein interessantes Buch. - Was für ein_ Buch ist das?
   영 I'm reading an interesting book. - What kind of book is it?
   '나는 재미있는 책을 한 권 읽고 있어.' - '그것은 어떤 종류의 책인데?'

2. Welche Farbe magst du? - Ich mag helle Farben.
   영 Which color do you like? - I like light colors.
   '너는 어떤 색깔을 좋아하니?' - '나는 밝은 색들을 좋아해.'

3. Was für Blumen* willst du ihr schenken? - Rote Rosen.
   영 What kind of flowers do you want to give her? - Red roses.
   '너는 어떤 종류의 꽃들을 그녀에게 선물하려고 하니?' - '붉은 장미들이야.'
   * 복수명사 Blumen 앞에 "ein-" 생략! → "Was für ~~ein~~ Blumen"!

4. In welchem Zimmer kann er schlafen? - Er kann in diesem Zimmer schlafen.
   영 Which room can he sleep in? - He can sleep in this room.
   '어떤 방에서 그가 잠잘 수 있지?' - '그는 이 방에서 잠잘 수 있어.'

5. Ich suche einen neuen Computer. - Was für einen Computer brauchen Sie?
   영 I'm looking for a new computer. - What kind of computer do you need?
   '나는 새 컴퓨터를 구하고 있어요.' - '당신은 어떤 종류의 컴퓨터를 필요로 하시나요?'

6. Fährst du mit dem Bus? Welchen Bus nimmst du? - Ich nehme den Bus Nummer 5.
   영 Will you go by bus? Which bus will you take? - I'll take the number 5 bus.
   '너는 버스로 가니? 너는 어떤 버스를 타니?' - '나는 5번 버스를 타.'

69. 지시대명사 (1) : 지시대명사 der, die, das ...

[영어]

영어 인칭대명사 **he**, **she**, **it**, **they** ⇒ 앞에 나온 명사를 받음!

Where is *Thomas*? - He is at home. '어디에 Thomas가 있니?' - '그는 집에 있어.'

[독일어]

독일어 인칭대명사 **er** (영 he), **sie** (영 she), **es** (영 it), **sie** (영 they) ⇒ **영어처럼** 앞에 나온 명사를 받음!

Wo ist *Thomas*? - Er ist zu Hause. 영 Where is *Thomas*? - He is at home.

영어와 달리 독일어에는 정관사 형태의 지시대명사 **der**, **die**, **das** ...가 있다.

이들 역시 인칭대명사 er, sie, es처럼 앞에 나온 명사를 받을 수 있다.

Wo ist *Thomas*? - Der ist zu Hause. 영 Where is *Thomas*? - He is at home.

> 지시대명사 **der**, **das**, **die** ... ⇒ 앞에 나온 명사를 받음!
>
> 〈주의〉 정관사 **d-**와 형태가 동일한 점에 주의할 것!
>
> 정관사 der, die, das ...의 경우, 바로 뒤에 명사가 오는 점이 다르다!
>
> Der ist zu Hause. ↔ Der Mann ist zu Hause.
>
> ↳ 지시대명사 (뒤에 명사 없음!) ↳ 정관사 (뒤에 명사 "Mann" 있음!)

Kennst du den Mann? - Nein, ich kenne den nicht.

영 Do you know the man? - No, I don't know him.

'너는 그 남자를 아니?' - '아니, 나는 그를 알지 못해.'

▸ ... *den Mann*? - ... ich kenne den ...

↓

앞에 나온 남성명사 Mann을 받으며, 동사 kenn*e*의 4격 목적어

→ 남성 4격 d*en*

〈참고 1〉 지시대명사 **den** ⇒ "**den** (Mann)"의 축약형으로 볼 수 있다!

〈참고 2〉 **den** 대신 인칭대명사 **ihn**(영 him)도 가능 : ... ich kenne ihn nicht.

Wo ist dein Auto? - Das steht vor dem Haus.

영 Where is your car? - It is standing in front of the house.

'너의 자동차는 어디에 있니?' - '그것은 집 앞에 서 있어.'

▸ ... *dein Auto*? - Das steht ...

↓

앞에 나온 중성명사 Auto를 받으며, 문장의 주어

→ 중성 1격 d*as*

〈참고 1〉 지시대명사 **Das** ⇒ "**Das** (Auto)"의 축약형으로 볼 수 있다!

〈참고 2〉 **Das** 대신 인칭대명사 **es**(영 it)도 가능 : ... Es steht vor dem Haus.

Diese Lampe ist sehr schön. Ich nehme die.

영 This lamp is very beautiful. I'll take it.

'이 전등은 매우 예뻐. 나는 이것을 택하겠어.'

▸ *Diese Lampe* ist ... Ich nehme die

↓

앞에 나온 여성명사 Lampe를 받으며, 동사 nehm*e*의 4격 목적어

→ 여성 4격 die

〈참고 1〉 지시대명사 **die** ⇒ "**die** (Lampe)"의 축약형으로 볼 수 있다!

〈참고 2〉 **die** 대신 인칭대명사 **sie**('그녀' 영 she)도 가능 : ... ich nehme sie.

Was machen die Kinder? - Die spielen hinter dem Haus.

영 What are the children doing? - They are playing behind the house.

'그 아이들은 무엇을 하고 있니?' - '그들은 집 뒤에서 놀고 있어.'

▸ ... *die Kinder*? - Die spielen ...

↓

앞에 나온 복수명사 Kind*er*를 받으며, 문장의 주어 → 복수 1격 Die

〈참고 1〉 지시대명사 **Die** ⇒ "**Die** (Kind*er*)"의 축약형으로 볼 수 있다!

〈참고 2〉 **Die** 대신 인칭대명사 **sie**('그들' 영 they)도 가능 : ... Sie spielen hinter dem Haus.

[영어/독일어]

영어의 **this**, **that** ⇒ 앞 문장 내용 전체 혹은 일부를 받음!

Where is Thomas? - I don't know that. '어디에 Thomas가 있니?' - '나는 그것을 몰라.'

독일어의 경우, 지시대명사 **das**가 이 용법을 지닌다.

지시대명사 **das** ⇒ 앞 문장 내용 전체 혹은 일부를 받음! 〈참고〉 중성 인칭대명사 **es** (영 it) 역시 이 용법을 지님!

Wo ist Thomas? - Das weiß ich nicht.

영 Where is Thomas? - I don't know that.

'어디 Thomas가 있지?' - '그것을 나는 알지 못해.'

▸ Wo ist Thomas? - Das weiß ich ...

↓

앞 문장 내용 전체를 받음!

〈참고〉 지시대명사 **Das** 대신 인칭대명사 **es**도 가능 : ... Ich weiß es nicht.

연습문제

빈 칸에 올 수 있는 인칭대명사(er, sie, es ...) 및 지시대명사(der, die, das ...)는?

1. Mögen Sie diese Musik? - Ja, ich höre ______ oft.

2. Wann kommt dein deutscher Freund? - ______ kommt morgen.

3. Die arme Frau lebt allein. Ich helfe ______ manchmal.

4. Ich kenne einen netten Musiker. Ich möchte ______ auch einladen.

빈 칸에 알맞은 지시대명사(der, die, das ...)는?

5. Wem gehört dieses schöne Auto? - ______ gehört meinem Vater.

6. Wo ist Maria? - ______ lernt jetzt in der Bibliothek.

7. Was willst du deinem Sohn schenken? - ______ gebe ich ein Buch.

8. Lieben Sie Ihre Kinder? - Ja, ich liebe ______ sehr.

9. Kannst du den Satz erklären? - Nein, ______ kann ich nicht erklären.

ⓐ ~ ⓒ 중에서 밑줄 친 지시대명사 das가 앞 문장 내용 전체를 가리키는 경우는?

ⓐ Ich habe jetzt kein Geld. - Das ist nicht wichtig.

ⓑ Das Wasser ist nicht sauber. Trink das nicht!

ⓒ Warum kommt er nicht zurück? - Das verstehe ich auch nicht.

1. Mögen Sie diese Musik? - Ja, ich höre **sie/die** oft.

   영 Do you like this music? - Yes, I often listen to it.
   '당신은 이 음악을 좋아하시나요?' - '예, 저는 그것을 자주 들어요.'

2. Wann kommt dein deutscher Freund? - **Er/Der** kommt morgen.

   영 When will your German friend come? - He'll come tomorrow.
   '언제 너의 독일 친구가 오니?' - '그는 내일 와.'

3. Die arme Frau lebt allein. Ich helfe **ihr/der** manchmal.

   영 The poor woman lives alone. I sometimes help her.
   '그 불쌍한 여자는 혼자 산다. 나는 가끔씩 그녀를 돕는다.'

4. Ich kenne einen netten Musiker. Ich möchte **ihn/den** auch *ein*laden.

   영 I know a friendly musician. I would like to invite him, too.
   '나는 한 친절한 음악가를 알아. 나는 그도 초대하고 싶어.'

5. Wem gehört dieses schöne Auto? - **Das** gehört meinem Vater.

   영 Who does this beautiful car belong to? - It belongs to my father.
   '이 멋진 차는 누구 것이니?' - '그것은 나의 아버지 것이야.'

6. Wo ist Maria? - **Die** lernt jetzt in der Bibliothek.

   영 Where is Maria? - She's studying in the library now.
   '마리아가 어디 있니?' - '그녀는 지금 도서관에서 공부해.'

7. Was willst du deinem Sohn schenken? - **Dem** gebe ich ein Buch.

   영 What do you want to give your son? - I'll give him a book.
   '너는 너의 아들에게 무엇을 선물하려고 하니?' - '나는 그에게 책을 줄 거야.'

8. Lieben Sie Ihre Kind***er***? - Ja, ich liebe **die** sehr.

   영 Do you love your children? - Yes, I love them very much.
   '당신은 당신의 아이들을 사랑하시나요? - '예, 저는 그들을 매우 사랑해요.'

9. Kannst du den Satz erklären? - Nein, **den** kann ich nicht erklären.

   영 Can you explain the sentence? - No, I cannot explain it.
   '너는 그 문장을 설명할 수 있니?' - '아니, 그것을 나는 설명할 수 없어.'

정답 : ⓐ, ⓒ

ⓐ Ich habe jetzt kein Geld. - **Das** ist nicht wichtig.

영 I have no money now. That is not important. '나는 지금 돈이 없어.' - '그것은 중요하지 않아.'

ⓑ Das Wasser ist nicht sauber. Trink **das** nicht!

영 The water is not clean. Don't drink it. '그 물은 깨끗하지 않아. 그것을 마시지 마.'

ⓒ Warum kommt er nicht zurück? - **Das** verstehe ich auch nicht.

영 Why doesn't he come back? - I don't understand that either.
'그는 왜 돌아오지 않지?' - '나도 그것을 이해하지 못하겠어.'

70. 지시대명사 (2) : damit, darauf ... "da(r)- + 전치사"의 형태, 용법

[영어]

I have *a brother*. This book is for him. ⇒ '사람'을 받는 인칭대명사 him이 전치사 for와 함께 옴!
I have *a plan*. This money is for it. ⇒ '사물'을 받는 인칭대명사 it이 전치사 for와 함께 옴!
이와 같이 영어의 경우는, 인칭대명사가 '사람'을 받든, 아니면 '사물'을 받든, 그 어떤 경우라도 전치사와 함께 올 수 있다.

[독일어]

독일어의 경우는 영어와 차이를 보인다.

(1) '사람'을 받는 대명사 ⇒ 영어처럼 전치사와 함께 올 수 있다.
Ich habe *einen Bruder*. Dieses Buch ist für ihn. 영 I have *a brother*. This book is for him.

(2) '사물'을 받는 대명사 ⇒ 영어와 달리 전치사와 함께 올 수 없다.
이 경우는 반드시 "da- + 전치사" 형태이다!
Ich habe *einen Plan*. Dieses Geld ist dafür . 영 I have *a plan*. This money is for it.
↓
"für ihn"은 틀림!

> '사물'을 받는 대명사가 전치사와 결합할 경우 ⇒ "da- + 전치사"
> dafür '그것을 위해' (영 for it) / damit '그것을 가지고' (영 with it)
>
> ※ auf, in ...처럼 전치사가 모음으로 시작할 경우 ⇒ "dar- + 전치사"
> darauf '그것 위에' (영 on it) / darin '그것 안에' (영 in it)

Ich habe ein neues Auto. - Bist du damit zufrieden?

영 I have a new car. - Are you satisfied with it?
'나는 새 차를 가지고 있어.' - '너는 그것에 만족하니?'

▸ ... *ein neues Auto* - ... damit zufrieden?
↓
앞에 나온 "... Auto"를 받는 대명사 es(혹은 das)가 전치사 mit와 결합한 형태!
즉, '사람'이 아닌 '사물'을 받는 경우이므로 → "da- + 전치사" 형태인 damit!

Kommst du zur Party? - Nein, ich habe keine Zeit dafür.

영 Will you come to the party? - No, I have no time for this.
'너는 파티에 오니?' - '아니, 나는 그것을 위한 시간이 없어.'

▸ *Kommst du zur Party?* - ... keine Zeit dafür
↓
앞 문장 전체 내용을 받는 대명사 das(혹은 es)가 전치사 für와 결합한 형태!
즉, '사람'을 받는 경우가 아니므로 → "da- + 전치사" 형태인 dafür!

연습문제

✔ 주어진 문맥을 고려할 때 빈 칸에 알맞은 "da- + 전치사" 형태는?

1. Ich gebe dir dieses Buch. - Ich danke dir ______!

2. Wann kommt das Paket? - Das weiß ich nicht. Ich warte auch ______.

3. Er nimmt sein Bierglas und trinkt ______.

4. Gib mir bitte etwas Geld! - Was willst du ______ machen?

5. Ich kann nicht ins Konzert gehen. ______ habe ich keine Zeit.

6. Mein Freund liebt sein Auto. Er redet oft ______.

정답 · 해설

1. Ich gebe dir dieses Buch. - Ich danke dir dafür!
   - 영 I give you this book. - Thank you for that!
   - '나는 너에게 이 책을 줄게.' - '그렇게 해주는 것 고마워.'
2. Wann kommt das Paket? - Das weiß ich nicht. Ich warte auch darauf.
   - 영 When does the package come? - I don't know that. I'm waiting for it, too.
   - '언제 소포가 오니?' - '그것을 나는 몰라. 나 역시 그것을 기다려.'
3. Er nimmt sein Bierglas und trinkt daraus
   - 영 He takes his beer glass and drinks from it.
   - '그는 자신의 맥주잔을 집고 그것으로부터 마신다.'
4. Gib mir bitte etwas Geld! - Was willst du damit machen?
   - 영 Please give me some money. - What do you want to do with it?
   - '나에게 약간의 돈을 줘.' - '너는 그것을 가지고 무엇을 하려고 하니?'
5. Ich kann nicht ins Konzert gehen. Dafür habe ich keine Zeit.
   - 영 I cannot go to the concert. I have no time for that.
   - '나는 음악회에 갈 수 없어. 그것을 위해서는 나는 시간이 없어.'
6. Mein Freund liebt sein Auto. Er redet oft darüber.
   - 영 My friend loves his car. He often talks about it.
   - '나의 친구는 자신의 자동차를 사랑한다. 그는 자주 그것에 대하여 이야기한다.'

71. 지시대명사 (3) : 지시대명사 dies- 및 jen-의 형태, 용법

[영어]

this / that ⇒ 뒤에 명사와 함께 혹은 명사 없이 사용!

This man ... '이 남자 ...' / That man ... '저 남자 ...'

Take this or that. '이것 혹은 저것을 선택하세요.'

[독일어]

dies-(영 this) / jen-(영 that) ⇒ 영어처럼 뒤에 명사와 함께 혹은 명사 없이 사용!
그러나 영어와 달리 어미변화 한다!

Dieser Mann ... / Jener Mann ... 영 This man ... / That man ...

Nehmen Sie dieses oder jenes! 영 Take this or that.

> 「dies- + 명사」 '이 ...' (영 this ...) ; 「jen- + 명사」 '저 ...' (영 that ...)
>
> ※ dies-, jen- ⇒ 정관사 d- 어미변화!

Dieser Film ist langweilig.

영 This movie is boring. '이 영화는 지루하다.'

▸ Dieser Film ist ...
↓
뒤에 남성명사 Film이 오며, 문장의 주어
→ 남성 1격 정관사 der 어미변화 하여 Dieser

Ich nehme jene Lampe.

영 I'll take that lamp. '나는 저 램프를 택하겠어.'

▸ ... nehme jene Lampe
↓
뒤에 여성명사 Lampe가 오며, 동사 nehme의 4격 목적어
→ 여성 4격 정관사 die 어미변화 하여 jene

Welches Auto ist besser, dieses oder jenes?

영 Which car is better, this or that? '어떤 차가 더 좋을지, 이것 아니면 저것?'

▸ ... dieses oder jenes?
여기서 dies- 및 jen-은 뒤에 명사 없이 홀로 옴.
내용상 앞에 나온 중성명사 Auto를 받으며, 주어인 "Welches Auto"와 동격!
→ 중성 1격 정관사 das 어미변화 하여 각각 dieses 및 jenes

연습문제

빈 칸에 올바른 어미는?

1. Für wen sind dies__ Blumen? - Für meine Freundin.

2. Wie hoch ist jen__ Berg? - Ich weiß nicht genau.

3. Welch__ Mantel möchtest du haben, dies__ oder jen__?

4. Du sollst dies__ koreanisch__ Musik hören. D__ ist sehr schön.

5. Dies__ Fahrrad gehört mir und jen__ dort meinem Bruder.

6. Wir müssen dies__ klein__ Kind helfen.

정답 · 해설

1. Für wen sind dies**e** Blume***n***? - Für meine Freundin.
   - 영 Who are these flowers for? - For my girlfriend.
   - '이 꽃들은 누구를 위한 것이지?' - '나의 여자 친구를 위한 것이야.'

2. Wie hoch ist jen**er** Berg? - Ich weiß nicht genau.
   - 영 How high is that mountain? - I don't know exactly.
   - '저 산은 얼마나 높니?' - '나는 정확히 알지 못해.'

3. Welch**en** Mantel möchtest du haben, dies**en** oder jen**en**?
   - 영 Which coat would you like to have, this one or that one?
   - '너는 어떤 외투를 갖고 싶니? 이것 혹은 저것?'

4. Du sollst dies**e** koreanisch**e** Musik hören. D**ie** ist sehr schön.
   - 영 You should listen to this Korean music. It is very beautiful.
   - '너는 이 한국 음악을 들어봐야 해. (= 나는 네가 이 한국 음악을 들었으면 좋겠어.) 그것은 매우 아름다워.'

5. Dies**es** Fahrrad gehört mir und jen**es** dort meinem Bruder.
   - 영 This bicycle belongs to me and that one belongs to my brother.
   - '이 자전거는 내 것이고, 저기 저것은 내 남동생 것이야.'

6. Wir müssen dies**em** klein**en** Kind helfen.
   - 영 We must help this little child.
   - '우리는 이 작은 아이를 도와주어야 한다.'

72. 부정대명사 & 부정수사 (1) : 부정대명사 einer, eine, eins ...

[영어/독일어]

He has *a sister* and I have one, too. '그는 여자 형제를 가지고 있으며, 나 역시 한 명 가지고 있다'

I need *a pen*. Do you have one? '나는 펜이 필요해. 너는 하나 가지고 있니?'

밑줄 친 one은 앞에 나온 명사를 받으며, 정해지지 않은 임의의 대상 '하나'를 뜻하는 부정대명사이다.

이에 해당하는 독일어 부정대명사는 einer, eine, eins ...이다.

> 부정대명사 einer, eine, eins ... '... 하나' (영 one) :
>
> 영어처럼 독일어 부정대명사 ein- 역시 앞에 나온 명사를 받으며,
> 정해지지 않은 임의의 대상 '하나'를 뜻한다.
> 그러나 영어와 달리 독일어 부정대명사 ein-은 어미변화 한다!
>
> 〈주의〉 부정관사 ein-과 형태가 동일한 점에 주의할 것!
> 부정관사 ein, eine, ein*en* ...의 경우, 바로 뒤에 명사가 오는 점이 다르다!
>
> Ich habe eine. ↔ Ich habe eine Tochter.
>
> ↓ 부정대명사 (뒤에 명사 없음!) ↔ ↓ 부정관사 (뒤에 명사 "Tochter" 있음!)

Er hat eine Schwester und ich habe auch eine.

영 He has a sister and I have one, too.

'그는 여자 형제가 있으며, 나 역시 하나 있다.'

▸ ... eine *Schwester* und ... habe ... eine

↓

앞에 나온 여성명사 Schwester를 받으며, 동사 hab*e*의 4격 목적어

→ 여성 4격 eine

〈참고〉 여기서 부정대명사 eine ⇒ "eine (Schwester)"의 축약형으로 볼 수 있다.

즉, ... ich habe auch eine Schwester

Ich brauche einen Stift. Hast du einen?

영 I need a pen. Do you have one? '나는 펜이 하나 필요해. 너는 하나 가지고 있니?'

▸ ... einen *Stift*. Hast du einen ?

↓

앞에 나온 남성명사 Stift를 받으며, 동사 Hast의 4격 목적어

→ 남성 4격 einen

〈참고〉 여기서 부정대명사 einen ⇒ "einen (Stift)"의 축약형으로 볼 수 있다!

즉, Hast du einen Stift?

※ 부정대명사 **ein-** ⇒ 대부분 부정관사 **ein-**과 형태가 동일하지만
다음 두 경우는 예외이므로 주의!

부정대명사 **남성 1격**은 **ein*er*** 〈주의〉 부정관사 남성 1격은 **ein**임!

부정대명사 **중성 1, 4격**은 **ein*s*** 〈주의〉 부정관사 중성 1, 4격은 **ein**임!

Ich suche einen Stift. - Hier ist einer.

영 I'm looking for a pen. - Here is one.
'나는 펜을 하나 찾고 있어.' - '여기 하나 있어.'

▸ ... einen *Stift*. - ... ist einer
↓
앞에 나온 남성명사 Stift를 받으며, 동사 ist의 주어
→ 남성 1격 einer

〈참고〉 남성 1격 부정관사는 ein_이다 : Hier ist ein Stift.

Ist hier ein Restaurant? - Dort drüben ist eins.

영 Is there a restaurant here? - There is one over there.
'여기 식당이 하나 있나요?' - '저기 건너편에 하나 있어요.'

▸ ... ein *Restaurant*? - ... ist eins
↓
앞에 나온 중성명사 Restaurant을 받으며, 동사 ist의 주어
→ 중성 1격 eins

〈참고〉 중성 1격 부정관사는 ein_이다 : Dort drüben ist ein Restaurant.

Er hat ein Auto. Hast du auch eins?

영 He has a car. Do you have one, too?
'그는 차가 한 대 있어. 너 역시 하나 있니?'

▸ ... ein *Auto*. - Hast du ... eins ?
↓
앞에 나온 중성명사 Auto를 받으며, 동사 Hast의 4격 목적어
→ 중성 4격 eins

〈참고〉 중성 4격 부정관사는 ein_이다 : Hast du auch ein Auto?

연습문제

주어진 낱말을 사용하여 〈보기〉의 형식을 완성하시오.

〈보기〉 Ich habe ____________. Hast du auch ________?

1. Schwester ⇒ Ich habe **eine Schwester**. Hast du auch **eine**?
2. Sohn ⇒ ______________________________
3. Tochter ⇒ ______________________________
4. Fahrrad ⇒ ______________________________

주어진 낱말을 사용하여 〈보기〉의 대화 형식을 완성하시오.

〈보기〉 Ich suche ____________. - Hier ist ______.

5. Stift ⇒ Ich suche **einen Stift**. - Hier ist **einer**.
6. Tasche ⇒ ______________________________
7. Ball ⇒ ______________________________
8. Foto ⇒ ______________________________

부정대명사 ein-의 올바른 형태는?

9. Isst du gern Bananen? Ich gebe dir ein__.

10. Wir müssen jetzt ein Taxi nehmen. - Da vorne steht ein__.

11. Hast du keinen Hund? - Nein, aber ich möchte ein__ haben.

12. Wo ist hier eine Bäckerei? - Da drüben hinter der Bank ist ein__.

13. Wer hat noch Fragen? - Ich habe ein__.

14. Ich habe einige gute Freunde. Thomas ist ein__ von ihnen.

1. Ich habe *eine* Schwester. Hast du auch *eine*?
   - 영 I have a sister. Do you have one, too? '나는 여자 형제가 하나 있어. 너도 있니?'
2. Ich habe *einen* Sohn. Hast du auch *einen*?
   - 영 I have a son. Do you have one, too? '나는 아들이 하나 있어. 너도 있니?'
3. Ich habe *eine* Tochter. Hast du auch *eine*?
   - 영 I have a daughter. Do you have one, too? '나는 딸이 하나 있어. 너도 있니?'
4. Ich habe ein Fahrrad. Hast du auch *eins*?
   - 영 I have a bicycle. Do you have one, too? '나는 자전거가 하나 있어. 너도 있니?'

5. Ich suche *einen* Stift. - Hier ist *einer*.
   - 영 I'm looking for a pen. - Here is one. '나는 펜을 하나 찾고 있어.' - '여기에 하나 있어.'
6. Ich suche *eine* Tasche. - Hier ist *eine*.
   - 영 I'm looking for a handbag. - Here is one. '나는 가방을 하나 찾고 있어.' - '여기에 하나 있어.'
7. Ich suche *einen* Ball. - Hier ist *einer*.
   - 영 I'm looking for a ball. - Here is one. '나는 공을 하나 찾고 있어.' - '여기에 하나 있어.'
8. Ich suche ein Foto. - Hier ist *eins*.
   - 영 I'm looking for a photograph. - Here is one. '나는 사진을 하나 찾고 있어.' - '여기에 하나 있어.'

9. Isst du gern Banane***n***? Ich gebe dir eine.
   - 영 Do you like to eat bananas? I give you one. '너는 바나나를 즐겨 먹니? 내가 너에게 하나 줄게.'
10. Wir müssen jetzt ein Taxi nehmen. - Da vorne steht eins.
    - 영 We must take a taxi now. - One is standing there in the front.
      '우리는 지금 택시를 타야 해.' - '저기 앞에 하나가 서 있어.'
11. Hast du keinen Hund? - Nein, aber ich möchte einen haben.
    - 영 Don't you have a dog? - No, but I'd like to have one.
      '너는 개가 없니?' - '응, 하지만 나는 하나 갖고 싶어.'
12. Wo ist hier eine Bäckerei? - Da drüben hinter der Bank ist eine.
    - 영 Where is a bakery around here? - One is behind the bank over there.
      '여기 어디에 제과점이 있지?' - '저기 건너편 은행 뒤에 하나 있어.'
13. Wer hat noch Frage***n***? - Ich habe eine.
    - 영 Who still has questions? - I have one. '누가 아직 질문이 있나요?' - '제가 하나 있어요.'
14. Ich habe einige gute Freunde. Thomas ist einer von ihnen.
    - 영 I have a few good friends. Thomas is one of them.
      '나는 몇몇 좋은 친구들을 가지고 있어. 토마스가 그들 중의 하나야.'

73. 부정대명사 & 부정수사 (2) : 부정대명사 keiner, keine, keins ...

[영어/독일어]

Do you have *a bicycle*? - No, I have none. '너는 자전거가 있니?' - '아니, 나는 하나도 없어.'
이와 같이 영어의 경우, 부정대명사 one('하나')의 부정어로서 none('아무(것)도 ... 않다')이 있다.
영어 부정대명사 none에 해당하는 독일어 부정대명사는 keiner, keine, keins ...이다.

> 부정대명사 keiner, keine, keins ... '아무것도 ... 않다' (영 none ; ... not one ...)
>
> ※ 부정대명사 kein- ⇒ 부정대명사 ein-과 동일한 어미변화!

Brauchen Sie einen Stift? - Nein, ich brauche keinen.

영 Do you need a pen? - No, I don't.
'당신은 펜을 필요로 하시나요?' - '아니오, 저는 하나도 필요하지 않아요.'

▸ ... einen *Stift*? - ... brauche keinen
↳ 앞에 나온 남성명사 Stift를 받으며, 동사 brauch*e*의 4격 목적어임!
→ 남성 4격 keinen

〈참고〉 여기서 keinen은 ⇒ "keinen (Stift)"의 축약형으로 볼 수 있다 : ... ich brauche keinen Stift.

Er hat ein Auto, aber ich habe keins.

영 He has a car, but I have none. '그는 자동차가 한 대 있지만, 나는 없다.'

▸ ... ein *Auto* ... habe keins
↳ 앞에 나온 중성명사 Auto를 받으며, 동사 hab*e*의 4격 목적어임!
→ 중성 4격 keins

〈참고〉 여기서 keins는 ⇒ "kein (Auto)"의 축약형으로 볼 수 있다 : ... ich habe kein Auto.

> einer '누군가' (영 someone, somebody)
>
> keiner '아무도 ... 않다' (영 no one, nobody)
>
> 〈주의〉 남성 어미 -er이지만 '남자'가 아니라 불특정 개인 혹은 일반적인 사람을 뜻함!

Draußen steht einer. / Keiner ist perfekt.

영 Someone is standing outside.
'밖에 누군가가 서 있다.'

영 No one is perfect.
'아무도 완벽하지 않다.'

연습문제

주어진 낱말을 사용하여 〈보기〉의 형식을 완성하시오.

〈보기〉 Er hat ____________, aber ich habe ________.

1. Auto ⇒ Er hat **ein Auto**, aber ich habe **keins**.
2. Sohn ⇒ ____________
3. Tochter → ____________
4. Haus ⇒ ____________

부정대명사 ein- 및 kein-의 올바른 형태는?

5. Da kommt ein__. Kennst du ihn?
6. Wer schläft hier? - Kein__ will hier schlafen.

정답 · 해설

1. Er hat **ein** Auto, aber ich habe **keins**.
   영 He has a car, but I have none. '그는 자동차가 한 대 있지만, 나는 없다.'
2. Er hat **ein*en*** Sohn, aber ich habe **kein*en***.
   영 He has a son, but I have none. '그는 아들이 하나 있지만, 나는 없다.'
3. Er hat **ein*e*** Tochter, aber ich habe **kein*e***.
   영 He has a daughter, but I have none. '그는 딸이 하나 있지만, 나는 없다.'
4. Er hat **ein** Haus, aber ich habe **keins**.
   영 He has a house, but I have none. '그는 집이 한 채 있지만, 나는 없다.'

5. Da kommt ein**er**. Kennst du ihn?
   영 Someone is coming. Do you know him?
   '저기 누군가 온다. 너는 그를 아니?'
6. Wer schläft hier? - Kein**er** will hier schlafen.
   영 Who will sleep here? - No one wants to sleep here.
   '누가 여기서 잠잘 건가?' - '누구도 여기서 잠자려 하지 않아.'

74. 부정대명사 & 부정수사 (3) : 부정대명사 man

[영어/독일어]

One learns from one's mistakes. '사람은 자신의 실수로부터 배운다.'
We need love. '우리는 사랑을 필요로 한다.'
You only live once. '너는 단지 한번 살 뿐이야.'

밑줄 친 주어 one, we, you는 특정인이 아니라 일반적인 사람(들)을 뜻하는 부정대명사이다!
이에 해당하는 독일어 부정대명사는 man이다.

> 부정대명사 man '사람들은, 우리는, 너는' (영 one, people, we, you, they)
>
> ※ man은 항상 주어이며, 단수 3인칭 er의 성격을 지닌다.

〈주의〉 남성명사 Mann(영 man)과 혼동하지 않도록 주의!

Man lernt aus seinen Fehlern.

영 One learns from one's mistakes. '사람은 자신의 실수로부터 배운다.'

▸ Man lernt aus seinen Fehlern
주어 ↓ ↳ man은 er의 성격임. → 소유대명사 sein-
주어 man은 er의 성격임!
→ 어미 -t가 붙어 lernt

Man braucht Liebe.

영 We need love. '사람은 사랑을 필요로 한다.'

▸ Man braucht ...
주어 ↓
주어 man은 er의 성격임.
→ 어미 -t가 붙어 braucht

Man lebt nur einmal.

영 You only live once. '사람은 단지 한번 살 뿐이다.'

▸ Man lebt ...
주어 ↓
주어 man은 er의 성격임.
→ 어미 -t가 붙어 lebt

연습문제

✔ 부정대명사 man이 사용된 문장들이다. 주어진 동사의 올바른 형태는?

1. sagen : Wie ________ man das auf Deutsch?

2. fahren : Wir sind jetzt in England. Hier ________ man auf der linken Seite.

3. dürfen : Man ________ hier nicht parken.

4. können : ________ man hier kochen? - Ja, natürlich.

5. müssen : Am Sonntag ________ man nicht arbeiten.

6. sprechen : In Australien ________ man Englisch.

정답 · 해설

1. Wie **sagt** man das auf Deutsch?
   영 How do you say that in German?
   '그것을 독일어로 어떻게 말하지?'

2. Wir sind jetzt in England. Hier **fährt** man auf der linken Seite.
   영 We are in England now. One drives on the left side here.
   '우리는 지금 영국에 있어. 여기서는 사람들이 좌측 운행해.'

3. Man **darf** hier nicht parken.
   영 You must not park here.
   '여기에 주차해서는 안 된다.'

4. **Kann** man hier kochen? - Ja, natürlich.
   영 Can we cook here? - Yes, of course.
   '여기서 요리할 수 있나요?' - '예, 물론이지요.'

5. Am Sonntag **muss** man nicht arbeiten.
   영 You don't need to work on Sunday.
   '일요일에 우리는 일할 필요가 없다.'

6. In Australien **spricht** man Englisch.
   영 In Australia, one speaks English.
   '호주에서는 사람들이 영어를 사용한다.'

75. 부정대명사 & 부정수사 (4) : jemand / niemand ; etwas / nichts

[영어/독일어]

영어 someone / anyone ; somebody / anybody에 해당하는 독일어 낱말은 jemand
영어 no one / nobody에 해당하는 독일어 낱말은 niemand

jemand '누군가' (영 someone / somebody ; anyone / anybody)
niemand '아무도 ... 않다' (영 no one / nobody ; not ... anyone / anybody)
※ 3격 : jemandem / niemandem   4격 : jemanden / niemanden

Jemand wartet auf dich.

영 Someone is waiting for you.
'누군가가 너를 기다리고 있어.'

Er sucht jemanden.

영 He is looking for someone.
'그는 누군가를 찾고 있다.'

Niemand versteht mich.

영 Nobody understands me.
'아무도 나를 이해하지 못한다.'

Ich kenne niemanden hier.

영 I know no one here.
'나는 여기 아무도 알지 못해.'

[영어/독일어]

영어 something / anything에 해당하는 독일어 낱말은 etwas
영어 nothing에 해당하는 독일어 낱말은 nichts

etwas '뭔가' (영 something, anything)
nichts '아무것도 ... 않다' (영 nothing ; not ... anything)

Etwas ist nicht richtig.

영 Something is not right.
'뭔가가 올바르지 않아.'

Bitte trinken Sie etwas!

영 Please drink something.
'뭔가를 마시세요.'

Nichts ist ewig.

영 Nothing is forever.
'아무 것도 영원하지 않다.'

Ich höre nichts.

영 I hear nothing.
'나는 아무것도 들리지 않아.'

연습문제

1격? 혹은 3격? 아니면 4격? 밑줄 친 부정대명사의 격은?

1. Ist jemand zu Hause?
2. Niemand kommt zu uns.
3. Er wartet auf jemanden.
4. Jemand steht vor der Tür.
5. Niemand kann dir helfen.
6. Bist du mit jemandem hier?
7. Nichts ist unmöglich.
8. Er weiß nichts.
9. Ich habe etwas für dich.
10. Das ist nichts Neues.
11. Ich möchte etwas Gutes essen.

정답 · 해설

1. Ist jemand zu Hause? ⇒ 1격!
   영 Is anybody home?
   '누군가 집에 있니?'
2. Niemand kommt zu uns. ⇒ 1격!
   영 No one comes to us.
   '아무도 우리에게 오지 않는다.'
3. Er wartet auf jemanden. ⇒ 4격!
   영 He's waiting for someone.
   '그는 누군가를 기다린다.'
4. Jemand steht vor der Tür. ⇒ 1격!
   영 Someone is standing in front of the door.
   '누군가가 문 앞에 서 있다.'
5. Niemand kann dir helfen. ⇒ 1격!
   영 Nobody can help you.
   '아무도 너를 도울 수 없어.'
6. Bist du mit jemandem hier? ⇒ 3격!
   영 Are you here with somebody?
   '너는 누군가와 함께 여기에 있니?'
7. Nichts ist unmöglich. ⇒ 1격!
   영 Nothing is impossible.
   '불가능한 것은 아무것도 없다.'
8. Er weiß nichts. ⇒ 4격!
   영 He knows nothing.
   '그는 아무것도 알지 못한다.'
9. Ich habe etwas für dich. ⇒ 4격!
   영 I have something for you.
   '나는 너를 위한 뭔가를 가지고 있어.'
10. Das ist nichts Neues*. ⇒ 1격!
    영 That is nothing new.
    '그것은 새로운 뭔가가 아니다.'
11. Ich möchte etwas Gutes* essen. ⇒ 4격!
    영 I would like to eat something good. '나는 뭔가 좋은 것을 먹고 싶어.'

* etwas, nichts가 형용사와 함께 올 경우 ⇒ 형용사는 뒤에 위치하며, 어미 -es (대문자 표기!)

76. 부정대명사 & 부정수사 (5) : all- / jed-

[영어/독일어]

영어의 all에 해당하는 독일어 낱말은 all- 〈주의〉 독일어 all-은 영어와 달리 어미변화!

「alle + 복수명사」 '모든 ...들' (영 all ...)
※ alle '모든 이들' (영 all) / alles '모든 것' (영 everything)

Alle Menschen sind gleich vor Gott.

영 All men are equal before God. '모든 사람들은 신 앞에서 동일하다.'

▸ Alle Menschen ...
↳ 「alle + 복수」 : Alle 뒤에 복수명사 Menschen이 옴!

Alle sind glücklich.

영 All are happy.
'모든 사람들이 행복하다.'

▸ Alle sind ...
↳ alle는 복수 취급! → 동사 sind

Alles ist möglich.

영 Everything is possible.
'모든 것이 가능하다.'

▸ Alles ist ...
↳ alles는 단수 취급! → 동사 ist

[영어/독일어]

영어의 every 혹은 each에 해당하는 독일어 낱말은 jed- 〈주의〉 독일어 jed-는 영어와 달리 어미변화!

「jed- + 단수명사」 '모든 ...' ; '각 ...' (영 every ; each) ※ jed-는 정관사 d- 어미변화!
※ jeder '모든 사람 ; 각자' (영 everyone, everybody ; each one)

Jedes Kind braucht eine Familie.

영 Every child needs a family. '모든 아이는 가정을 필요로 한다.'

▸ Jedes Kind ...
↓
「jed- + 단수」 : Jedes 뒤에 단수명사 Kind가 옴!
Kind는 중성이며, 이 문장의 주어임. → 중성 1격 정관사 das 어미변화 하여 Jedes

Jeder macht Fehler.

영 Everyone makes mistakes. '모든 사람은 실수들을 행한다.'

연습문제

✔ alles? 혹은 alle? 아니면 jeder? 빈칸에 알맞은 것은?

1. Man kann nicht ________ wissen.
2. Wir sind ________ gleich.
3. Danke für ________!
4. ________ sagt : „Das ist wunderbar!“
5. Du bist ________ für mich.
6. ________ wollen den neuen Film sehen.

✔ all-, jed-의 올바른 형태는?

7. Antworte bitte auf all__ Fragen!
8. Jed__ Mutter hat ein hübsches Kind.
9. Ich gehe jed__ Tag auf den Markt.
10. All__ Leute hier sind nett.
11. Jed__ Kind kennt ihn.
12. All__ Studenten lernen Englisch.

정답 · 해설

1. Man kann nicht alles wissen.
   영 You/We can't know everything.
   '사람들은 모든 것을 알 수는 없다.'
2. Wir sind alle gleich.
   영 We are all equal.
   '우리는 모두 동일하다.'
3. Danke für alles!
   영 Thank you for everything!
   '모든 것에 감사드려요!'
4. Jeder sagt : „Das ist wunderbar!“
   영 Everyone says, "That is wonderful!"
   '모든 이가 "그것은 훌륭하구나!"라고 말한다.'
5. Du bist alles für mich.
   영 You are everything to me.
   '너는 나에게 모든 것이다.'
6. Alle wollen den neuen Film sehen.
   영 Everyone wants to see the new movie.
   '모두가 그 새 영화를 보려고 한다.'
7. Antworte bitte auf alle Frage***n***!
   영 Please answer all questions.
   '모든 질문에 대답해라.'
8. Jede Mutter hat ein hübsches Kind.
   영 Every mother has a pretty child.
   '모든 어머니는 예쁜 아이를 가지고 있다.'
9. Ich gehe jeden Tag auf den Markt.
   영 I go to the market every day.
   '나는 매일 시장에 간다.'
10. Alle Leute hier sind nett.
    영 All the people here are nice.
    '이 곳의 모든 사람은 친절하다.'
11. Jedes Kind kennt ihn.
    영 Every child knows him.
    '모든 어린이가 그를 안다.'
12. Alle Student***en*** lernen Englisch.
    영 All students learn English.
    '모든 대학생들이 영어를 배운다.'

77. 부정대명사 & 부정수사 (6) : viel- / wenig-

[영어/독일어]

영어의 much / many에 해당하는 독일어 낱말은 viel- 〈주의〉 독일어 viel-은 영어와 달리 어미변화!

영어의 few / little에 해당하는 독일어 낱말은 wenig- 〈주의〉 독일어 wenig-는 영어와 달리 어미변화!

viel- '많은 ... , 많이' (영 many, much) ↔ wenig- '적은 ... , 적게' (영 few, little)

1. 셀 수 있는 명사

「viele + 복수」 '많은 ...' (영 many ...) ↔ 「wenige + 복수」 '적은 ...' (영 few ...)

2. 셀 수 없는 명사

「viel + 단수」 '많은 ...' (영 much ...) ↔ 「wenig + 단수」 '적은 ...' (영 little ...)

〈참고〉 셀 수 없는 명사 :

추상명사 ⇒ Zeit 시간 (영 time), Geld 돈 (영 money) ...

물질명사 ⇒ Wasser 물 (영 water), Milch 우유 (영 milk) ...

※ viele '많은 사람들' (영 many people) / vieles '많은 것' (영 many things)

Ich habe viele Freunde. ↔ Ich habe wenige Freunde.

영 I have many friends.
'나는 친구들이 많다.'

영 I have few friends.
'나는 친구들이 적다.'

Er hat viel Zeit. ↔ Er hat wenig Zeit.

영 He has much time.
'그는 시간이 많다.'

영 He has little time.
'그는 시간이 적다.'

Viele sind skeptisch.

영 Many people are skeptical.
'많은 이들이 회의적이다.'

▸ Viele sind ...
↓
viele는 복수 취급! → 동사 sind

Vieles ist neu.

영 Many things are new.
'많은 것이 새롭다.'

▸ Vieles ist ...
↓
vieles는 단수 취급! → 동사 ist

연습문제

✔ 부정대명사/부정수사 viel- 및 wenig-의 올바른 어미는?

1. Wie viel__ Geld brauchst du? ↔ Wie viel__ Kinder haben Sie?

2. Wie viel__ kostet das? ↔ Wie viel__ arbeiten hier?

3. Wir sollen viel__ Bücher lesen. ↔ Trinkst du viel__ Kaffee?

4. Wenig__ Leute denken so. ↔ Ich esse wenig__ Fleisch.

5. Am Sonntag schläft er viel__. ↔ Ich weiß wenig__ über ihn.

6. Viel__ ist nicht richtig. ↔ Viel__ haben noch keinen Beruf.

정답 · 해설

1. Wie viel_ Geld brauchst du? ↔ Wie viele Kinder haben Sie?
   - 영 How much money do you need?
     '너는 얼마나 많은 돈을 필요로 하니?'
   - 영 How many children do you have?
     '당신은 얼마나 많은 아이들이 있나요?'

2. Wie viel_ kostet das? ↔ Wie viele arbeiten hier?
   - 영 How much does it cost?
     '그것은 가격이 얼마인가요?'
   - 영 How many work here?
     '얼마나 많은 이들이 여기서 일하나요?'

3. Wir sollen viele Büch***er*** lesen. ↔ Trinkst du viel_ Kaffee?
   - 영 We should read many books.
     '우리는 많은 책들을 읽어야 한다.'
   - 영 Do you drink much coffee?
     '너는 커피를 많이 마시니?'

4. Wenige Leute denken so. ↔ Ich esse wenig_ Fleisch.
   - 영 Few people think so.
     '적은 사람들만이 그렇게 생각한다.'
   - 영 I eat little meat.
     '나는 고기를 적게 먹는다.'

5. Am Sonntag schläft er viel_. ↔ Ich weiß wenig_ über ihn.
   - 영 On Sunday he sleeps a lot.
     '일요일에 그는 잠을 많이 잔다.'
   - 영 I know little about him.
     '나는 그에 대해서 아는 바가 적다.'

6. Vieles ist nicht richtig. ↔ Viele haben noch keinen Beruf.
   - 영 Many things are not right.
     '많은 것들이 옳지 않다.'
   - 영 Many people have no job yet.
     '많은 사람들이 아직 직업이 없다.'

78. 부정대명사 & 부정수사 (7) : einig- / manch- / beid-

[영어/독일어]

영어의 **a few**, **some**, **both**에 해당하는 독일어 낱말은 각각 **einig-**, **manch-**, **beid-**

〈주의〉 독일어 einig-, manch-, beid-는 **영어와 달리** 어미변화!

> 「einige + 복수」 '몇몇 ...' (영 a few ... ; some ...)
> 「manche + 복수」 '어떤 ...들, 일부 ...들' (영 some ...)
> 「beide + 복수」 '두 ... , 양쪽 ...' (영 both ...)
>
> ※ 문맥에 따라 einige, manche, beide는 뒤에 명사 없이 홀로 올 수 있다!

Ich habe einige Freunde.

영 I have a few friends.

'나는 몇몇 친구들을 가지고 있다.'

▸ ... einige Freunde
↓
「einige + 복수」 : einige 뒤에 복수명사 Freunde가 옴!

Manche Tiere sind schlau.

영 Some animals are clever.

'일부 동물들은 영리하다.'

▸ Manche Tiere ...
↓
「manche + 복수」 : Manche 뒤에 복수명사 Tiere가 옴!

Beide Geschichten sind wahr.

영 Both stories are true.

'두 이야기는 사실이다.'

▸ Beide Geschichten sind ...
↓
「beide + 복수」 : Beide 뒤에 복수명사 Geschichten이 옴!

연습문제

1격? 혹은 4격? 밑줄 친 부분의 격은?

1. Einige Kinder spielen im Park. / Ich zeige dir einige Fotos.

2. Manche Vögel können nicht fliegen. / Manche Leute kenne ich nicht

3. Beide Mädchen haben blaue Augen. / Er will beide Bücher kaufen.

4. Alle möchten zur Party kommen, aber ich kann nur einige von ihnen einladen.

5. Manche fahren mit dem Bus und manche mit dem Zug.

6. Beide sind gute Freunde. Sie verstehen sich gut.

정답 · 해설

1. Einig*e* Kind*er* spielen im Park. ⇒ 1격!
   영 Some children are playing in the park.
   '몇몇 아이들이 공원에서 논다.'

   / Ich zeige dir einig*e* Foto*s*. ⇒ 4격!
   영 I'll show you a few photographs.
   '나는 너에게 몇몇 사진들을 보여 주겠어.'

2. Manch*e* Vögel können nicht fliegen. ⇒ 1격!
   영 Some birds cannot fly.
   '몇몇 새들은 날지 못한다.'

   / Manch*e* Leute kenne ich nicht. ⇒ 4격!
   영 I don't know some people.
   '몇몇 사람들은 내가 알지 못한다.'

3. Beid*e* Mädchen haben blaue Auge*n*. ⇒ 1격!
   영 Both girls have blue eyes.
   '그 두 소녀는 파란 눈을 가지고 있다.'

   / Er will beide Büch*er* kaufen. ⇒ 4격!
   영 He wants to buy both books.
   '그는 그 두 책을 사려고 한다.'

4. Alle möchten zur Party kommen, aber ich kann nur einig*e* von ihnen *ein*laden. ⇒ 4격!
   영 Everyone would like to come to the party, but I can invite only some of them.
   '모든 이들이 파티에 오고 싶어 하지만, 나는 단지 그들 중의 몇몇만을 초대할 수 있다.'

5. Manch*e* fahren mit dem Bus und manch*e* mit dem Zug. ⇒ 두 경우 모두 1격!
   영 Some go by bus and others by train.
   '몇몇은 버스를 타고 가며, 몇몇은 기차를 탄다.'

6. Beide sind gute Freund*e*. Sie verstehen sich gut. ⇒ 1격!
   영 Both are good friends. They understand each other well.
   '그 둘은 좋은 친구 관계이다. 그들은 서로서로를 잘 이해한다.'

79. 형용사 비교 (1) : 형용사의 원급, 비교급, 최상급

[영어]

1. 형용사 비교형 ⇒ 비교급 -er '더 ...한' / 최상급 -est '가장 ...한'
   fast '빠른' - faster '더 빠른' - fastest '가장 빠른'
   small '작은' - smaller '더 작은' - smallest '가장 작은'
2. 형용사가 3 음절 이상 ⇒ 비교급 more ... / 최상급 most ...
   interesting '재미있는' - more interesting '더 재미있는' - most interesting '가장 재미있는'

[독일어]

1. 형용사 비교형 ⇒ 비교급 -er '더 ...한' / 최상급 -st '가장 ...한'
   schnell '빠른' (영 fast) - schneller '더 빠른' - schnellst '가장 빠른'
   klein '작은' (영 small, little) - kleiner '더 작은' - kleinst '가장 작은'

   ※ 형용사 형태 -t, -d ⇒ 최상급은 -e- 추가하여 -est
   weit '넓은' (영 wide) - weiter - weitest
   wild '거친' (영 wild) - wilder - wildest

   ※ 1 음절 형용사의 모음이 a, o, u일 경우 ⇒ ä, ö, ü로 Umlaut!
   lang '긴' (영 long) - länger - längst
   alt '늙은' (영 old) - älter - ältest 〈주의〉 최상급 ältst 아님!
   groß '큰' (영 big, large) - größer - größt 〈주의〉 최상급 größst 아님!

2. 영어와 달리 형용사의 음절 수와 상관없이 항상 비교급 -er, 최상급 -st!
   interessant '흥미로운' (영 interesting) - interessanter - interessantest

[영어/독일어]

영어의 경우, 비교급 및 최상급이 불규칙적인 형용사들이 있다 :
good '좋은' - better - best / many, much '많은' - more - most
영어처럼 독일어 역시 비교급 및 최상급이 불규칙적인 형용사들이 있다.

비교급 및 최상급이 불규칙 :

gut '좋은' (영 good) - besser - best
viel, viele '많은' (영 much, many) - mehr - meist

연습문제

주어진 형용사의 비교급 및 최상급을 〈보기〉처럼 기술하시오.

〈보기〉 schnell - schnell***er*** - schnell***st***

jung - ________ - ________ / schwer - ________ - ________

neu - ________ - ________ / schön - ________ - ________

dick - ________ - ________ / teuer - ________ - ________

arm - ________ - ________ / reich - ________ - ________

kurz - ________ - ________ / stark - ________ - ________

kalt - ________ - ________ / viel(e) - ________ - ________

bekannt - ________ - ________ / wenig(e) - ________ - ________

freundlich - ________ - ________ / schwierig - ________ - ________

정답 · 해설

jung (영 young) - jüng***er*** - jüng***st*** / schwer (영 heavy) - schwer***er*** - schwer***st***

neu (영 new) - neu***er*** - neu***est****
* 형용사 neu는 철자 끝이 모음! ⇒ 최상급 -e- 첨가!

schön (영 beautiful) - schön***er*** - schön***st***

dick (영 thick) - dick***er*** - dick***st*** / teuer (영 expensive) - teur***er**** - teuer***st***
* 비교급에서 -e- 탈락! (teue***rer*** 아님!)

arm (영 poor) - ärm***er*** - ärm***st*** / reich (영 rich) - reich***er*** - reich***st***

kurz (영 short) - kürz***er*** - kürz***est*** / stark (영 strong) - stärk***er*** - stärk***st***

kalt (영 cold) - kält***er*** - kält***est*** / viel(e) (영 much, many) - mehr - meist

bekannt - bekannt***er*** - bekannt***est*** (영 known, famous) / wenig(e)* - wenig***er*** - wenig***st*** (영 little, few)
* 불규칙 형식도 가능 : wenig(e) - minder - mindest

freundlich - freundlich***er*** - freundlich***st*** (영 friendly) / schwierig - schwierig***er*** - schwierig***st*** (영 difficult)

80. 형용사 비교 (2) : 비교급 비교의 구조, 용법

[영어]

비교급 비교 : 「A ... 비교급 than B」 'A는 B보다 더 ...이다'

My mother is older than my father. '내 어머니는 내 아버지보다 나이가 더 많다.'
↓
동사 is의 형용사 보어!

He works faster than I. '그는 나보다 더 빨리 일한다.'
↓
동사 works를 수식하는 부사어!

I have a better idea. '나는 더 좋은 아이디어를 가지고 있다.'
↓
뒤의 오는 명사 idea를 수식!

[독일어]

독일어의 비교급 비교는 원칙적으로 **영어와 동일한** 형식을 보여준다.

> 비교급 비교 : 「A ... 비교급 als B」 'A는 B보다 더 ...이다'

Meine Mutter ist älter als mein Vater.

영 My mother is older than my father. '내 어머니는 내 아버지보다 나이가 더 많다.'

▸ ... ist älter als ...
↓
형용사 alt(영 old)의 비교급 älter → 동사 ist의 형용사 보어!

Er arbeitet schneller als ich.

영 He works faster than I. '그는 나보다 더 빨리 일한다.'

▸ ... arbeitet schneller als ...
↓
형용사 schnell(영 fast)의 비교급 schneller → 동사 arbeitet를 수식하는 부사어!

Ich habe eine bessere Idee.

영 I have a better idea. '나는 더 좋은 아이디어를 가지고 있다.'

▸ ... eine bessere Idee
↓
형용사 gut(영 good)의 비교급 besser → 뒤의 명사 Idee를 수식!
(형용사 어미변화 : eine bessere ...)

연습문제

✔ 주어진 형용사의 올바른 비교급 형태는?

1. gut : Er spricht Englisch ________ als ich.

2. teuer : Welches Auto ist ________, dieses oder jenes?

3. viel(e) : Eine Woche ist zu wenig Zeit! Wir brauchen ________.

4. langsam : Ich kann dich nicht verstehen. Du sollst ________ sprechen.

5. schwierig : Deutsch ist schwierig, aber Englisch ist noch ________.

6. alt, groß : Sein ________ Bruder hat ein ________ Zimmer als er.

정답 · 해설

1. Er spricht Englisch **besser** als ich.
   영 He speaks English better than me.
   '그는 영어를 나보다 더 잘 한다.'

2. Welches Auto ist teur**er**, dieses oder jenes?
   영 Which car is more expensive, this one or that one?
   '어떤 차가 더 비싸니, 이것 혹은 저것?'

3. Eine Woche ist zu wenig Zeit! Wir brauchen **mehr**.
   영 One week is too little time. We need more.
   '일주일은 너무 적은 시간이야! 우리는 더 많이 필요로 해.'

4. Ich kann dich nicht verstehen. Du sollst langsam**er** sprechen.
   영 I cannot understand you. You should speak more slowly.
   '나는 너를 이해할 수 없어. 너는 더 천천히 말했으면 좋겠어.'

5. Deutsch ist schwierig, aber Englisch ist noch schwierig**er**.
   영 German is difficult, but English is still more difficult.
   '독일어는 어렵다. 그러나 영어는 더욱더 어렵다.'

6. Sein **ält**er*er* Bruder hat ein gr**ö**ß**er***es* Zimmer als er.
   영 His older brother has a bigger room than me.
   '그의 형은 그보다 더 큰 방을 가지고 있다.'

81. 형용사 비교 (3) : 최상급 비교의 구조, 용법

[영어]

최상급 비교 : 「정관사 **the** + 최상급 + 명사」 '가장 ...한 ...'

He is **the best** teacher in our school. '그는 우리 학교에서 가장 좋은 선생님이다.'

[독일어]

최상급 비교 : 「정관사 **d-** + 최상급 + 명사」 '가장 ...한 ...'
↓
형용사 어미변화!

Er ist der beste Lehrer in unserer Schule.

영 He is the best teacher in our school.
'그는 우리 학교에서 가장 좋은 선생님이다.'

▸ ... ist **der beste** Lehrer ...
↓
형용사 gut(영 good)의 최상급 **best** → 뒤의 명사 Lehrer를 수식!

명사 Lehrer가 남성이며, 동사 ist의 주격 보어 → 남성 1격 정관사 d**er**
형용사 어미변화 : der best**e** ...

[영어/독일어]

영어와 달리 독일어의 경우, 독립적인 최상급 형식으로서 「**am** + 최상급 **-en**」이 빈번히 사용된다.

최상급 비교 : 「**am** + 최상급 **-en**」 [1] (동사 sein의 형용사 보어) '가장 ...한'
[2] (부사적 용법) '가장 ...하게'

Der Garten ist am schönsten im Sommer.

영 The garden is most beautiful in summer. '그 정원은 여름에 가장 아름답다.'

▸ ... ist **am** schönst**en** ...
↳ 「**am** + 최상급 **-en**」 : **am** schön***st*en** → 동사 ist의 형용사 보어!

Er singt am besten in seiner Klasse.

영 He sings best in his class. '그는 그의 학급에서 가장 잘 노래한다.'

▸ ... singt **am best**en ...
↳ 「**am** + 최상급 **-en**」 : **am** ***best*en** → 동사 singt를 수식하는 부사적 용법!

연습문제

형용사 gut의 올바른 최상급 형태는?

1. Dieses Auto ist das ____________.
2. Du bist mein ____________ Freund.
3. Wie kommt man am ____________ zum Bahnhof?

주어진 형용사의 올바른 최상급 형태는?

4. alt : Meine Schwester ist die ____________ von uns.
5. groß : Ich bin am ____________ in meiner Familie.
6. hoch : Er will auf den ____________ Berg der Welt steigen.
7. sehr : Welche Blume magst du am ____________? - Die Rose.

정답 · 해설

1. Dieses Auto ist das **best*e***.
   - 영 This car is the best.
   '이 차가 가장 좋은 것이다.'
2. Du bist mein **best*er*** Freund.
   - 영 You are my best friend.
   '너는 나의 가장 좋은 친구이다.'
3. Wie kommt man am **best*en*** zum Bahnhof?
   - 영 What is the best way to get to the station?
   '어떻게 우리가 최선으로 기차역에 갈 수 있을까요?'
4. Meine Schwester ist die **ältest*e*** von uns.
   - 영 My sister is the oldest of us.
   '나의 여자 형제는 우리들 중에서 가장 나이가 많다.'
5. Ich bin am **größt*en*** in meiner Familie.
   - 영 I am the biggest in my family.
   '나는 내 가족 가운데 가장 크다.'
6. Er will auf den **höchst*en*** Berg der Welt steigen.
   - 영 He want to climb the highest mountain in the world.
   '그는 세계에서 가장 높은 산으로 올라가려고 한다.'
7. Welche Blume magst du am **meist*en***? - Die Rose.
   - 영 Which flower do you like the most? - The rose.
   '어떤 꽃을 너는 가장 많이 좋아하니?' - '장미야.'

82. 형용사 비교 (4) : 원급 비교("동등 비교")의 구조, 용법

[영어]

원급 비교 : 「A ... so 원급 as B」 혹은 「A ... as 원급 as B」 'A는 B와 동일하게 ...이다'

I am so old as you. / I am as old as you. '나는 너와 나이가 같다.'

[독일어]

독일어의 원급 비교는 원칙적으로 **영어와 동일한** 형식을 보여준다.

> 원급 비교 : 「A ... so 원급 wie B」 'A는 B와 동일하게 ...이다'

Ich bin so alt wie du.

영 I am as old as you. '나는 너와 나이가 같다.'

▸ ... bin so alt wie ...

↓

여기서 alt는 동사 bin의 형용사 보어!

Er arbeitet so viel wie ich.

영 He works as much as I do. '그는 나만큼 많이 일한다.'

▸ ... arbeitet so viel wie ...

↓

여기서 viel은 동사 arbeitet를 수식하는 부사어!

Er ist nicht so groß wie ich.

영 He is not as tall as me. '그는 나만큼 크지 않다.'

▸ ... **nicht so** groß **wie** ...

원급 비교의 부정문 (실질적인 의미는 비교급 비교!)

「A ... **nicht so** groß **wie** B」 'A는 B만큼 크지 않다' → 'A는 B보다 작다'

Nichts ist so wichtig wie Gesundheit.

영 Nothing is as important as health. '그 무엇도 건강만큼 중요하지 않다.'

▸ **Nichts** ... **so** wichtig **wie** ...

원급 비교의 부정문 (실질적인 의미는 최상급 비교!)

「**Nichts** ... **so** wichtig **wie** A」 '아무것도 A만큼 중요하지 않다' → 'A가 가장 중요하다'

연습문제

원급비교 "so ... wie ..."가 있는 독일어 문장을 만드시오.

1. 그는 나보다 두 배 많은 책들을 가지고 있다. (haben / doppelt / viel- / Buch)

⇒ ____________________

2. 가능한 한 빨리 와라. (kommen / bald / möglich)

⇒ ____________________

3. 나는 나의 친구처럼 그렇게 부자이고 싶다. (möchten / reich / Freund)

⇒ ____________________

4. 너는 영어만큼 그렇게 독일어를 잘 하니? (sprechen / gut)

⇒ ____________________

5. 여자들은 남자들처럼 그렇게 빨리 운전하지 않는다. (fahren / schnell)

⇒ ____________________

6. 다른 어떤 언어도 영어만큼 그렇게 어렵지 않다. (ander- / Sprache / schwierig)

⇒ ____________________

정답 · 해설

1. Er hat doppelt **so** viele Büch***er*** **wie** ich.
영 I have twice as many books as he has.

2. Komm **so** bald **wie** möglich!
영 Come as soon as possible.

3. Ich möchte **so** reich sein **wie** mein Freund.
영 I would like to be as rich as my friend is.

4. Sprichst du Deutsch **so** gut **wie** Englisch?
영 Do you speak German as well as English.

5. Frau***en*** fahren nicht **so** schnell **wie** Männ***er***.
영 Women don't drive as fast as men do.

6. Keine andere Sprache ist **so** schwierig **wie** Englisch.
영 No other language is as difficult as English.

83. 수사 (1) : '하나', '둘', '셋' ... 개수를 헤아리는 수 (= "기수")

[영어] 0 ~ 12 ⇒ 규칙 없음! [독일어] 영어처럼 0 ~ 12 ⇒ 규칙 없음!

0	1	2	3	4	5	6	7	8	9	10	11	12
null	eins	zwei	drei	vier	fünf	sechs	sieben	acht	neun	zehn	elf	zwölf

[영어] 13 ~ 19 ⇒ ...teen [독일어] 13 ~ 19 ⇒ ...zehn

13	14	15	16	17	18	19
dreizehn	vierzehn	fünfzehn	***sech**zehn	***sieb**zehn	achtzehn	neunzehn

* 예외적 형태 : sechszehn 및 siebenzehn 아님!

[영어] 20, 30, 40 ... ⇒ ...ty [독일어] 20, 30, 40 ... ⇒ ...zig

20	30	40	50	60	70	80	90
***zwan**zig	*dreißig	vierzig	fünfzig	***sech**zig	***sieb**zig	achtzig	neunzig

* 예외적 형태 : zweizig 아님! ; dreizig 아님! ; sechszig 및 siebenzig 아님!

[영어] 예를 들어, 25 "twenty five" ; 32 "thirty two" ...와 같이 십 단위 수를 먼저 언급한다!
[독일어] 영어와 달리 십 단위 수를 뒤에 언급한다!

25 fünfundzwanzig (→ '5와 20') ; 32 zweiunddreißig (→ '2와 30')

〈주의〉 개별 숫자는 붙여 표기! (즉, "fünf und zwanzig" 아님!)

[영어]

100	(one) hundred	⇒	200	two hundred
1,000	(one) thousand	⇒	2,000	two thousand
1,000,000	a million (혹은 one million)	⇒	2,000,000	two million

[독일어]

100	(*ein*)hundert	⇒	200	*zwei*hundert
1.000	(*ein*)tausend	⇒	2.000	*zwei*tausend
1.000.000	eine Million	⇒	2.000.000	zwei Millionen

〈주의〉 1. 천 단위 표시는 콤마(,)가 아니라 점(.) : 1.000.000 (즉, 1,000,000 아님!)
2. Million은 수사가 아니라 여성명사임 : zwei Millionen

연습문제

- 0 ~ 12를 차례대로 독일어로 말하시오.

- 13 ~ 19를 차례대로 독일어로 말하시오.

- 십 단위 명칭 20, 30 ... 80, 90을 차례대로 독일어로 말하시오.

- 다음 숫자를 독일어로 말하시오.

77 : ______ 31 : ______

62 : ______ 24 : ______

101 : ______

1.364 : ______

정답 · 해설

- **null** (영 zero) / **eins** (영 one) / **zwei** (영 two) / **drei** (영 three) / **vier** (영 four)
  fünf (영 five) / **sechs** (영 six) / **sieben** (영 seven) / **acht** (영 eight) / **neun** (영 nine)
  zehn (영 ten) / **elf** (영 eleven) / **zwölf** (영 twelve)

- drei**zehn** (영 thirteen) / vier**zehn** (영 fourteen) / fünf**zehn** (영 fifteen) / sech**zehn** (영 sixteen)
  sieb**zehn** (영 seventeen) / acht**zehn** (영 eighteen) / neun**zehn** (영 nineteen)

- zwan**zig** (영 twenty) / drei**ßig** (영 thirty) / vier**zig** (영 forty) / fünf**zig** (영 fifty)
  sech**zig** (영 sixty) / sieb**zig** (영 seventy) / acht**zig** (영 eighty) / neun**zig** (영 ninety)

77 : sieben**und**siebzig (영 seventy seven) 31 : ein**und**dreißig (영 thirty one)
62 : zwei**und**sechzig (영 sixty two) 24 : vier**und**zwanzig (영 twenty four)
101 : (ein)hundert**eins** (영 (one) hundred one)
1.364 : (ein)**tausend**drei**hundert**vier**und**sechzig (영 (one) thousand three hundred sixty four)

84. 수사 (2) : '첫째', '둘째', '세째' ... 순서를 나타내는 수 (= "서수")

[영어]

서수 : 순서를 나타내는 '첫째', '둘째' ...

1 ~ 3 ⇒ 독립적인 어휘 : **first** '첫째', **second** '둘째', **third** '셋째'

4 이상 ⇒ **...th** : four**th** '넷째', fif**th** '다섯째', six**th** '여섯째' ...

※ 서수 앞에는 정관사 **the**가 온다 : **the** Second World War '제2차 세계대전'

[독일어]

독일어의 서수는 **대체로 영어와 동일한** 방식으로 표현된다.

> 1 ~ 3 ⇒ 독립적인 어휘 : 1. **erst** '첫째' 2. **zweit** '둘째' 3. **dritt** '셋째'
> 4 ~ 19 ⇒ **-t** : 4. vier**t** 5. fünf**t** ... 18. achtzehn**t** 19. neunzehn**t** ...
> 20 이상 ⇒ **-st** : 20. zwanzig**st** 21. einundzwanzig**st** ...
>
> ※ 1. 서수 앞에는 정관사 **d-**가 오며, 형용사 어미변화 한다 :
> **der** Zweit<u>e</u> Weltkrieg ⓔ **the** Second World War
>
> 2. 숫자를 점(.)과 함께 표기하면 서수 : **5.** '다섯째' ; **20.** '20번째' ...

Heute ist der zwanzigste Oktober.

ⓔ Today is the twentieth of October. 혹은 Today is October 20th.

'오늘은 10월 20일이다.'

▸ ... <u>der</u> <u>zwanzig**ste**</u> ...

'날짜'는 서수로 표현! → 남성명사 Tag(ⓔ day)에 일치하여 남성변화 : **der** zwanzig**st**<u>e</u>

Die Schule beginnt am zehnten April.

ⓔ The school begins on April the tenth. '학교는 4월 10일에 시작한다.'

▸ ... <u>am</u> <u>zehn*ten*</u> ...

「**am** + 서수 **-en**」 (날짜) '...일에'

Ich wohne im ersten Stock.

ⓔ I live on the first floor. '나는 2층에 살고 있다.'

▸ ... im <u>**erst**en</u> Stock

1층에서 바라 본 '첫째 층' → 2층

연습문제

주어진 서수를 독일어로 말할 때 올바른 형태는?

1. Der alte Mann spielt zum ____1.____ Mal Golf.

2. Ich habe am ____21.____ Oktober Geburtstag.

3. Unsere Antwort auf die ____3.____ Frage ist “nein”.

4. Mein Freund in Deutschland ruft mich jeden ____2.____ Tag an.

5. Nächste Woche feiere ich meinen ____19.____ Geburtstag.

6. Der Mai ist der ____5.____ Monat des Jahres.

정답 · 해설

1. Der alte Mann spielt zum **erst*en*** Mal Golf.
   영 The old man plays golf for the first time.
   ‘그 나이 많은 남자는 처음으로 골프를 친다.’

2. Ich habe am einundzwanzig**st*en*** Oktober Geburtstag.
   영 My birthday is October the twenty first.
   ‘나는 10월 21일이 생일이다.’

3. Unsere Antwort auf die **dritt*e*** Frage ist “nein”.
   영 Our answer to the third question is “No”.
   셋째 질문에 대한 우리의 대답은 “아니오”이다.

4. Mein Freund in Deutschland ruft mich jeden **zweit*en*** Tag *an*.
   영 My friend in Germany calls me every second day.
   ‘독일에 있는 나의 친구는 하루건너 나에게 전화한다.’

5. Nächste Woche feiere ich meinen neunzehn**t*en*** Geburtstag.
   영 Next week I'll celebrate my nineteenth birthday.
   ‘다음 주 나는 나의 열아홉 살 생일 축하 파티를 한다.’

6. Der Mai ist der fünf**t*e*** Monat des Jahres.
   영 May is the fifth month of the year.
   ‘5월은 1년 중의 다섯 번째 달이다.’

85. 비인칭 주어 : '날씨' ; '시간' ; '거리, 명암' 등을 표현하는 대명사 es

[영어/독일어]

영어의 경우, '날씨, 기온' ⇒ 비인칭 주어 it 사용!

It is very cold. '매우 춥다.'

It rains again. '다시 비가 온다.'

영어처럼 독일어 역시 '날씨, 기온'을 말할 때 비인칭 주어 es를 사용한다.

> '날씨, 기온' ⇒ 비인칭 주어 es 사용!
>
> Es ist sehr kalt. 영 It is very cold.
>
> Es regnet wieder. 영 It rains again.

Wie ist das Wetter? - Es ist schön und warm.

영 How is the weather? - It is fine and warm.

'날씨가 어떠니?' - '좋고 따뜻해.'

[영어/독일어]

영어의 경우, '시간, 때' ⇒ 비인칭 주어 it 사용!

It is too late. '시간이 너무 늦었다.'

It is already Friday. '벌써 금요일이다.'

영어처럼 독일어 역시 '시간, 때'를 말할 때 비인칭 주어 es를 사용한다.

> '시간, 때' ⇒ 비인칭 주어 es 사용!
>
> Es ist zu spät. 영 It is too late.
>
> Es ist schon Freitag. 영 It is already Friday.

Wie spät ist es jetzt? - Es ist 9 Uhr.

영 What time is it now? - It is 9 o'clock.

'지금 몇 시지?' - '9시야.'

[영어/독일어]

영어의 경우, '거리, 명암' 등 막연한 상태, 분위기 ⇒ 비인칭 주어 it 사용!

It is very far. '매우 멀다.'

It is dark here. '여기는 어둡다.'

영어처럼 독일어 역시 '거리, 명암' 등을 말할 때 비인칭 주어 es를 사용한다.

> '거리, 명암' 등 막연한 상태, 분위기 ⇒ 비인칭 주어 es 사용!
>
> Es ist sehr weit. 영 It is very far.
>
> Es ist dunkel hier. 영 It is dark here.

Wie weit ist es? Ist es weit von hier? - Nein, es ist nicht so weit.

영 How far is it? Is it far from here? - No, it is not so far.

'거리가 얼마나 되니? 여기서 머니?' - '아니, 그렇게 멀지 않아.'

> 관용적으로 비인칭 주어 es 사용!
>
> 「Es geht + 3격사람 + gut」 '누구는 잘 지내다, 안녕하다' (영 ... is fine)
>
> 「Es gibt + 4격」 '...이 있다' (영 There is/are ...)

Wie geht es dir? - Danke, es geht mir gut.

영 How are you? - I'm fine, thank you.

'어떻게 지내?' - '고마워, 잘 지내.'

Es gibt hier ein Hotel.

영 There is a hotel here.

'이 곳에 호텔이 하나 있어.'

▸ Es gibt ... ein Hotel

↓

중성명사 Hotel이 4격이어야 함. → 중성 4격 부정관사 ein_

연습문제

밑줄 친 ⓐ ~ ⓚ 중에서 비인칭 주어 es가 아닌 것은?

1. Wir müssen jetzt gehen. ⓐ Es ist schon dunkel draußen.

2. Wie ist das Buch? - ⓑ Es ist langweilig.

3. Schneit ⓒ es hier viel im Winter? - Ja, ⓓ es schneit oft.

4. Wie viel Uhr ist ⓔ es jetzt? - ⓕ Es ist zwanzig nach drei.

5. Wann beginnt das Konzert? - ⓖ Es beginnt um 20 Uhr.

6. Wie geht ⓗ es deiner Mutter? - ⓘ Es geht ihr gut.

7. ⓙ Es ist zu warm in diesem Zimmer. - Soll ich das Fenster öffnen?

8. Wie hoch ist das Haus? - ⓚ Es ist zehn Meter hoch.

올바른 어미는?

9. Wo gibt es hier ein__ Restaurant? - Hier gibt es kein__ Restaurant.

10. Es gibt viel__ Länder auf d__ Welt.

11. Gibt es etwas Neu__ heute? - Nein, nichts Interessant__.

12. In unser__ Haus gibt es ein__ Katze und ein__ Hund.

정답 : ⓑ, ⓖ, ⓚ ⇒ 앞에 나온 중성명사를 받는 인칭대명사 es!

1. Wir müssen jetzt gehen. Es ist schon dunkel draußen. ⇒ '명암' 비인칭 주어!
   영 We must go now. It is already dark outside.
   '우리는 지금 가야만 해. 밖에는 벌써 어두워졌어.'

2. Wie ist das Buch? - Es ist langweilig. ⇒ 앞의 중성명사 Buch를 받는 인칭대명사!
   영 How is the book? - It is boring. '그 책이 어때?' - '그것은 지루해.'

3. Schneit es hier viel im Winter? - Ja, es schneit oft. ⇒ '날씨' 비인칭 주어!
   영 Does it snow much in winter here? - Yes, it often snows.
   '여기는 겨울에 눈이 많이 오니?' - '응, 눈이 자주 내려.'

4. Wie viel Uhr ist es jetzt? - Es ist zwanzig nach drei. ⇒ '시간' 비인칭 주어!
   영 What time is it now? - It is twenty past three. '지금 몇 시니?' - '3시 20분이야.'

5. Wann beginnt das Konzert? - Es beginnt um 20 Uhr. ⇒ 중성명사 Konzert를 받는 인칭대명사!
   영 When does the concert begin? - It begins at eight p.m.
   '음악회는 언제 시작하니?' - '그것은 오후 8시에 시작해.'

6. Wie geht es deiner Mutter? - Es geht ihr gut. ⇒ '관용적' 비인칭 주어!
   영 How is your mother? - She is fine. '너의 어머니는 어떻게 지내시니?' - '그녀는 잘 지내.'

7. Es ist zu warm in diesem Zimmer. - Soll ich das Fenster öffnen? ⇒ '기온' 비인칭 주어!
   영 It is too warm in this room. - Shall I open the window?
   '이 방은 너무 덥군.' - '내가 창문을 열어줄까?'

8. Wie hoch ist das Haus? - Es ist zehn Meter hoch. ⇒ 중성명사 Haus를 받는 인칭대명사!
   영 How high is the house? - It is ten meters high.
   '그 집은 얼마나 높니?' - '그것은 높이가 10 미터야.'

9. Wo gibt es hier ein_ Restaurant? - Hier gibt es kein_ Restaurant.
   영 Where is a restaurant here? - There is no restaurant here.
   '여기 어디에 식당이 있나요?' - '여기는 식당이 없어요.'

10. Es gibt viele Länd***er*** auf der Welt.
   영 There are many countries in the world. '이 세계에는 많은 국가들이 있다.'

11. Gibt es etwas Neues heute? - Nein, nichts Interessantes.
   영 Is there anything new today? - No, nothing interesting.
   '오늘 뭔가 새로운 것이 있니?' - '아니, 흥미로운 것은 아무것도 없어'

12. In unserem Haus gibt es eine Katze und einen Hund.
   영 In our house there is a cat and a dog. '우리 집에는 고양이 한 마리와 개 한 마리가 있다.'

86. 동사의 3 기본형 (1) : 규칙 변화 및 불규칙 변화 동사

[영어]

동사 3 기본형 : 원형 - 과거형 - 과거분사형(p.p)

규칙 변화 ⇒ 과거형 및 과거분사형 모두 ...ed

play - played - played / love - loved - loved

[독일어]

※ 동사 3 기본형 : 원형 - 과거형 - 과거분사형(p.p)

규칙 변화 ⇒ 과거형 -te / 과거분사형(p.p) ge - t

spiel*en* '(스포츠) ...하다' (영 play) : spielen - spielte - gespielt

lieb*en* '...을 사랑하다' (영 love) : lieben - liebte - geliebt

〈주의〉 동사 어간이 -t, -d ⇒ 발음상 -e- 추가!

arbei*ten* '일하다' (영 work) : arbeiten - arbeitete - gearbeitet

re*den* '말하다' (영 talk) : reden - redete - geredet

[영어]

동사 3 기본형, 불규칙 변화 ⇒ 과거형 및 과거분사형이 독립적인 형태 ⇒ 암기!

come - came - come / go - went - gone

[독일어]

불규칙 변화 ⇒ 과거형, 과거분사형(p.p)이 독립적인 형태 ⇒ 암기!

kommen '오다' (영 come) : kommen - kam - gekommen

gehen '가다' (영 go) : gehen - ging - gegangen

schlafen	잠자다	(영 sleep)	:	schlafen	-	schlief	-	geschlafen
rufen	...을 부르다	(영 call)	:	rufen	-	rief	-	gerufen
helfen	...을 돕다	(영 help)	:	helfen	-	half	-	geholfen
sprechen	(...을) 말하다	(영 speak)	:	sprechen	-	sprach	-	gesprochen
beginnen	시작하다	(영 begin)	:	beginnen	-	begann	-	begonnen
schwimmen	수영하다	(영 swim)	:	schwimmen	-	schwamm	-	geschwommen

bleiben	머무르다	(영 stay)	:	bleiben	- blieb	- geblieben
schreiben	(...을) 쓰다	(영 write)	:	schreiben	- schrieb	- geschrieben
steigen	올라가다	(영 climb)	:	steigen	- stieg	- gestiegen
geben	...을 주다	(영 give)	:	geben	- gab	- gegeben
lesen	...을 읽다	(영 read)	:	lesen	- las	- gelesen
sehen	...을 보다	(영 see)	:	sehen	- sah	- gesehen
fliegen	날아가다	(영 fly)	:	fliegen	- flog	- geflogen
fließen	흐르다	(영 flow)	:	fließen	- floss	- geflossen
schließen	...을 닫다	(영 close)	:	schließen	- schloss	- geschlossen
finden	...을 발견하다	(영 find)	:	finden	- fand	- gefunden
liegen	놓여있다	(영 lie)	:	liegen	- lag	- gelegen
singen	노래하다	(영 sing)	:	singen	- sang	- gesungen
sitzen	앉아있다	(영 sit)	:	sitzen	- saß	- gesessen
trinken	...을 마시다	(영 drink)	:	trinken	- trank	- getrunken
bringen	...을 가져오다	(영 bring)	:	bringen	- brachte	- gebracht
denken	생각하다	(영 think)	:	denken	- dachte	- gedacht
kennen	누구를 알다	(영 know)	:	kennen	- kannte	- gekannt
wissen	...을 알다	(영 know)	:	wissen	- wusste	- gewusst
essen	...을 먹다	(영 eat)	:	essen	- aß	- gegessen
fahren	타고 가다	(영 go)	:	fahren	- fuhr	- gefahren
waschen	...을 씻다	(영 wash)	:	waschen	- wusch	- gewaschen
nehmen	...을 취하다	(영 take)	:	nehmen	- nahm	- genommen
stehen	서 있다	(영 stand)	:	stehen	- stand	- gestanden
tun	...을 행하다	(영 do)	:	tun	- tat	- getan
sein	...이다, 있다	(영 be)	:	sein	- war	- gewesen
haben	...을 가지고 있다	(영 have)	:	haben	- hatte	- gehabt
werden	...되다	(영 become)	:	werden	- wurde	- geworden
können	...할 수 있다	(영 can)	:	können	- konnte	- gekonnt
müssen	...해야 하다	(영 must)	:	müssen	- musste	- gemusst
dürfen	...해도 되다	(영 may)	:	dürfen	- durfte	- gedurft
wollen	...하려 하다	(영 want to)	:	wollen	- wollte	- gewollt
sollen	...해야 하다	(영 should)	:	sollen	- sollte	- gesollt

연습문제

주어진 규칙변화 동사들의 3 기본형은?

1. sagen - ________ - ________
2. machen - ________ - ________
3. enden - ________ - ________
4. suchen - ________ - ________
5. leben - ________ - ________
6. kochen - ________ - ________
7. kaufen - ________ - ________
8. fragen - ________ - ________
9. warten - ________ - ________
10. brauchen - ________ - ________

주어진 불규칙변화 동사들의 3 기본형은?

11. geben - ________ - ________
12. werden - ________ - ________
13. lesen - ________ - ________
14. trinken - ________ - ________
15. haben - ________ - ________
16. bleiben - ________ - ________
17. sein - ________ - ________
18. bringen - ________ - ________
19. essen - ________ - ________
20. müssen - ________ - ________
21. fahren - ________ - ________
22. können - ________ - ________
23. stehen - ________ - ________
24. nehmen - ________ - ________
25. helfen - ________ - ________
26. schlafen - ________ - ________
27. singen - ________ - ________
28. sprechen - ________ - ________
29. wissen - ________ - ________
30. schreiben - ________ - ________

1. sag*en* - sagte - gesagt
영 say (...을) 말하다

2. mach*en* - machte - gemacht
영 make [1] ...을 만들다 ; [2] ...을 행하다

3. end*en* - endete - geendet
영 end 끝나다

4. such*en* - suchte - gesucht
영 look for ...을 찾다, 구하다

5. leb*en* - lebte - gelebt
영 live 살다

6. koch*en* - kochte - gekocht
영 [1] cook 요리하다 ; [2] boil 끓다

7. kauf*en* - kaufte - gekauft
영 buy ...을 사다

8. frag*en* - fragte - gefragt
영 ask 질문하다

9. wart*en* - wartete - gewartet
영 wait 기다리다

10. brauch*en* - brauchte - gebraucht
영 need ...을 필요로 하다

11. geben - gab - gegeben
영 give (...에게) ...을 주다

12. werden - wurde - geworden
영 become ... 되다

13. lesen - las - gelesen
영 read ...을 읽다, 독서하다

14. trinken - trank - getrunken
영 drink ...을 마시다

15. haben - hatte - gehabt
영 have ...을 가지고 있다

16. bleiben - blieb - geblieben
영 stay 머무르다

17. sein - war - gewesen
영 be [1] ...이다 ; [2] 있다, 존재하다

18. bringen - brachte - gebracht
영 bring ...을 가져오다

19. essen - aß - gegessen
영 eat ...을 먹다, 식사하다

20. müssen - musste - gemusst
영 must ... 해야 하다

21. fahren - fuhr - gefahren
영 [1] go (차량으로) 가다 ; [2] drive 운전하다

22. können - konnte - gekonnt
영 can ... 할 수 있다

23. stehen - stand - gestanden
영 stand 서 있다

24. nehmen - nahm - genommen
영 take ...을 취하다, 갖다

25. helfen - half - geholfen
영 help ...을 돕다

26. schlafen - schlief - geschlafen
영 sleep 잠자다

27. singen - sang - gesungen
영 sing 노래하다

28. sprechen - sprach - gesprochen
영 speak (...을) 말하다

29. wissen - wusste - gewusst
영 know ...을 알다

30. schreiben - schrieb - geschrieben
영 write ...을 쓰다, 필기하다

87. 동사의 3 기본형 (2) : p.p형에서 "ge-" 생략 / 분리동사의 3 기본형

[영어/독일어]

일부 독일어 동사들의 3 기본형은 특수한 형태를 보여준다.
이는 영어에 없는 독일어만의 독특한 문법 사항이므로 세심한 학습이 요구된다!

형태가 be-, ver-, er-, ge-인 동사 ⇒ p.p형에서 ge-가 없음!

kommen 오다 (영 come) : kommen - kam - gekommen
↳ bekommen ...을 받다 (영 receive) :
bekommen - bekam - bekommen
↓
begekommen 아님!

stehen 서 있다 (영 stand) : stehen - stand - gestanden
↳ verstehen ...을 이해하다 (영 understand) :
verstehen - verstand - verstanden
↓
vergestanden 아님!

hören ...을 듣다 (영 hear) : hör*en* - hör*te* - *ge*hör*t*
↳ gehören ...에 속하다 (영 belong to) :
gehör*en* - gehör*te* - gehör*t*
↓
gegehör*t* 아님!

kennen 누구를 알다 (영 know) : kennen - kannte - gekannt
↳ erkennen ...을 인식하다 (영 recognize) :
erkennen - erkannte - erkannt
↓
ergekannt 아님!

형태가 **über-**, **unter-**인 동사 ⇒ p.p형에서 **ge-**가 없음!

setzen ...을 놓다, 앉혀 놓다 (영 set, put) : setz*en* - setz***te*** - ***ge***setz***t***

↳ **über**setzen ...을 번역하다 (영 translate) :

übersetz*en* - **über**setz***te*** - **über**setz***t***

↓

überg**e**setzt 아님!

schreiben ...을 쓰다, 적다 (영 write) : schreiben - **schrieb** - **geschrieben**

↳ **unter**schreiben 서명하다 (영 sign) :

unterschreiben - **unter**schrieb - **unter**schrieben

↓

unter**ge**schrieben 아님!

형태가 **-ieren**인 동사 ⇒ p.p형에서 **ge-**가 없음!

stud**ieren** ...을 전공하다 (영 study) : studier*en* - studier**te** - studier**t**

↓

gestudier*t* 아님!

repar**ieren** ...을 수리하다 (영 repair) : reparier*en* - reparier**te** - reparier**t**

↓

gereparier*t* 아님!

분리동사 ⇒ p.p형에서 **ge-**가 **분리전철 뒤**에 옴!

stehen 서 있다 (영 stand) : stehen - **stand** - **gestanden**

↳ 분리동사 ***auf***stehen 기상하다 (영 stand up) :

aufstehen (→ stehen ... ***auf***) - ***auf*****stand** (→ **stand** ... ***auf***) - ***auf*****gestanden**

↓

ge-가 분리전철 ***auf-*** 뒤에!

kaufen ...을 사다 (영 buy) : kauf*en* - kauf***te*** - ***ge***kauf***t***

↳ 분리동사 ***ein***kaufen 쇼핑하다, 구입하다 (영 do the shopping) :

einkauf*en* (→ kauf*en* ... ***ein***) - ***ein***kauf***te*** (→ kauf***te*** ... ***ein***) - ***ein*****ge**kauf***t***

↓

ge-가 분리전철 ***ein-*** 뒤에!

연습문제

이탤릭체 표시된 부분에 주의하여 동사의 3 기본형을 기술하시오.

1. ***be***zahlen - ______ - ______

2. ***ver***sprechen - ______ - ______

3. ***er***klären - ______ - ______

4. ***ge***brauchen - ______ - ______

5. ***über***nehmen - ______ - ______

6. ***unter***suchen - ______ - ______

7. interess***ieren*** - ______ - ______

〈보기〉처럼 분리동사들의 3 기본형을 기술하시오.

〈보기〉 *auf*stehen (stehen ... *auf*) - ***auf*stand** **(stand ... *auf*)** - ***auf*gestanden**

8. *an*rufen (rufen ... *an*) - ______ (______) - ______

9. *aus*gehen (gehen ... *aus*) - ______ (______) - ______

10. *ein*laden (laden ... *ein*) - ______ (______) - ______

11. *fern*sehen (sehen ... *fern*) - ______ (______) - ______

12. *ein*schlafen (schlafen ... *ein*) - ______ (______) - ______

13. *zurück*kommen (kommen ... *zurück*) - ______ (______) - ______

1. ***be**zahlen* - ***be**zahlte* - ***be**zahlt* (← p.p형 ***bege**zahlt* 아님!)
   ...을 지불하다 (영 pay) ※ zahlen ...을 지불하다 (영 pay) - zahlte - gezahlt
2. ***ver**sprechen* - ***ver**sprach* - ***ver**sprochen* (← p.p형 ***verge**sprochen* 아님!)
   ...을 약속하다 (영 promise) ※ sprechen (...을) 말하다 (영 speak) - sprach - gesprochen
3. ***er**klären* - ***er**klärte* - ***er**klärt* (← p.p형 ***erge**klärt* 아님!)
   ...을 설명하다 (영 explain) ※ klären ...을 깨끗하게 하다 (영 purify, clarify) - klärte - geklärt
4. ***ge**brauchen* - ***ge**brauchte* - ***ge**braucht* (← p.p형 ***gege**braucht* 아님!)
   ...을 사용하다 (영 use) ※ brauchen ...을 필요로 하다 (영 need) - brauchte - gebraucht
5. ***über**nehmen* - ***über**nahm* - ***über**nommen* (← p.p형 ***überge**nommen* 아님!)
   ...을 떠맡다 (영 take over) ※ nehmen ...을 갖다, 취하다 (영 take) - nahm - genommen
6. ***unter**suchen* - ***unter**suchte* - ***unter**sucht* (← p.p형 ***unterge**sucht* 아님!)
   ...을 연구하다 (영 research) ※ suchen ...을 찾다, 구하다 (영 look for, seek) - suchte - gesucht
7. interess***ieren*** - interess***ierte*** - interess***iert*** (← p.p형 geinteress***iert*** 아님!)
   흥미를 주다 (영 interest)

〈보기〉 *auf*stehen (stehen ... *auf*) - *auf*stand (stand ... *auf*) - *auf*gestanden
일어나다 (영 stand up, get up) ※ stehen 서 있다 (영 stand) - stand - gestanden

8. *an*rufen (rufen ... *an*) - *an*rief (rief ... *an*) - *an*gerufen
   ...에게 전화 걸다 (영 call) ※ rufen ...을 부르다 (영 call) - rief - gerufen
9. *aus*gehen (gehen ... *aus*) - *aus*ging (ging ... *aus*) - *aus*gegangen
   외출하다 (영 go out) ※ gehen 가다 (영 go) - ging - gegangen
10. *ein*laden (laden ... *ein*) - *ein*lud (lud ... *ein*) - *ein*geladen
    ...을 초대하다 (영 invite) ※ laden (짐 등을) 싣다 (영 load) - lud - geladen
11. *fern*sehen (sehen ... *fern*) - *fern*sah (sah ... *fern*) - *fern*gesehen
    TV를 보다 (영 watch television) ※ sehen ...을 보다 (영 see) - sah - gesehen
12. *ein*schlafen (schlafen ... *ein*) - *ein*schlief (schlief ... *ein*) - *ein*geschlafen
    잠들다 (영 fall asleep) ※ schlafen 잠자다 (영 sleep) - schlief - geschlafen
13. *zurück*kommen (kommen ... *zurück*) - *zurück*kam (kam ... *zurück*) - *zurück*gekommen
    돌아오다 (영 come back) ※ kommen 오다 (영 come) - kam - gekommen

88. "과거" 시제 : 과거 시제 동사 어미변화 및 과거 시제의 용법

[영어]

영어 "과거" 시제의 형태 ⇒ 동사 3 기본형 중에서 과거형을 사용!

play - played - played

⇒ I played ... ; you played ... ; he (she, it) played ... ; we played ...

come - came - come

⇒ I came ... ; you came ... ; he (she, it) came ... ; we came ...

[독일어]

독일어 "과거" 시제의 형태 : **영어처럼** 동사 3 기본형 중에서 과거형을 사용한다.
그러나 **영어와 달리** 추가로 어미변화가 있다!

spielen '놀다' (영 play)

3 기본형 : spielen - spielte - gespielt

ich	spielte ...	영 I played ...
du	spiel*test* ...	영 you played ...
er (sie, es)	spielte ...	영 he (she, it) played ...
wir	spielte*n* ...	영 we played ...
sie, Sie	spielte*n* ...	영 they / you played ...

kommen '오다' (영 come)

3 기본형 : kommen - kam - gekommen

ich	kam ...	영 I came ...
du	kam*st* ...	영 you came ...
er (sie, es)	kam ...	영 he (she, it) came ...
wir	kam*en* ...	영 we came ...
sie, Sie	kam*en* ...	영 they / you came ...

Ich spielte Tennis. / Wir spielten Tennis.

영 I played tennis.
'나는 테니스를 쳤다.'

▸ Ich spielte ...
↓
동사 spielen(영 play)의 과거형 spielte 사용!
주어가 ich → 추가 어미 없이 그대로 spielte_

영 We played tennis.
'우리는 테니스를 쳤다.'

▸ Wir spielte*n* ...
↓
과거형 spielte 사용!
주어가 wir → 추가 어미 ***-n***이 붙어 spielte*n*

Er kam zu mir. / Die Leute kamen zu mir.

영 He came to me.
'그는 나에게 왔다.'

▸ Er kam ...
↓
동사 kommen(영 come)의 과거형 kam 사용!
주어가 er → 추가 어미 없이 그대로 kam_

영 The people came to me.
'그 사람들이 나에게 왔다.'

▸ Die Leute kam*en* ...
↓
과거형 kam 사용!
주어 "Die Leute"는 복수의 sie(영 they)에 해당
→ 추가 어미 *-en*이 붙어 kam*en*

[영어]
영어 "과거" 시제의 용법 : 단순 과거의 사건을 표현!
Did you love him? '너는 그를 사랑했니?'
He went to Berlin yesterday. '그는 어제 베를린에 갔다.'

[독일어]

> "과거" 시제의 용법 :
> 영어와 달리 독일어 과거 시제의 용법은 단순 과거의 사건에만 국한되지 않는다.
> 과거에 일어난 사건이면 그 무엇이든 표현할 수 있다!
> 〈주의〉 따라서 독일어의 과거 시제가 영어에서 현재완료에 해당하는 경우들도 나타난다!

Liebtest du ihn?

영 Did you love him? '너는 그를 사랑했니?'

▸ Liebte*st* du ...?
↓
동사 lieben(영 love)의 과거형은 liebte : 주어가 du → 추가로 어미 *-st*가 붙어 Liebte*st*

Gestern ging er nach Berlin.

영 He went to Berlin yesterday. '어제 그는 베를린으로 갔다.'

▸ ... ging er ...
↓
동사 gehen(영 go)의 과거형은 ging : 주어가 er → 추가 어미 없이 그대로 ging_

Wir waren schon einmal dort.

영 We have been there before. '우리는 이미 한번 그곳에 있었다.'

▸ Wir war*en* ...
↓
동사 sein(영 be)의 과거형은 war : 주어가 wir → 추가 어미 *-en*이 붙어 war*en*

연습문제

주어진 현재 시제 문장을 과거 시제로 바꾸시오.

1. Ich muss zu Hause bleiben. ⇒ ______________________

2. Bist du in deinem Zimmer? ⇒ ______________________

3. Er spricht mit seiner Mutter. ⇒ ______________________

4. Wir haben ein schönes Auto. ⇒ ______________________

5. Meine Eltern stehen früh auf. ⇒ ______________________

주어진 동사를 사용하여 과거 시제 문장을 완성하시오.

6. leben :
   Wo ________ Peter und seine Frau vor zwei Jahren? - Sie ________ in München.

7. helfen :
   Die netten Leute ________ oft dem armen Mädchen.

8. wollen :
   ________ du gestern deinen koreanischen Freund in Berlin besuchen?

9. arbeiten :
   Der alte Mann ________ für seine große Familie.

10. bekommen :
    Letzte Woche ________ wir ein Geschenk von unserem Lehrer.

11. *ein*laden, können :
    Ich ________ ihn ____ , aber er ________ nicht zur Party kommen.

12. lieben, schreiben :
    Die Frau ________ ihre Kinder und ________ ein Buch für sie.

1. Ich muss zu Hause bleiben. ⇒ Ich **musste** zu Hause bleiben.

   영 I must stay home. '나는 집에 머물러 있어야만 한다.' ⇒ 영 I had to stay home. '나는 집에 머물러 있어야만 했다.'

2. Bist du in deinem Zimmer? ⇒ **Warst** du in deinem Zimmer?

   영 Are you in your room? '너는 너의 방에 있니?' ⇒ 영 Were you in your room? '너는 너의 방에 있었니?'

3. Er spricht mit seiner Mutter. ⇒ Er **sprach** mit seiner Mutter.

   영 He's speaking with his mother. '그는 그의 어머니와 이야기한다.' ⇒ 영 He spoke with his mother. '그는 그의 어머니와 이야기했다.'

4. Wir haben ein schönes Auto. ⇒ Wir **hatten** ein schönes Auto.

   영 We have a beautiful car. '우리는 멋진 차를 가지고 있다.' ⇒ 영 We had a beautiful car. '우리는 멋진 차를 가졌었다.'

5. Meine Eltern stehen früh *auf*. ⇒ Meine Eltern **standen** früh *auf*.

   영 My parents get up early. '나의 부모님은 일찍 기상하신다.' ⇒ 영 My parents got up early. '나의 부모님은 일찍 기상하셨다.'

6. Wo **lebten** Peter und seine Frau vor zwei Jahren? - Sie **lebten** in München.

   영 Where did Peter and his wife live two years ago? - They lived in Munich.
   '페터와 그의 아내는 2년 전에 어디에서 살았니?' - '그들은 뮌헨에서 살았어.'

7. Die netten Leute **halfen** oft dem armen Mädchen.

   영 The friendly people often helped the poor girl. '그 친절한 사람들은 그 가난한 소녀를 자주 도와줬다.'

8. **Wolltest** du gestern deinen koreanischen Freund in Berlin besuchen?

   영 Did you want to visit your Korean friend in Berlin yesterday?
   '너는 어제 베를린에 있는 너의 한국 친구를 방문하려고 했니?'

9. Der alte Mann **arbeitete** für seine große Familie.

   영 The old man worked for his big family. '그 나이 많은 남자는 그의 큰 가족을 위해 일했다.'

10. Letzte Woche **bekamen** wir ein Geschenk von unserem Lehrer.

    영 Last week we got a present from our teacher.
    '지난 주 우리는 우리의 선생님으로부터 선물을 받았다.'

11. Ich **lud** ihn *ein*, aber er **konnte** nicht zur Party kommen.

    영 I invited him, but he couldn't come to the party. '나는 그를 초대했지만, 그는 파티에 올 수 없었다.'

12. Die Frau **liebte** ihre Kinder und **schrieb** ein Buch für sie.

    영 The woman loved her children and wrote a book for them.
    '그 여자는 자신의 아이들을 사랑했고, 그들을 위해 책을 썼다.'

89. “현재완료” 시제 (1) : 현재완료 형식 「haben ... p.p」

[영어]

영어 “현재완료”의 형태 : 「have + p.p ...」

예 I have played tennis. ‘나는 테니스를 쳤다.’

He has eaten too much. ‘그는 너무 많이 먹었다.’

[독일어]

독일어 “현재완료” 시제의 형태 : 「haben ... p.p」 ‘...하였다’

〈주의〉 영어와 달리 p.p형이 문장 맨 뒤에 옴!

Ich habe Tennis gespielt.

영 I have played tennis.

‘나는 테니스를 쳤다.’

▸ Ich habe ... gespielt

↓ ↳ 동사 spielen(영 play)의 p.p → 문장 맨 뒤에 위치!

현재완료 조동사 haben

주어가 ich → haben의 형태는 habe

Er hat zu viel gegessen.

영 He has eaten too much.

‘그는 너무 많이 먹었다.’

▸ Er hat ... gegessen

↓ ↳ 동사 essen(영 eat)의 p.p → 문장 맨 뒤에 위치!

현재완료 조동사 haben

주어가 er → haben의 형태는 hat

[영어]

영어 현재완료의 용법 : 과거에 일어난 사건이 현재와 어떤 연관성을 지니는지를 표현한다.
즉, '완료, 경험, 결과, 계속' 등을 나타낸다.

He has just read the book. '그는 방금 그 책을 읽었다.' ⇒ 지금은 완료한 상태임!

I have lost my key. '나는 내 열쇠를 분실했다.' ⇒ 그 결과로서 지금 열쇠가 없음!

[독일어]

"현재완료" 시제의 용법 :

영어와 달리 독일어 현재완료 시제의 용법은 '완료, 경험, 결과, 계속' 등의 내용에만 국한되지 않는다. 과거에 일어난 사건이면 그 무엇이든 표현할 수 있다!

〈주의〉 따라서 독일어의 경우, "현재완료" 시제와 "과거" 시제는 의미적으로 구분되지 않는다! 현재완료 시제는 주로 구어체에서, 과거 시제는 주로 문어체에서 사용되는 점만 구분될 뿐이다.

Er **hat** gerade das Buch **gelesen**.

영 He **has** just **read** the book. '그는 방금 그 책을 읽었다.'

▸ Er **hat** ... **gelesen**
↓ ↳ 동사 lesen(영 read)의 **p.p** → 문장 맨 뒤에 위치!
현재완료 조동사 **haben**
주어가 **er** → haben의 형태는 **hat**

Ich habe meinen Schlüssel verloren.

영 I have lost my key. '나는 내 열쇠를 분실했다.'

▸ Ich **habe** ... **verloren**
↓ ↳ 동사 verlieren(영 lose)의 **p.p** → 문장 맨 뒤에 위치!
현재완료 조동사 **haben**
주어가 **ich** → haben의 형태는 **habe**

Wir **haben** gestern Fußball **gespielt**.

영 We **played** football yesterday. '우리는 어제 축구를 했다.'

▸ Wir **haben** ... **gespielt**
↓ ↳ 동사 spielen(영 play)의 **p.p** → 문장 맨 뒤에 위치!
현재완료 조동사 **haben**
주어가 **wir** → haben의 형태는 **haben**

〈주의〉 부사어 **gestern**(영 yesterday)이 사용된 단순 과거! → 영어는 "과거" 시제!
따라서 독일어 현재완료 문장을 영어로 번역할 경우,
관련 문맥을 고려하여 현재완료 혹은 과거 중에서 적절한 시제를 판단해야 한다.

연습문제

주어진 현재 시제 문장을 현재완료 시제로 바꾸시오.

1. Er gibt mir kein Geld. ⇒ ______

2. Ich trinke viel Kaffee. ⇒ ______

3. Suchst du deinen Sohn? ⇒ ______

4. Wir tanzen oft zusammen. ⇒ ______

주어진 동사를 사용하여 현재완료 시제 문장을 완성하시오.

5. warten :
Wir ______ auf den Bus ______.

6. *an*rufen :
Er ______ seinen Arzt ______.

7. sehen :
______ du meine Tasche ______?

8. verstehen :
Ich ______ nichts ______.

9. helfen :
Die Leute ______ uns nicht ______.

10. studieren :
Die Frau ______ Musik ______.

11. regnen :
Hier ______ es viel ______.

12. machen
Was ______ Sie dort ______?

13. kaufen :
Mein Freund hat heute Geburtstag. Ich ______ gestern ein Geschenk für ihn ______.

14. lesen :
Ich ______ das Buch schon ______. Das ist über das Leben eines Mannes.

15. waschen :
Er war im Badezimmer. Er ______ sich die Hände ______.

1. Er gibt mir kein Geld. ⇒ Er **hat** mir kein Geld **gegeben**.
   영 He gives me no money. / He gave/has given me no money.
   '그는 나에게 돈을 주지 않는다.' / '그는 나에게 돈을 주지 않았다.'

2. Ich trinke viel Kaffee. ⇒ Ich **habe** viel Kaffee **getrunken**.
   영 I drink much coffee. / I drank much coffee.
   '나는 커피를 많이 마신다.' / '나는 커피를 많이 마셨다.'

3. Suchst du deinen Sohn? ⇒ **Hast** du deinen Sohn **gesucht**?
   영 Are you looking for your son? / Were you looking for your son?
   '너는 너의 아들을 찾고 있니?' / '너는 너의 아들을 찾고 있었니?'

4. Wir tanzen oft zusammen. ⇒ Wir **haben** oft zusammen **getanzt**.
   영 We often dance together. / We often danced together.
   '우리는 자주 함께 춤춘다.' / '우리는 자주 함께 춤추었다.'

5. Wir **haben** auf den Bus **gewartet**.
   영 We waited/has been waiting for the bus.
   '우리는 버스를 기다렸다.'

6. Er **hat** seinen Arzt ***angerufen***.
   영 He called his doctor.
   '그는 그의 의사에게 전화했다.'

7. **Hast** du meine Tasche **gesehen**?
   영 Have you seen/Did you see my handbag?
   '너는 나의 핸드백을 보았니?'

8. Ich **habe** nichts **verstanden**.
   영 I have not understood anything.
   '나는 아무것도 이해하지 못했다.'

9. Die Leute **haben** uns nicht **geholfen**.
   영 The people didn't help us.
   '그 사람들은 우리를 도와주지 않았다.'

10. Die Frau **hat** Musik **studiert**.
    영 The woman studied music.
    '그 여자는 음악을 공부했다.'

11. Hier **hat** es viel **geregnet**.
    영 It rained a lot here.
    '여기는 비가 많이 왔다.'

12. Was **haben** Sie dort **gemacht**?
    영 What did you do/have you done there?
    '당신은 그곳에서 무엇을 했나요?'

13. Mein Freund hat heute Geburtstag. Ich **habe** gestern ein Geschenk für ihn **gekauft**.
    영 Today is my friend's birthday. I bought a present for him yesterday.
    '나의 친구는 오늘 생일이다. 나는 어제 그를 위한 선물을 구입했다.'

14. Ich **habe** das Buch schon **gelesen**. Das ist über das Leben eines Mannes.
    영 I have already read the book. It is about a man's life.
    '나는 이미 그 책을 읽었다. 그것은 한 남자의 인생에 관한 것이다.'

15. Er war im Badezimmer. Er **hat** sich die Hände **gewaschen**.
    영 He was in the bathroom. He washed his hands.
    '그는 목욕탕에 있었다. 그는 자신의 손을 씻었다.'

90. "현재완료" 시제 (2) : 현재완료 형식 「sein ... p.p」

[영어/독일어]

영어의 현재완료 ⇒ 한 가지 형식이다! 즉, 동사에 상관없이 항상 「have + p.p ...」!

독일어의 현재완료 ⇒ 영어와 달리 두 가지 형식이다!

즉, 동사들 대부분은 「haben ... p.p」이지만, 몇몇 동사들은 「sein ... p.p」!

> 현재완료 「sein ... p.p」 ⇒ 크게 두 가지 경우!
>
> 1. '장소 이동' 자동사 : **gehen** (영 go), **kommen** (영 come), **fahren** (영 go, drive) ...
> 2. '상태 변화' 자동사 : **wachsen** (영 grow), **sterben** (영 die), **werden** (영 become) ...

Ich **bin** gerade nach Hause **gekommen**.

영 I **have** just **come** home. '나는 방금 집에 왔다.'

▸ Ich __bin__ ... __gekommen__
↓ ↳ 동사 kommen(영 come)의 p.p → 문장 맨 뒤에 위치!
현재완료 조동사 sein
주어가 ich → 동사 sein의 형태는 bin

※ 동사 kommen은 '장소 이동' 자동사! → 현재완료 「sein ... p.p」 (즉, 「haben ... p.p」 아님!)

Seine Eltern **sind** schon **gestorben**.

영 His parents **have** already **died**. '그의 부모님은 이미 돌아가셨다.'

▸ Seine Eltern __sind__ ... __gestorben__
↓ ↳ 동사 sterben(영 die)의 p.p → 문장 맨 뒤에 위치!
현재완료 조동사 sein
주어 "Seine Eltern"은 복수의 sie(영 they)에 해당 → 동사 sein의 형태는 sind

※ 동사 sterben은 '상태 변화' 자동사! → 현재완료 「sein ... p.p」 (즉, 「haben ... p.p」 아님!)

Er **ist** vor zwei Jahren nach Italien **gegangen**.

영 He **went** to Italy two years ago. '그는 2년 전에 이탈리아로 갔다.'

▸ Er __ist__ ... __gegangen__
↓ ↳ 동사 gehen(영 go)의 p.p → 문장 맨 뒤에 위치!
현재완료 조동사 sein
주어가 er → 동사 sein의 형태는 ist

※ 동사 gehen은 '장소 이동' 자동사! → 현재완료 「sein ... p.p」 (즉, 「haben ... p.p」 아님!)

연습문제

✔ 주어진 동사를 사용하여 현재완료 시제 문장을 완성하시오.

1. *ein*schlafen : Der alte Mann ______ oft vor dem Fernseher __________.

2. machen, gehen : Was ______ du gestern Abend __________?
   - Ich ______ mit meinem Freund ins Kino __________.

3. werden : Das kleine Mädchen ______ eine schöne Frau __________.

4. fahren, nehmen : ______ Sie mit dem Bus __________?
   - Nein, ich ______ ein Taxi __________.

5. wachsen : Sein Sohn ______ viel __________. Er ist kein Kind mehr.

6. gehen : Wo sind die anderen? - Sie ______ alle nach Hause __________.

정답 · 해설

1. Der alte Mann **ist** oft vor dem Fernseher ***ein*geschlafen**.
   영 The old man often fell a sleep in front of the television.
   '그 늙은 남자는 자주 TV 앞에서 잠들었다.'

2. Was **hast** du gestern Abend **gemacht**?
   - Ich **bin** mit meinem Freund ins Kino **gegangen**.
   영 What did you do last night? - I went with my friend to the cinema.
   '너는 어제 저녁에 무엇을 했니?' - '나는 나의 친구와 함께 영화관에 갔어.'

3. Das kleine Mädchen **ist** eine schöne Frau **geworden**.
   영 The little girl has become a beautiful woman.
   '그 작은 소녀는 아름다운 여인이 되었다.'

4. **Sind** Sie mit dem Bus **gefahren**? - Nein, ich **habe** ein Taxi **genommen**.
   영 Did you go by bus? - No, I took a taxi.
   '너는 버스로 갔니?' - '아니, 나는 택시를 탔어.'

5. Sein Sohn **ist** viel **gewachsen**. Er ist kein Kind mehr.
   영 His son has grown much. He is not a child any more.
   '그의 아들은 많이 자랐어. 그는 더 이상 아이가 아니야.'

6. Wo sind die anderen? - Sie **sind** alle nach Hause **gegangen**.
   영 Where are the others? - They have all gone home.
   '다른 사람들은 어디에 있지?' - '그들은 모두 집으로 갔어.'

91. "현재완료" 시제 (3) : "현재완료" vs. "과거"

[영어/독일어]
영어와 달리 독일어의 경우, 현재완료 시제와 과거 시제는 내용적으로 구분되지 않는다!
두 시제는 단지 그 사용에서만 차이 날 뿐이다.

현재완료 시제	⇒	주로 일상 대화의 구어체에서 사용!
과거 시제	⇒	주로 옛 이야기, 소설 등 문어체에서 사용!

Was hast du gestern gemacht? - Ich bin ins Konzert gegangen.

영 What did you do yesterday? - I went to the concert.
'너는 어제 무엇을 했니?' - '나는 음악회에 갔어.'

▸ ... hast du ... gemacht? - Ich bin ... gegangen
이 예문은 일상생활의 대화로서 구어체임. → 현재완료 시제 사용!

Er ging im Jahre 1850 nach China und kam nie wieder zurück.

영 He went to China in 1850 and never came back again.
'그는 1850년 중국으로 갔고, 결코 다시는 돌아오지 않았다.'

▸ Er ging ... und kam ... zurück
이 예문은 옛 이야기로서 문어체임. → 과거 시제 사용!

동사 **haben** 및 **sein**, 화법조동사 **können**, **müssen**, **dürfen**, **wollen**, **sollen** 등
⇒ 구어체에서도 주로 "과거" 시제 사용!

Wo warst du gestern? - Ich war krank. Ich musste im Bett bleiben.

영 Where were you yesterday? - I was sick. I had to stay in bed.
'너는 어제 어디에 있었니?' - '나는 아팠어. 나는 자리에 누워 있어야만 했어.'

▸ ... warst du ...? - Ich war ... Ich musste ...
동사 **sein** 및 화법조동사 **müssen**의 과거 시제!
→ 일상의 대화로서 구어체이지만 과거 시제 사용! (즉, 현재완료 시제 아님!)

연습문제

주어진 동사 및 화법조동사를 사용하여 과거 시제를 완성하시오.

1. dürfen, müssen :

Ich ________ nicht zu dir kommen. Ich ________ zu Hause bleiben.

2. sein, können :

Der Kollege ________ stark erkältet. Er ________ nicht zur Arbeit gehen.

3. sein : ________ Sie einmal in Europa? - Nein, ich ________ nie dort.

4. wollen :

________ du in Deutschland studieren? - Ja, ich ________ in Berlin Musik studieren.

5. haben, müssen :

Wir ________ keine Zeit. Wir ________ für die Prüfung lernen.

정답 · 해설

1. Ich **durfte** nicht zu dir kommen. Ich **musste** zu Hause bleiben.

영 I was not allowed to come to you. I had to stay home.

'나는 너에게 가서는 안 되었어. 나는 집에 머물러 있어야만 했지.

2. Der Kollege **war** stark erkältet. Er **konnte** nicht zur Arbeit gehen.

영 The colleague had a bad cold. He couldn't go to work.

'그 동료는 심하게 감기 들었어. 그는 일하러 갈 수 없었지.'

3. **War*en*** Sie einmal in Europa? - Nein, ich **war** nie dort.

영 Have you ever been in Europe? - No, I have never been there.

'당신은 전에 한 번 유럽에 있었나요? - '아니오, 저는 결코 그곳에 있었던 적이 없어요.'

4. **Wollte*st*** du in Deutschland studieren? - Ja, ich **wollte** in Berlin Musik studieren.

영 Did you want to study in Germany? - Yes, I wanted to study music in Berlin.

'너는 독일에서 공부하려고 했니?' - '응, 나는 베를린에서 음악을 공부하려고 했어.'

5. Wir **hatte*n*** keine Zeit. Wir **musste*n*** für die Prüfung lernen.

영 We had no time. We had to study for the examination.

'우리는 시간이 없었어. 우리는 시험을 위해 공부해야만 했거든.'

92. "과거완료" / "미래" : "과거완료" 및 "미래" 시제의 형태, 용법

[영어/독일어]
영어 "과거완료" ⇒ 과거의 특정 시점을 기준으로 하여, 그 이전부터 특정 과거 시점까지의 '완료, 경험, 결과, 계속'을 나타낸다.
영어와 달리 독일어의 과거완료는 '완료, 경험, 계속, 결과'의 의미적 특성과는 무관하다.
과거에 발생했던 특정 사건보다 시간적으로 앞서 이루어졌음을 뜻하는 대과거의 의미를 지닌다.

과거완료 시제 : 「**hatte/war** ... p.p」 '...하였(었)다' (영 「had + p.p ...」)

Er war sehr müde. Er hatte den ganzen Tag hart gearbeitet.

영 He was very tired. He had worked hard all day long.
'그는 매우 피곤했다. 그는 온 종일 힘들게 일을 했었다.'

[영어/독일어]
영어 "미래" 시제 ⇒ 앞으로 발생하게 될 일에 대한 '예정' 및 '추측'을 나타낸다.
독일어의 미래 시제 역시 **영어처럼** '예정' 및 '추측'을 나타낸다.

미래 시제 : 「**werden** ... 동사 원형」 '...일 것이다' (영 will ... ; be going to ...)

〈참고〉 독일어의 미래 시제는 **영어와 달리** 제한적으로 사용된다.
특히 미래를 뜻하는 부사어가 있을 경우, 독일어는 일반적으로 현재 시제를 사용한다 :

Er komm*t* morgen. 영 He will come tomorrow.
Ich bleib*e* hier bis morgen. 영 I am going to stay here till tomorrow.

Ich werde dich bald besuchen.

영 I will visit you soon.
'나는 너를 곧 방문할 거야.'

Er wird wohl allein kommen.

영 He'll probably come alone.
'그는 아마도 혼자 올 거야.'

연습문제

주어진 동사를 사용하여 과거완료 시제 문장을 완성하시오.

1. essen :

   Peter hatte Hunger. Er ______ den ganzen Tag noch nichts ________.

2. go :

   Frau Müller war nicht da. Sie ______ schon nach Hause ________.

3. lernen :

   Ich habe die Prüfung bestanden. Dafür ______ ich fleißig ________.

주어진 동사를 사용하여 미래 시제 문장을 완성하시오.

4. regnen : Morgen ____ es ______.

5. tun : Was ____ du ______?

6. *an*rufen : Er ____ dich ______.

7. sehen : Ich ____ ihn nie wieder ______.

정답 · 해설

1. Peter hatte Hunger. Er **hatte** den ganzen Tag noch nichts **gegessen**.
   - 영 Peter was hungry. He hadn't eaten anything all day.
   - '페터는 배가 고팠다. 그는 하루 종일 아무 것도 먹지 못했었다.'
2. Frau Müller war nicht da. Sie **war** schon nach Hause **gegangen**.
   - 영 Mrs. Müller was not there. She had gone home already.
   - '뮐러 부인은 그곳에 없었다. 그녀는 이미 집으로 가버렸다.'
3. Ich habe die Prüfung bestanden. Dafür **hatte** ich fleißig **gelernt**.
   - 영 I passed the examination. I studied hard for that.
   - '나는 그 시험을 통과했다. 이를 위해 나는 열심히 공부했었다.'

4. Morgen **wird** es **regnen**.
   - 영 It will rain tomorrow.
   - '내일 비가 올 거야.'

5. Was **wirst** du **tun**?
   - 영 What will you do?
   - '너는 무엇을 할 거니?'

6. Er **wird** dich ***an*rufen**.
   - 영 He will call you.
   - '그가 너에게 전화할 거야.'

7. Ich **werde** ihn nie wieder **sehen**.
   - 영 I will never see him again.
   - '나는 그를 결코 다시 보게 되지 않을 거야.'

93. 부문장 (1) : 부문장의 "후치" 어순 / 종속접속사

[영어]

영어의 **because**, **if** ...는 종속접속사이다.

He is not here because he is sick. '그가 여기 있지 않은데, 왜냐하면 아프기 때문이다.'

↓ 주문장 (= 주절)　↓ 부문장 (= 종속절)

이와 같이 종속접속사 because는 바로 뒤에 부문장(= 종속절)을 이끌며,
이를 주문장(= 주절)에 연결한다.

[독일어]

독일어도 **영어처럼** 종속접속사가 있다 : **weil** (영 because), **wenn** (영 if) ...

> 종속접속사 : **영어처럼** 뒤에 부문장을 이끌며, 이를 주문장에 연결한다.
>
> ※ 종속접속사 부문장은 **영어와 달리** 두 가지 독특한 형태를 보인다.
>
> 1. 어순은 항상 "후치" ⇒ 동사가 맨 뒤에 위치!
> 2. 부문장은 항상 콤마(,)로 구분!
>
> Er ist nicht hier , **weil** er krank **ist** .　영 He is not here because he is sick.
>
> 주문장 (= 주절)　↓ 콤마!　부문장 (= 종속절)
>
> ↓ 후치되어 동사가 맨 뒤에 옴!
>
> 즉, Er ist krank × ⇒ ... er krank ist
>
> 후치 이동

〈주의〉 후치 어순은 **영어에 없는** 독일어만의 독특한 문법 사항임!

Ich komme zu dir, wenn ich Zeit habe.

영 I'll come to you if I have time.
'나는 너에게 갈 거야 만약 내가 시간을 갖게 되면 말이야.'

▸ ... , **wenn** ich Zeit **habe**

↓ 콤마!　부문장 ↓ 어순은 후치!

즉, Ich habe Zeit × ⇒ ... ich Zeit habe

후치 이동

[영어]

영어의 경우, 부문장이 주문장 앞에 올 수 있다.

Because he is sick, he is not here. '그는 아프기 때문에 여기 있지 않다.'
↓ 부문장 ↓ 주문장

〈참고〉 영어에서는 이 경우 보통 콤마가 온다.

[독일어]

영어처럼 독일어의 경우도 부문장이 주문장 앞에 올 수 있다.

> 종속접속사 부문장이 주문장 앞에 올 경우
>
> ⇒ 뒤에 오는 주문장의 어순은 영어와 달리 도치! (즉, 동사가 주어 앞에 위치)
>
> Weil er krank ist , ist er nicht hier . ⓔ Because he is sick, he is not here.
>
> 부문장 ↓ 어순은 후치! 즉, 동사가 맨 뒤에 :
>
> Er ist krank × ⇒ ... er krank ist (후치 이동)
>
> ↓ 콤마!
>
> 주문장 ↓ 어순은 도치! 즉, 동사가 주어 앞에 : ... , ist er ...

Wenn ich Zeit habe, komme ich zu dir.

ⓔ If I have time, I'll come to you.

'내가 시간을 갖게 되면 너에게 가겠어.'

▸ Wenn ich Zeit habe , komme ich zu dir .

부문장 ↓ 어순은 후치! 즉, 동사가 맨 뒤에 :

Ich habe Zeit × ⇒ ... ich Zeit habe (후치 이동)

↓ 콤마!

주문장 ↓ 어순은 도치! 즉, 동사가 주어 앞에 : ... , komme ich ...

※ 주요 종속접속사

weil '왜냐하면 ...' (ⓔ because)	**wenn** '만약 ...일 경우' (ⓔ if ; when)
dass '...라는 사실' (ⓔ that)	**obwohl** '비록 ...이지만' (ⓔ though ; even if)
bevor '... 전에' (ⓔ before)	**nachdem** '... 후에' (ⓔ after)
als '...하였을 때' (ⓔ when ; as)	

연습문제

✔ 주어진 문장을 밑줄 친 곳에 넣어 부문장을 만드시오.

1. Ich habe Hunger. ⇒ Ich gehe jetzt ins Restaurant, weil ________________.

2. Er hilft einem armen Mädchen. ⇒ Weißt du, dass ________________?

3. Es regnet stark. ⇒ Obwohl ________________, spielen die Kinder im Garten.

4. Du kommst morgen. ⇒ Wenn ________________, zeige ich dir das Foto.

✔ 주어진 낱말을 사용하여 우리말을 독일어로 옮기고, 이를 빈 칸에 알맞게 넣으시오.

5. (besuchen, Tante, Krankenhaus)
   ... 나는 병원에 계신 나의 숙모님을 방문하기 때문이다.
   ⇒ Ich habe Blumen gekauft, ________________________.

6. (sein, kein Deutsch-, Lehrer, neu)
   나의 새 선생님은 비록 독일 사람이 아니지만 ...
   ⇒ ________________________, kann er gut Deutsch sprechen.

7. (sehen, Freund, amerikanisch, Stadt)
   ... 만약 네가 시내에서 나의 미국인 친구를 볼 경우
   ⇒ Ruf mich bitte sofort an, ________________________!

✔ 틀린 부분(들)을 올바르게 고치시오.

8. Obwohl der alte Mann ist mein Nachbar, ich kenne ihn nicht gut.
   ⇒ ________________________.

9. Er hat früh eingeschlafen, weil er hatte am nächsten Tag eine Prüfung.
   ⇒ ________________________.

10. Wenn du mögst Musik, ich kann geben dir ein Konzertticket.
    ⇒ ________________________.

1. Ich habe Hunger. ⇒ Ich gehe jetzt ins Restaurant, weil ich Hunger **habe**.
   - 영 I am hungry. / I'm going to the restaurant now because I am hungry.
   - '나는 배고프다.' / '나는 지금 식당으로 가는데, 왜냐하면 나는 배고프기 때문이다.'
2. Er hilft einem armen Mädchen. ⇒ Weißt du, dass er einem armen Mädchen **hilft**?
   - 영 He helps a poor girl. / Do you know that he helps a poor girl?
   - '그는 한 불쌍한 소녀를 돕는다.' / '너는 그가 한 불쌍한 소녀를 돕는다는 것을 아니?'
3. Es regnet stark. ⇒ Obwohl es stark **regnet**, spielen die Kinder im Garten.
   - 영 It is raining hard. / Though it's raining hard, the children are playing in the garden.
   - '강하게 비가 내린다.' / '비록 강하게 비가 내리지만 그 아이들은 정원에서 놀고 있다.'
4. Du kommst morgen. ⇒ Wenn du morgen **kommst**, zeige ich dir das Foto.
   - 영 You will come tomorrow. / If you come tomorrow, I'll show you the photograph.
   - '너는 내일 온다.' / '네가 내일 온다면 나는 너에게 그 사진을 보여줄 거야.'

5. Ich habe Blumen gekauft, **weil** ich meine Tante im Krankenhaus **besuche**.
   - 영 I bought flowers because I'll visit my aunt in the hospital.
   - '나는 꽃을 샀는데, 왜냐하면 나는 병원에 계신 나의 숙모님을 방문하기 때문이다.'
6. **Obwohl** mein neuer Lehrer kein Deutscher **ist**, kann er gut Deutsch sprechen.
   - 영 Though my new teacher is not a German, he can speak German well.
   - '나의 새 선생님은 비록 독일 사람이 아니지만 그는 독일어를 잘 할 수 있다.'
7. Ruf mich bitte sofort an, **wenn** du meinen amerikanischen Freund in der Stadt **siehst**!
   - 영 Please call me at once if you see my American friend in downtown.
   - '내게 즉시 전화해 줘, 만약 네가 시내에서 나의 미국인 친구를 볼 경우.'

8. Obwohl der alte Mann ~~ist~~ mein Nachbar, ~~ich kenne~~ ihn nicht gut.
   ⇒ Obwohl der alte Mann mein Nachbar **ist**, **kenne ich** ihn nicht gut.
   - 영 Though the old man is my neighbour, I don't know him well.
   - '비록 그 나이 든 남자가 나의 이웃이긴 하지만 나는 그를 잘 알지 못해.'
9. Er ~~hat~~ früh eingeschlafen, weil er ~~hatte~~ am nächsten Tag eine Prüfung.
   ⇒ Er **ist** früh eingeschlafen, weil er am nächsten Tag eine Prüfung **hatte**.
   - 영 He fell asleep early because he had an examination next day.
   - '그는 일찍 잠들었는데, 왜냐하면 그는 다음 날 시험이 있었기 때문이다.'
10. Wenn du ~~mögst~~ Musik, ~~ich kann geben~~ dir ein Konzertticket.
    ⇒ Wenn du Musik **magst**, **kann ich** dir ein Konzertticket **geben**.
    - 영 If you like music, I can give you a concert ticket.
    - '만약 네가 음악을 좋아할 경우 나는 너에게 음악회 티켓 하나를 줄 수 있어.'

94. 부문장 (2) : 분리동사, 화법조동사, 현재완료 문장의 "후치" 구조

[영어/독일어]

독일어의 분리동사, 화법조동사, 현재완료 문장은 **영어에 없는** 독일어만의 독특한 형식을 지닌다.

- 분리동사 : Er **steht** um 6 Uhr ***auf***. ⇒ 분리전철 *auf*-가 문장 맨 뒤에!
- 화법조동사 : Er **kann** gut singen. ⇒ 동사원형 singen이 문장 맨 뒤에!
- 현재완료 : Er **hat** Tennis gespielt. ⇒ p.p형 gespielt가 문장 맨 뒤에!

따라서 이들 문장이 후치될 경우, **영어에 없는** 독특한 구조를 보여주게 된다.

※ 분리동사 문장의 후치 :

> 예 분리동사 ***auf*stehen** '일어나다' (영 get up)
>
> Er **steht** um 6 Uhr ***auf*** × ⇒ ... er um 6 Uhr ***auf*steht**
>
> (steht → × : 후치 이동)
>
> ↓ 분리전철 *auf*-와 동사 **steh*t***를 붙여 표기!
>
> 영 He **gets up** at 6 o'clock. '그는 6시에 기상한다.'

Wenn wir ihn einladen, kommt er sicher.

영 If we invite him, he'll surely come.

'만약 우리가 그를 초대하면 그는 틀림없이 온다.'

▸ *Wenn* wir ihn ***ein*laden** , ...

↓ 종속접속사 *wenn* 부문장이므로 후치!

즉, Wir **lade*n*** ihn ***ein*** × ⇒ ... wir ihn ***ein*laden**

(laden → × : 후치 이동)

↓ 분리전철 *ein*-과 동사 **lade*n***을 붙여 표기!

※ 화법조동사 문장의 후치 :

> 예 「**können** ... 동사 원형」 '...할 수 있다' (영 can + 동사 원형 ...)
>
> Er **kann** gut singen × ⇒ ... er gut singen **kann**
>
> (kann → × : 후치 이동)
>
> ↓ 화법조동사 **kann**과 동사 원형 singen이 함께 연이어 옴!
>
> 영 He **can** sing well. '그는 노래를 잘 할 수 있다.'

Ich weiß, dass du jetzt gehen musst.

영 I know that you must go now.
'나는 네가 지금 가야 한다는 것을 안다.'

▸ ... , *dass* du jetzt gehen musst
↓
종속접속사 *dass* 부문장이므로 후치!
즉, Du musst jetzt gehen × ⇒ ... du jetzt gehen musst
후치 이동
↓
동사 원형 gehen과 화법조동사 musst가 함께 연이어 옴!

※ 현재완료 문장의 후치 :

(1) 현재완료 「haben ... p.p」:

Er hat Tennis gespielt × ⇒ ... er Tennis gespielt hat
후치 이동
↓
조동사 hat와 p.p형 gespielt가 함께 연이어 옴!

영 He has played tennis. '그는 테니스를 쳤다.'

(2) 현재완료 「sein ... p.p」:

Er ist allein gestorben × ⇒ ... er allein gestorben ist
후치 이동
↓
조동사 ist와 p.p형 gestorben이 함께 연이어 옴!

영 He has died alone. '그는 홀로 죽었다.'

Obwohl ich lange geschlafen habe, bin ich noch müde.

영 Although I have slept a long time, I'm still tired.
'비록 나는 오랫동안 잠을 잤음에도 불구하고 아직 피곤하다.'

▸ *Obwohl* ich lange geschlafen habe , ...
↓
종속접속사 *obwohl* 부문장이므로 후치!
즉, Ich habe lange geschlafen × ⇒ ... ich lange geschlafen habe
후치 이동
↓
p.p형 geschlafen과 조동사 habe가 함께 연이어 옴!

연습문제

✔ 주어진 문장을 밑줄 친 곳에 넣어 부문장을 만드시오.

1. Du rufst ihn an. ⇒ Er kommt zu dir, wenn ______________________.
2. Ich musste nicht zur Arbeit gehen.

   ⇒ Weil ______________________ , konnte ich zu Hause bleiben.
3. Die Frau hat viele Bücher geschrieben.

   ⇒ Ich weiß auch, dass ______________________.
4. Meine Eltern können kein Deutsch sprechen.

   ⇒ Obwohl ______________________ , machen sie eine Reise nach Deutschland.
5. Unsere Großmutter ist gestern gestorben.

   ⇒ Wir sind sehr traurig, weil ______________________.

✔ 주어진 우리말을 독일어로 옮겼을 때 밑줄 친 ⓐ ~ ⓔ 중에서 옳지 **않은** 경우는?

6. 그녀가 외국인이며 여기 살지 않는다는 것은 중요하지 않다.

   ⇒ ⓐ Es ist nicht wichtig, dass sie Ausländerin ⓑ ist und ⓒ lebt nicht hier.
7. 그가 집으로 간 뒤에 그의 친구가 왔다.

   ⇒ Nachdem er nach Hause ⓓ gegangen war, kam sein Freund.
8. 너는 지난 주 베를린에 있었을 때 무엇을 했니?

   ⇒ Was hast du gemacht, ⓔ wenn du letzte Woche in Berlin warst?

✔ **틀린** 부분(들)을 올바르게 고치시오.

9. Ich habe gehört, dass dein Bruder ein neuer Auto kaufen möchtet.

   ⇒ ______________________.
10. Wenn du schnell sprechst, kann ich dir nicht verstehen.

    ⇒ ______________________.

1. Er kommt zu dir, wenn du ihn *an*rufst.

영 He'll come to you if you call him.
'만약 네가 그에게 전화하면 그는 너에게 올 거야.'

2. Weil ich nicht zur Arbeit gehen musste, konnte ich zu Hause bleiben.

영 Because I didn't have to go to work, I could stay home.
'나는 일하러 갈 필요가 없었기 때문에 집에서 머물 수 있었다.'

3. Ich weiß auch, dass die Frau viele Büch*er* geschrieben hat.

영 I also know that the woman wrote many books.
'그 여자가 많은 책들을 썼다는 것을 나 역시 알고 있어.'

4. Obwohl meine Eltern kein Deutsch sprechen können, machen sie eine Reise nach Deutschland.

영 Though my parents can't speak German, they'll make a trip to Germany.
'나의 부모님은 독일어를 할 수 없음에도 불구하고 독일로 여행을 간다.'

5. Wir sind sehr traurig, weil unsere Großmutter gestern gestorben ist.

영 We are very sad because our grandmother died yesterday.
'우리는 매우 슬픈데, 왜냐하면 우리의 할머니께서 어제 돌아가셨기 때문이다.'

정답 : ⓒ **lebt** ⇒ 후치되어 문장 뒤에 와야 함!
ⓔ **wenn** ⇒ 과거의 특정 시점 '...하였을 때'이므로 **als**가 옳음!

6. ⓐEs ist nicht wichtig, dass sie Ausländerin ⓑist und ⓒ~~lebt~~ nicht hier lebt.

영 It is not important that she is a foreigner and doesn't live here.

7. Nachdem er nach Hause ⓓgegangen war, kam sein Freund.

영 After he had gone home, his friend came.

8. Was hast du gemacht, ⓔ~~wenn~~ als du letzte Woche in Berlin warst?

영 What did you do when you were in Berlin last week?

9. Ich habe gehört, dass dein Bruder ein ~~neuer~~ Auto kaufen ~~möchtet~~.

⇒ Ich habe gehört, dass dein Bruder ein neues Auto kaufen möchte.

영 I heard that your brother would like to buy a new car.
'나는 너의 남동생이 새 자동차를 사고 싶어 한다는 것을 들었어.'

10. Wenn du schnell ~~sprechst~~, kann ich ~~dir~~ nicht verstehen.

⇒ Wenn du schnell sprichst, kann ich dich nicht verstehen.

영 If you speak so fast, I cannot understand you.
'만약 네가 그렇게 빨리 말하면 나는 너를 이해할 수 없어.'

95. 부문장 (3) : 의문사 부문장

[영어]

I don't know where he is now. '나는 그가 지금 어디에 있는지를 알지 못한다.'

↓

앞의 타동사 know의 목적어!

이와 같이 영어 의문사 who, what, where, when ...은 뒤에 부문장을 이끌고, 이 부문장은 주어, 목적어, 보어 등의 역할을 한다.

[독일어]

영어처럼 독일어 의문사 wer, was, wann, wo ... 역시 이러한 용법을 지닌다.

> 의문사 **wer**(영 who), **was**(영 what), **wann**(영 when), **wo**(영 where) ...
>
> ⇒ 뒤에 부문장을 이끌고, 이 부문장은 주어, 목적어, 보어 등의 역할을 한다!
>
> Ich weiß nicht, wo er jetzt ist. 영 I don't know where he is now.
>
> ↓ 콤마! / 부문장 ↓
>
> 부문장 전체가 앞의 타동사 weiß의 목적어임!
>
> 부문장이므로 어순은 후치 :
>
> 즉, ... er ist jetzt × ⇒ ... er jetzt ist
>
> 후치 이동

Kannst du mir sagen, warum du ihn liebst?

영 Can you tell me why you love him?

'왜 네가 그를 사랑하는지를 너는 나에게 말해줄 수 있니?'

▸ ... sagen, warum du ihn liebst

↓ 콤마! / 부문장 ↓

부문장 전체가 앞의 타동사 sagen의 목적어임!

부문장이므로 어순은 후치 :

즉, Du liebst ihn × ⇒ ... du ihn liebst

후치 이동

연습문제

주어진 문장을 밑줄 친 곳에 넣어 부문장을 만드시오.

1. Wem gehört dieses große Haus? ⇒ Weißt du, ______________________?

2. Welchen Film soll ich sehen? ⇒ Ich habe ihn gefragt, ______________________.

3. Wer hat das Buch geschrieben?
   ⇒ Es ist nicht bekannt, ______________________.

4. Warum ist sie nicht zur Party gekommen?
   ⇒ Wir verstehen nicht, ______________________.

5. Um wie viel Uhr stehst du auf?
   ⇒ Ich möchte wissen, ______________________.

정답 · 해설

1. Wem gehört dieses große Haus? ⇒ Weißt du, **wem** dieses große Haus **gehört**?
   영 Who does this big house belong to? '이 큰 집은 누구 소유인가?'
   영 Do you know who this big house belongs to? '너는 이 큰 집이 누구 소유인지를 알고 있니?'

2. Welchen Film soll ich sehen? ⇒ Ich habe ihn gefragt, **welchen** Film ich *sehen* **soll**.
   영 Which movie should I see? '내가 어떤 영화를 봐야 좋을까?'
   영 I asked him which movie I should see. '나는 그에게 내가 어떤 영화를 봐야 좋을지를 질문했다.'

3. Wer hat das Buch geschrieben? 영 Who wrote the book? '누가 그 책을 썼는가?'
   ⇒ Es ist nicht bekannt, **wer** das Buch *geschrieben* **hat**.
   영 It is not known who wrote the book. '누가 그 책을 썼는지는 알려져 있지 않다.'

4. Warum ist sie nicht zur Party gekommen?
   영 Why didn't she come to the party? '그녀는 왜 파티에 오지 않았지?'
   ⇒ Wir verstehen nicht, **warum** sie nicht zur Party *gekommen* **ist**.
   영 We don't understand why she didn't come to the party.
   '우리는 그녀가 왜 파티에 오지 않았는지를 이해하지 못한다.'

5. Um wie viel Uhr stehst du *auf*?
   영 What time do you get up? '너는 몇 시에 일어나니?'
   ⇒ Ich möchte wissen, **um wie viel Uhr** du ***auf*stehst**.
   영 I want to know what time you get up. '나는 네가 몇 시에 일어나는지를 알고 싶어.'

96. zu-부정사 (1) : 「zu + 동사 원형」, 즉 "zu-부정사"의 구조

[영어/독일어]

영어 "to 부정사"의 형태 : 「to + 동사 원형 ...」

My dream is to become a doctor. '나의 꿈은 의사가 되는 것이다.'

↓

to 부정사

It is not easy to get up early. '일찍 일어나는 것은 쉽지 않다.'

↓

to 부정사

영어처럼 독일어에도 "zu-부정사"가 있다.

그러나 독일어 zu-부정사는 **영어와 다른** 독특한 형태를 지닌다.

> 독일어 **zu-부정사** : 「, ... zu + 동사 원형」
>
> - **영어와 달리** "zu + 동사 원형"은 **맨 뒤**에 위치!
> - **영어와 달리** zu-부정사 앞에는 **콤마**(,)!

Mein Traum ist, Arzt zu werden.

영 My dream is to become a doctor. '나의 꿈은 의사가 되는 것이다.'

▸ ... , Arzt zu werden

↓ zu-부정사

콤마! ↓

"zu werden"은 맨 뒤에!

(동사 werden의 보어 "Arzt"는 zu 앞에 옴.)

> **분리동사**의 zu-부정사 ⇒ zu가 **전철과 동사 사이**에 위치!
>
> 예 분리동사 ***auf*stehen** '기상하다' (영 get up) ⇒ 「, ... *auf***zu**stehen」
>
> ↓
>
> **zu** *auf*stehen 아님!

Es ist nicht einfach, früh aufzustehen.

영 It is not easy to get up early. '일찍 일어나는 것은 쉽지 않다.'

▸ ... , früh *auf*zustehen

↓ zu-부정사

콤마! ↓

"*auf*zustehen"은 맨 뒤에!

(부사어 "früh"는 zu 앞에 옴.)

연습문제

〈보기〉처럼 주어진 문장을 이용하여 zu-부정사 형식으로 표현하시오.

〈보기〉 Er will Musik studieren. ⇒ Sein Plan ist, Musik zu studieren .

1. Fahr bitte mit dem Bus! ⇒ Es ist besser, ______________________.

2. Du musst mich nicht anrufen. ⇒ Es ist nicht nötig, ________________.

3. Warum darf ich ihn nicht einladen? ⇒ Warum ist es falsch, ______________?

4. Ich konnte seine Fragen nicht verstehen.

   ⇒ Es war unmöglich, ______________________.

정답 · 해설

〈보기〉 Er will Musik studieren. ⇒ Sein Plan ist, Musik **zu** studieren .

영 He wants to study music. ⇒ 영 His plan is to study music.

'그는 음악을 공부하려고 한다.' ⇒ '그의 계획은 음악을 공부하는 것이다.'

1. Fahr bitte mit dem Bus! ⇒ Es ist besser, mit dem Bus **zu** fahren.
   - 영 Please go by bus. ⇒ 영 It is better to go by bus.
   - '버스로 가라.' ⇒ '버스로 가는 것이 더 좋다.'
2. Du musst mich nicht *an*rufen. ⇒ Es ist nicht nötig, mich *an***zu**rufen.
   - 영 You don't have to call me. ⇒ 영 It is not necessary to call me.
   - '너는 나에게 전화할 필요 없어.' ⇒ '나에게 전화하는 것은 필요하지 않아.'
3. Warum darf ich ihn nicht *ein*laden? ⇒ Warum ist es falsch, ihn *ein***zu**laden?
   - 영 Why must not I invite him? ⇒ 영 Why is it wrong to invite him?
   - '왜 내가 그를 초대해서는 안 돼?' ⇒ '그를 초대하는 것이 왜 잘못된 거지?'
4. Ich konnte seine Frage***n*** nicht verstehen.
   - 영 I couldn't understand his questions. '나는 그의 질문들을 이해할 수 없었다.'
   - ⇒ Es war unmöglich, seine Frage***n*** **zu** verstehen.
     - 영 It was impossible to understand his questions.
     - '그의 질문들을 이해하는 것은 불가능했다.'

97. zu-부정사 (2) : zu-부정사의 명사적 용법

[영어]

to 부정사의 명사적 용법 ⇒ 문장의 주어, 동사의 목적어 등의 역할! ('...하는 것, ...하기')

To study music is my dream. '음악을 공부하는 것이 나의 꿈이다.'

↓

to 부정사 → 문장의 주어!

I hope to see you soon. '나는 너를 곧 보기를 바래.'

↓

to 부정사 → 동사 hope의 목적어!

[독일어]

독일어 zu-부정사 역시 영어처럼 명사적 용법을 지닌다.

> zu-부정사의 명사적 용법 ⇒ 문장의 주어, 동사의 목적어! ('...하는 것, ...하기')
>
> Musik zu studieren ist mein Traum. 영 To study music is my dream.
>
> ↓
>
> zu-부정사 → 문장의 주어!
>
> Ich hoffe, dich bald zu sehen. 영 I hope to see you soon.
>
> ↓
>
> zu-부정사 → 앞에 나온 동사 hoffe의 목적어!

Ich versuche immer, stark zu sein.

영 I always try to be strong.

'나는 강하려고 늘 노력한다.'

▸ ... versuche ... , stark zu sein

↓

zu-부정사 → 앞에 나온 동사 versuche의 목적어!

Englisch zu lernen ist schwer. ⇒ Es ist schwer, Englisch zu lernen.

영 To learn English is hard.

'영어를 배우는 것은 어렵다.'

▸ Englisch zu lernen ist ...

↓

zu-부정사 → 문장의 주어!

영 It is hard to learn English.

'영어를 배우는 것은 어렵다.'

▸ Es ... , Englisch zu lernen

Es ↓ 형식적 주어 ("가주어")

Englisch zu lernen ↓ zu-부정사 ↳ 실질적 주어 ("진주어")

연습문제

우리말 문장의 밑줄 친 부분을 독일어 zu-부정사 형식으로 표현하시오.

1. 나의 남동생이 <u>우리를 도와주겠다고</u> 나에게 약속했다. (helfen)

⇒ Mein Bruder hat mir versprochen, ____________________.

2. 그는 <u>그의 친구들을 저녁 식사에 초대하는 것을</u> 계획했다. (*ein*laden, Freund)

⇒ Er plante, ____.

3. <u>유럽으로 여행하는 것은</u> 비용이 많이 든다. (machen, Reise, Europa)

⇒ Es kostet viel Geld, ___________________________________.

4. <u>저에게 그 책을 되돌려 주는 것을</u> 잊지 마세요. (*zurück*geben, Buch)

⇒ Vergessen Sie bitte nicht, ______________________________!

5. 나는 <u>그 산으로 올라가는 것이</u> 매우 위험하다고 생각한다. (steigen, Berg)

⇒ Ich denke, dass es sehr gefährlich ist, _________________________.

정답 · 해설

1. Mein Bruder hat mir versprochen, <u>uns **zu** helfen</u>.
   - 영 My brother promised me to help us.

     '나의 남동생이 우리를 도와주겠다고 나에게 약속했다.'

2. Er plante, <u>seine Freunde zum Abendessen *ein***zu**laden</u>.
   - 영 He planed to invite his friends to dinner.

     '그는 그의 친구들을 저녁 식사에 초대하는 것을 계획했다.'

3. Es kostet viel Geld, <u>eine Reise nach Europa **zu** machen</u>.
   - 영 It costs much money to make a trip to Europe.

     '유럽으로 여행하는 것은 비용이 많이 든다.'

4. Vergessen Sie bitte nicht, <u>mir das Buch *zurück***zu**geben</u>!
   - 영 Please don't forget to give me back the book.

     '저에게 그 책을 되돌려 주는 것을 잊지 마세요.'

5. Ich denke, dass es sehr gefährlich ist, <u>auf den Berg **zu** steigen</u>.
   - 영 I think that it is very dangerous to climb the mountain.

     '나는 그 산으로 올라가는 것이 매우 위험하다고 생각한다.'

98. zu-부정사 (3) : zu-부정사의 형용사적 용법

[영어]

to 부정사의 형용사적 용법 ⇒ 앞에 있는 명사를 수식! ('...하는, ...할')

I have no *time* to read the book. '나는 그 책을 읽을 시간이 없다.'

↓

to 부정사 → 앞에 나온 명사 time 수식!

[독일어]

독일어 zu-부정사 역시 영어처럼 형용사적 용법을 지닌다.

zu-부정사의 형용사적 용법 ⇒ 앞에 나온 명사를 수식! ('...하는, ...할')

Ich habe keine *Zeit*, das Buch **zu** lesen.

↓

zu-부정사 → 앞에 나온 명사 Zeit 수식!

영 I have no *time* to read the book.

Ich habe keine Lust, das Problem mit dir zu diskutieren.

영 I have no desire to discuss the problem with you.

'나는 그 문제를 너와 논의할 마음이 없어.'

▸ ... keine *Lust*, das Problem mit dir **zu** diskutieren

↓

zu-부정사 → 앞에 나온 명사 Lust 수식!

Wir sind gegen den Plan, hier ein Haus zu bauen.

영 We are against the plan to build a house here.

'우리는 여기에 집을 짓고자 하는 그의 계획에 반대한다.'

▸ ... gegen den *Plan*, hier ein Haus **zu** bauen

↓

zu-부정사 → 앞에 나온 명사 Plan 수식!

연습문제

우리말 문장의 밑줄 친 부분을 독일어 zu-부정사 형식으로 표현하시오.

1. 너는 그렇게 슬퍼할 이유가 없어. (sein, traurig, so)

⇒ Du hast keinen Grund, ______________.

2. 독서할 최선의 시기는 언제인가? (lesen, Buch)

⇒ Wann ist die beste Zeit, ______________?

3. 너에게 대답할 기회를 나에게 줘라. (antworten)

⇒ Gib mir bitte die Chance, ______________!

4. 멋진 집을 얻을 수 있는 다른 가능성은 없다. (bekommen, Haus, schön)

⇒ Es gibt keine andere Möglichkeit, ______________.

5. 나는 거기서 다른 사람들과 함께 TV를 볼 의향이 없다.
(*fern*sehen, Leute, ander-, zusammen)

⇒ Ich habe keine Lust, ______________.

정답 · 해설

1. Du hast keinen Grund, so traurig **zu** sein.
   영 You have no reason to be so sad. '너는 그렇게 슬퍼할 이유가 없어.'
2. Wann ist die beste Zeit, Bü*cher* **zu** lesen?
   영 When is the best time to read books? '독서할 최선의 시기는 언제인가?'
3. Gib mir bitte die Chance, dir **zu** antworten!
   영 Please give me a chance to answer you. '너에게 대답할 기회를 나에게 줘라.'
4. Es gibt keine andere Möglichkeit, ein schönes Haus **zu** bekommen.
   영 There is no other possibility to get a nice house. '멋진 집을 얻을 수 있는 다른 가능성은 없다.'
5. Ich habe keine Lust, dort mit anderen Leuten zusammen *fern***zu**sehen.
   영 I have no desire to watch TV together with other people there.
   '나는 거기서 다른 사람들과 함께 TV를 볼 의향이 없다.'

99. zu-부정사 (4) : zu-부정사의 독립적인 용법

[영어/독일어]

영어의 to 부정사는 '목적', '원인' 등의 부사적 용법이 있다.

(목적) We are here to help you. '우리는 너를 돕기 위해 여기 있다.'

(원인) I am glad to see you. '나는 너를 만나서 기쁘다.'

영어와 달리 독일어 zu-부정사는 이와 같은 부사적 용법이 없다!

그러나 부사적 의미를 지니는 독립적인 형식들이 있다. 대표적인 예로서 "um ... zu ..."가 있다.

> 「, um ... zu + 동사 원형」 '... 하기 위해' (영 in order to ...)
>
> 〈주의〉 여기서 um은 형식적인 요소임. 즉, 4격 전치사 아님!

Wir sind hier, um dir zu helfen.

영 We are here to help you. '우리는 너를 돕기 위해 여기에 있다.'

[영어/독일어]

영어의 경우, to 부정사를 포함하는 독립적인 형식들이 있다.

예 「need to + 동사 원형」 : You don't need to work today. '너는 오늘 일할 필요가 없다.'

영어처럼 독일어의 경우도 zu-부정사를 포함하는 독립적인 형식들이 있다!

> 「brauchen ... zu + 동사 원형」 '...할 필요 있다' (영 need to ...)
>
> 〈주의〉 주로 부정문임 : 「brauchen ... nicht (혹은 kein-) ... zu + 동사 원형」 '...할 필요 없다'

Du brauchst heute nicht zu arbeiten.

영 You don't need to work today. '너는 오늘 일할 필요가 없어.'

> 「A ist ... zu + 타동사 원형」 1 'A는 ...될 수 있다' (영 「can be + p.p ...」)
>
> 2 'A는 ...되어야 하다' (영 「must be + p.p ...」)

Die Erde ist noch zu retten.

영 The earth can still be saved. '지구는 아직 구해질 수 있다.'

연습문제

우리말 문장의 밑줄 친 부분을 독일어 "um ... zu ..." 형식으로 표현하시오.

1. 그는 친구들과 함께 자신의 생일 축하 파티를 하기 위해 시내로 갔다.
   (feiern, Geburtstag, Freund, zusammen)
   ⇒ Er ist in die Stadt gefahren, ______________________________.

2. 우리는 새 차를 사기 위한 돈이 없었다. (kaufen, Auto, neu)
   ⇒ Wir hatten kein Geld, ______________________.

3. 나는 그가 좋은 직업을 찾기 위해 현재 베를린에 머무르고 있다고 들었다.
   (finden, Beruf, gut)
   ⇒ Ich habe gehört, dass er jetzt in Berlin bleibt, __________________.

주어진 문장을 "brauchen ... zu ..." 및 "sein ... zu ..." 형식으로 표현하시오.

4. Ich muss morgen nicht früh aufstehen. ⇒ ________________________

5. Man kann Deutsch einfach lernen. ⇒ ________________________

정답 · 해설

1. Er ist in die Stadt gefahren, **um** mit Freunden zusammen seinen Geburtstag **zu** feiern.
   영 He went downtown to celebrate his birthday together with friends.

2. Wir hatten kein Geld, **um** ein neues Auto **zu** kaufen.
   영 We had no money to buy a new car.

3. Ich habe gehört, dass er jetzt in Berlin bleibt, **um** einen guten Beruf **zu** finden.
   영 I heard that he's staying in Berlin now to find a good job.

4. Ich muss morgen nicht früh *auf*stehen. ⇒ Ich **brauche** morgen nicht früh *auf***zu**stehen.
   영 I don't have to get up early tomorrow.
   '나는 내일 일찍 일어날 필요 없다.'
   영 I don't need to get up early tomorrow.
   '나는 내일 일찍 일어날 필요 없다.'

5. Man kann Deutsch einfach lernen. ⇒ Deutsch **ist** einfach **zu** lernen.
   영 You can learn German easily.
   '사람들은 독일어를 쉽게 배울 수 있다.'
   영 German can be learned easily.
   '독일어는 쉽게 배워질 수 있다.'

100. 동사 원형 : 동사의 명사화 / 동사 원형과 함께 오는 동사

[영어]

동명사 **...ing** ⇒ 동사를 명사화 한다. ('...하는 것, ...하기')

동사 swim '수영하다' ⇒ 동명사 swimm**ing** '수영하기'

[독일어]

독일어 역시 **영어처럼** 동사를 명사화 할 수 있다!

동사 원형을 대문자 표기 ⇒ 중성명사! ('... 하는 것, ...하기')

Schwimmen ist mein Hobby.

영 Swimming is my hobby. '수영하는 것은 나의 취미이다.'

▸ Schwimmen ist ...
↓
동사 schwimmen '수영하다' → 중성명사 **das** Schwimmen '수영하기, 수영하는 것'
↓
대문자!

동사 원형과 함께 오는 동사 : 「**lassen** + 4격 ... 동사 원형」 '...로 하여금 ...하도록 하다' (영 let ... 동사 원형 ...) 「**gehen** ... 동사 원형」 '...하러 가다' (영 go ...ing ; go to + 동사 원형 ...) 〈주의〉 독일어의 경우, 동사 원형은 문장 맨 뒤에 위치!

Lassen Sie mich Ihnen helfen!

영 Let me help you.
'나로 하여금 당신을 돕도록 해 주세요.'

Ich gehe oft schwimmen.

영 I often go swimming. 혹은 I often go to swim.
'나는 자주 수영하러 간다.'

연습문제

✔ 주어진 동사를 명사화 하여 우리말 문장의 밑줄 친 부분을 표현하시오.

1. rauchen : 식당에서 담배 피우는 것은 금지되어 있다.

   ⇒ ______________________ ist verboten.

2. essen : 너는 식사 후에 무엇을 하니?

   ⇒ Was machst du ______________?

3. lesen, schreiben : 읽기와 쓰기는 아이들에게 중요하다.

   ⇒ ________________ sind für die Kinder wichtig.

✔ 주어진 낱말을 사용하여 우리말 문장을 독일어로 옮기시오.

4. 내가 집에 가도록 해 줘. (lassen) ⇒ __________________________

5. 나는 오늘 테니스 치러 간다. (gehen, spielen, Tennis)

   ⇒ __________________________

정답 · 해설

1. Das **Rauchen** im Restaurant ist verboten.
   - 영 The smoking in restaurant is forbidden. '식당에서 담배 피우는 것은 금지되어 있다.'
2. Was machst du nach dem **Essen**?
   - 영 What do you do after eating? '너는 식사 후에 무엇을 하니?'
3. **Lesen** und **Schreiben** sind für die Kind***er*** wichtig.
   - 영 Reading and writing are important for the children. '읽기와 쓰기는 아이들에게 중요하다.'
4. **Lass** mich bitte nach Hause *gehen*!
   - 영 Please let me go home. '내가 집에 가도록 해 줘.'
5. Ich **gehe** heute Tennis *spielen*.
   - 영 I'll go to play tennis today. '나는 오늘 테니스 치러 간다.'

101. 관계대명사 (1) : 관계대명사의 형태 / 관계대명사 부문장의 구조

[영어]

The man who is standing there is a teacher. '저기 서 있는 남자는 선생님이다.'

선행사 — 관계대명사 부문장

수식

I need *a house* which/that has a garden. '나는 정원을 가진 집을 필요로 한다.'

선행사 — 관계대명사 부문장

수식

관계대명사 ⇒ 뒤에 부문장(= "종속절")이 오며, 앞에 나온 선행사를 수식한다.

관계대명사 형태 : 선행사가 '사람' → **who/that** ; 선행사가 '사물' → **which/that**

[독일어]

관계대명사 ⇒ **영어처럼** 뒤에 부문장이 오며, 앞에 나온 선행사를 수식한다.

1. **영어와 달리** 관계대명사 형태는 선행사의 성, 수, 격에 따라 **der**, **die**, **das** ...
2. **영어와 달리** 관계대명사 부문장의 어순은 후치!
3. **영어와 달리** 관계대명사 앞에는 항상 콤마!

Der Mann, der dort steht, ist Lehrer. 영 The man who is standing there is a teacher.

선행사 — 관계대명사 부문장

수식

1. 관계대명사 형태 : 선행사 *Mann*이 남성이며, 부문장 안에서 주어임. → 남성 1격 der
2. 관계대명사 부문장의 어순은 후치 → 동사 **steht**가 맨 뒤에 위치!
   즉 : ... , der dort **steht**
3. 관계대명사 부문장은 콤마로 구분!

Ich brauche *ein Haus*, das einen Garten hat. 영 I need a house which has a garden.

선행사 — 관계대명사 부문장

수식

1. 관계대명사 형태 : 선행사 *Haus*는 중성이며, 부문장 안의 주어 → 중성 1격 das
2. 관계대명사 부문장의 어순은 후치 → 동사 **hat**은 맨 뒤에 위치!
   즉 : ... , das einen Garten **hat**
3. 관계대명사 부문장은 콤마로 구분!

Hier ist der Computer, den ich gestern gekauft habe.

영 Here is the computer (which/that) I bought yesterday.

'여기에 내가 어제 구입했던 컴퓨터가 있다.'

▸ ... *der Computer* (선행사) , den ich gestern gekauft habe (관계대명사 부문장)

1. 관계대명사 형태 : 선행사 *Computer*는 남성이며, 부문장 안의 동사 gekauft의 4격 목적어
→ 남성 4격 den

2. 부문장 후치 : ... ich habe gestern gekauft × ⇒ ... ich gestern gekauft habe
(후치 이동)

3. 관계대명사 den 앞에 콤마가 옴!

〈주의〉 영어 관계대명사 : ... *the computer* (which/that) I bought yesterday
↓
목적격으로서 생략 가능!

독일어 관계대명사는 **영어와 달리** 생략 불가능!

Ich kenne eine Frau, die uns helfen kann.

영 I know a woman who can help us.

'나는 우리를 도와줄 수 있는 한 여자를 알고 있다.'

▸ ... *eine Frau* (선행사) , die uns helfen kann (관계대명사 부문장)

1. 관계대명사 형태 : 선행사 *Frau*는 여성이며, 부문장 안의 주어 → 여성 1격 die

2. 부문장 후치 : ... die kann uns helfen × ⇒ ... die uns helfen kann
(후치 이동)

3. 관계대명사 die 앞에 콤마가 옴!

Die Leute, die hier wohnen, sind sehr nett.

영 The people who live here are very nice.

'여기 살고 있는 사람들은 매우 괜찮다.'

▸ *Die Leute* (선행사) , die hier wohnen (관계대명사 부문장) , sind ...

1. 관계대명사 형태 : 선행사 *Leute*는 복수이며, 부문장 안의 주어 → 복수 1격 die

2. 부문장 후치 : ... die wohnen hier × ⇒ ... die hier wohnen
(후치 이동)

3. 관계대명사 die 앞에, 그리고 부문장이 끝나는 wohnen 뒤에 콤마가 옴!

연습문제

✔ 〈보기〉처럼 괄호 안에 주어진 문장을 관계대명사 부문장으로 만드시오.

> 〈보기〉 Er liebt *die Frau*, die aus Deutschland kommt .
> (*Sie* kommt aus Deutschland.)

1. Wer ist *das Kind*, ______________________________?
   (Du hast *ihm* ein Buch gegeben.)
2. *Der bekannte Musiker*, ______________________, hat ein schönes Haus.
   (Heute wollen wir *ihn* besuchen.)
3. Ich habe *einen guten Freund*, ______________________.
   (*Er* hilft mir immer.)
4. *Meine kleine Tochter*, ______________________, kann gut schwimmen.
   (*Sie* geht noch nicht in die Schule.)
5. Wie sind *die Studenten*, ______________________________________?
   (*Sie* sind nach Berlin gegangen, um Musik zu studieren.)

✔ 빈 칸에 알맞은 관계대명사는?

6. Kennst du die Familie, _____ in diesem großen Haus wohnt?
7. Das ist der englische Satz, _____ ich nicht verstehen konnte.
8. Wo ist der Mann, _____ hier seinen Hund gesucht hat?
9. Die Kollegin, _____ ich zu meiner Party einlade, ist Amerikanerin.
10. Das Mädchen, _____ wir früher geholfen hatten, ist eine attraktive Frau geworden.

〈보기〉 Er liebt die Frau, **die** aus Deutschland kommt.
영 He loves the woman who comes from Germany.
'그는 독일 출신의 그 여자를 사랑한다.'

1. Wer ist das Kind, **dem** du ein Buch gegeben hast?
   영 Who is the child (who) you gave a book to?
   '네가 책을 준 그 아이는 누구니?'
2. Der bekannte Musiker, **den** wir heute besuchen wollen, hat ein schönes Haus.
   영 The famous musician (whom) we want to visit today has a beautiful house.
   '우리가 오늘 방문하려고 하는 그 유명한 음악가는 아름다운 집을 가지고 있다.'
3. Ich habe einen guten Freund, **der** mir immer hilft.
   영 I have a good friend who always helps me.
   '나는 나를 항상 도와주는 좋은 친구를 하나 가지고 있다.'
4. Meine kleine Tochter, **die** noch nicht in die Schule geht, kann gut schwimmen.
   영 My little daughter who doesn't go to school yet can swim well.
   '아직 학교를 다니지 않는 나의 작은 딸은 수영을 잘 할 수 있다.'
5. Wie sind die Studenten, **die** nach Berlin gegangen sind, um Musik zu studieren?
   영 How are the students who went to Berlin to study music?
   '음악을 공부하기 위해 베를린으로 간 그 학생들은 어떠니?'
6. Kennst du die Familie, **die** in diesem großen Haus wohnt?
   영 Do you know the family which/that lives in this big house?
   '너는 이 큰 집에서 살고 있는 가족을 아니?'
7. Das ist der englische Satz, **den** ich nicht verstehen konnte.
   영 This is the English sentence (which/that) I couldn't understand.
   '이것이 내가 이해할 수 없었던 그 영어 문장이다.'
8. Wo ist der Mann, **der** hier seinen Hund gesucht hat?
   영 Where is the man who was looking for his dog here?
   '여기서 자신의 개를 찾던 그 남자는 어디에 있지?'
9. Die Kollegin, **die** ich zu meiner Party *ein*lade, ist Amerikanerin.
   영 The colleague (whom) I'll invite to my party is an American woman.
   '내가 나의 파티에 초대하려는 여자 동료는 미국 여자이다.'
10. Das Mädchen, **dem** wir früher geholfen hatten, ist eine attraktive Frau geworden.
    영 The girl (whom) we had helped before has become an attractive woman.
    '우리가 전에 도와주었던 그 소녀는 매력적인 여인이 되었다.'

102. 관계대명사 (2) : 관계대명사의 위치

[영어]

관계대명사의 위치 ⇒ 일반적으로 선행사 바로 뒤에!

I must visit *my aunt* who is sick. '나는 편찮으신 나의 숙모님을 방문해야 한다.'

↓

관계대명사 who가 선행사 *my aunt* 바로 뒤에 위치!

[독일어]

관계대명사의 위치 ⇒ 선행사 바로 뒤에 오지 않는 경우들이 빈번하다!

Ich muss *meine Tante* besuchen, die krank ist.

선행사 ↓

선행사 *meine Tante* 바로 뒤 아님!

영 I must visit *my aunt* who is sick.

Hast du den Computer gesehen, den er gekauft hat?

영 Have you seen the computer (which/that) he bought?

'너는 그가 구입한 컴퓨터를 보았니?'

▸ Hast ... *den Computer* gesehen, den ... gekauft hat?

선행사 ↓

선행사 *Computer*는 남성이며, 부문장의 동사 gekauft의 4격 목적어

→ 남성 4격 관계대명사 den

※ 부문장 후치 : ... er hat gekauft × ⇒ ... er gekauft hat

후치 이동

Ich kann das Buch nicht lesen, das du mir gegeben hast.

영 I can't read the book (which/that) you gave me.

'나는 네가 나에게 준 그 책을 읽을 수 없다.'

▸ ... kann *das Buch* ... lesen, das ... gegeben hast

선행사 ↓

선행사 *Buch*는 중성이며, 부문장의 동사 gegeben의 4격 목적어

→ 중성 4격 관계대명사 das

※ 부문장 후치 : ... du hast mir gegeben × ⇒ ... du mir gegeben hast

후치 이동

연습문제

✔ 이탤릭체 표시된 선행사에 대한 알맞은 관계대명사는?

1. Ruf bitte *deinen Freund* an, ______ gut Englisch spricht!
2. Ich habe *eine Frau* besucht, ______ eine bekannte Schauspielerin ist.
3. Darf ich *den Brief* lesen, ______ du von deinen Kindern bekommen hast?
4. Ich habe gehört, dass er *drei Söhne* hat, ______ in Deutschland studiert haben.
5. Wir versuchen, *dem kleinen Kind* zu helfen, ______ allein ohne seine Eltern leben muss.

정답 · 해설

1. Ruf bitte *deinen Freund* an, **der** gut Englisch spricht!

   영 Please call your friend who speaks English well.
   '영어를 잘 하는 너의 친구에게 전화해라.'

   * 분리동사 형식 「Ruf ... *an*」이 완성되고, 그 뒤에 관계대명사 **der**가 옴!

2. Ich habe *eine Frau* besucht, **die** eine bekannte Schauspielerin ist.

   영 I have visited a woman who is a famous actress.
   '나는 유명한 여배우인 한 여자를 방문했다.'

   * 현재완료 형식 「... habe ... besucht」가 완성되고, 그 뒤에 관계대명사 **die**가 옴!

3. Darf ich *den Brief* lesen, **den** du von deinen Kinde***r***n bekommen hast?

   영 May I read the letter (which/that) you received from your children?
   '네가 너의 아이들로부터 받은 그 편지를 내가 읽어도 되니?'

   * 화법조동사 형식 「Darf ... lesen」이 완성되고, 그 뒤에 관계대명사 **den**이 옴!

4. Ich habe gehört, dass er *drei Söhne* hat, **die** in Deutschland studiert haben.

   영 I heard that he has three sons who studied in Germany.
   '나는 그가 독일에서 공부한 세 명의 아들을 가지고 있다는 것을 들었다.'

   * dass 부문장의 후치 형식 「... dass ... hat」이 완성되고, 그 뒤에 관계대명사 **die**가 옴.

5. Wir versuchen, *dem kleinen Kind* zu helfen, **das** allein ohne seine Eltern leben muss.

   영 We're trying to help the little child who must live alone without his parents.
   '우리는 부모 없이 혼자 살아야 하는 그 작은 아이를 도우려고 노력한다.'

   * zu-부정사 형식 「, ... zu helfen」이 완성되고, 그 뒤에 관계대명사 **das**가 옴.

103. 관계대명사 (3) : 관계대명사의 "한정적" 혹은 "계속적" 용법

[영어]

(1) I have *a brother* who lives in Germany. '나는 독일에서 살고 있는 남자 형제가 하나 있다.'

↓

관계대명사 앞에 콤마가 없음! → "한정적" 용법 (선행사 *brother*의 의미를 한정!)

(2) I have *a brother*, who lives in Germany. '나는 남자 형제가 하나 있는데, 그는 독일에서 살고 있다.'

↓

관계대명사 앞에 콤마가 있음! → "계속적" 용법 (선행사 *brother*에 관한 추가의 정보 제공!)

[독일어]

> **영어처럼** 독일어 역시 관계대명사의 "한정적" 혹은 "계속적" 용법을 구분한다.
> 그러나 **영어와 달리** 독일어 관계대명사의 "한정적" 및 "계속적" 용법의 구분은
> 관련 문맥을 통해서만 판단할 수 있다. (콤마와 상관없음!)
>
> 〈참고〉 독일어 관계대명사 앞에는 항상 콤마가 옴! → 콤마를 통한 판단이 불가능!

Ich habe einen Bruder, der in Deutschland lebt.

영1 I have a brother who lives in Germany. ⇒ 한정적 용법!
'나는 독일에서 살고 있는 남자 형제가 한 명 있다.'

영2 I have a brother, who lives in Germany. ⇒ 계속적 용법!
'나는 남자 형제가 한 명 있는데, 그는 독일에서 살고 있다.'

▸ ... *einen Bruder*, der in Deutschland lebt

↓

선행사 *Bruder*는 남성이며, 부문장 안의 주어임.
→ 남성 1격 관계대명사 der

Der Mann, den ich gut kenne, hat einen Bruder in Berlin.

영1 The man whom I know well has a brother in Berlin. ⇒ 한정적 용법!
'내가 잘 아는 그 남자는 베를린에 남자 형제 한 명이 있다.'

영2 The man, whom I know well, has a brother in Berlin. ⇒ 계속적 용법!
'그 남자는, 나는 이 사람을 잘 아는데, 베를린에 남자 형제 한 명이 있다.'

▸ *Der Mann*, den ich gut kenne, hat ...

↓

선행사 *Mann*은 남성이며, 부문장의 동사 kenne의 4격 목적어임.
→ 남성 4격 관계대명사 den

연습문제

빈 칸에 알맞은 관계대명사는? 그리고 그 용법은 "한정적"? 혹은 "계속적"?

1. Wir suchen jemanden, ______ gut tanzen kann.

2. Kommt die Lehrerin zurück, ______ letztes Jahr nach Korea gegangen ist?

3. Ich habe einen Freund, ______ in einer Bank in München arbeitet.

4. Meine Kinder, ______ jetzt ins Bett gehen müssen, spielen noch im Garten.

5. Ich lese ein interessantes Buch, ______ ein junger Arbeiter über seinen Beruf geschrieben hat.

정답 · 해설

1. Wir suchen jemanden, **der** gut tanzen kann. ⇒ 한정적
   영 We're looking for someone who can dance well.
   '우리는 춤을 잘 출 수 있는 누군가를 찾고 있다.'

2. Kommt die Lehrerin zurück, **die** letztes Jahr nach Korea gegangen ist? ⇒ 한정적
   영 Will the teacher who went to Korea last year come back?
   '작년에 한국으로 가신 그 여선생님은 돌아오시니?'

3. Ich habe einen Freund, **der** in einer Bank in München arbeitet. ⇒ 한정적 및 계속적
   영1 I have a friend who works at a bank in Munich. ⇒ 한정적
   '나는 뮌헨에 있는 한 은행에서 일하는 친구가 있다.'
   영2 I have a friend, who works at a bank in Munich. ⇒ 계속적
   '나는 친구가 하나 있는데, 그는 뮌헨에 있는 한 은행에서 일한다.'

4. Meine Kind***er***, **die** jetzt ins Bett gehen müssen, spielen noch im Garten. ⇒ 계속적
   영 My children, who must go to bed now, are still playing in the garden.
   '나의 아이들은, 이들은 지금 잠자리에 들어야 하건만, 아직 정원에서 놀고 있다.'

5. Ich lese ein interessantes Buch, **das** ein junger Arbeiter über seinen Beruf geschrieben hat. ⇒ 한정적 및 계속적
   영1 I'm reading an interesting book (which) a young worker wrote about his job. ⇒ 한정적
   '나는 한 젊은 노동자가 자신의 직업에 관해 쓴 흥미로운 책을 읽고 있다.'
   영2 I'm reading an interesting book, which a young worker wrote about his job. ⇒ 계속적
   '나는 흥미로운 책을 한 권 읽고 있는데, 그것은 한 젊은 노동자가 자신의 직업에 관해 쓴 것이다.'

104. 관계대명사 (4) : 관계대명사가 전치사와 결합하는 경우

[영어]

관계대명사가 전치사와 함께 오는 경우, 두 가지 형식이 가능하다 :

(1) *The friend* (who) I'll go with is very friendly. '내가 함께 가게 될 그 친구는 매우 친절하다.'

↓

전치사 **with**가 관계대명사 who로부터 떨어져 부문장 뒤에 옴!

(2) *The friend* with whom I'll go is very friendly.

↓

전치사 **with**가 관계대명사 whom 바로 앞에 옴!

[독일어]

> **영어와 달리** 독일어의 경우, 관계대명사가 전치사와 결합하는 경우
> ⇒ 전치사는 반드시 관계대명사 바로 앞에 위치!
>
> *Der Freund*, mit dem ich gehe, ist sehr freundlich.
>
> ↓
>
> 전치사 **mit**가 관계대명사 dem 바로 앞에 위치!
>
> 영 *The friend* (whom) I'll go with is very friendly.
> 혹은 *The friend* with whom I'll go is very friendly.

Wer ist der Mann, mit dem sie jetzt tanzt?

영 Who is the man (whom) she is dancing with now? (혹은 ... with whom ...)

'그가 지금 함께 춤추고 있는 여자는 누구인가?'

▸ ... *der Mann*, mit dem sie jetzt tanzt

↓

전치사 **mit**가 관계대명사 dem 바로 앞에 위치!

※ 관계대명사 형태 : 선행사 *Mann*은 남성이며, 3격 전치사 mit와 함께 옴. → 남성 3격 dem

Die Firma, für die er gearbeitet hat, war sehr groß.

영 The company (which) he worked for was very large. (혹은 ... for which ...)

'그가 일했던 회사는 매우 컸다.'

▸ *Die Firma*, für die er gearbeitet hat, war ...

↓

전치사 **für**가 관계대명사 die 바로 앞에 위치!

※ 관계대명사 형태 : 선행사 *Firma*는 여성이며, 4격 전치사 für와 함께 옴. → 여성 4격 die

연습문제

빈 칸에 알맞은 관계대명사는?

1. Wer ist die Frau, mit ______ du gesprochen hast?

2. Der Bus, auf ______ wir warten, kommt gleich.

3. Das ist das Haus, in ______ der Musiker vor hundert Jahren wohnte.

4. Er zeigt mir sein neues Auto, für ______ er viel bezahlt hat.

5. Hast du den Film gesehen, von ______ ich dir erzählt habe?

6. Die Universität, an ______ Peter studieren will, ist die älteste in Europa.

정답 · 해설

1. Wer ist die Frau, mit **der** du gesprochen hast?
   - 영 Who is the woman who you spoke with?
   '네가 함께 이야기를 나누었던 그 여자는 누구니?'

2. Der Bus, auf **den** wir warten, kommt gleich.
   - 영 The bus (which/that) we're waiting for will come soon.
   '우리가 기다리고 있는 그 버스는 곧 올 거야.'

3. Das ist das Haus, in **dem** der Musiker vor hundert Jahren wohnte.
   - 영 This is the house in which the musician lived hundred years ago.
   '이것은 그 음악가가 100년 전에 살았던 집이다.'

4. Er zeigt mir sein neues Auto, für **das** er viel bezahlt hat.
   - 영1 He'll show me his new car which he paid much for. ⇒ 한정적
   '그는 그것을 위해 (돈을) 많이 지불했던 자신의 새 차를 나에게 보여준다.'
   - 영2 He'll show me his new car, which he paid much for. ⇒ 계속적
   '그는 나에게 자신의 새 차를 보여줄 텐데, 그것을 위해 그는 (돈을) 많이 지불했다.'

5. Hast du den Film gesehen, von **dem** ich dir erzählt habe?
   - 영 Did you see the movie (which/that) I told you about?
   '너는 내가 너에게 이야기했던 그 영화를 보았니?'

6. Die Universität, an **der** Peter studieren will, ist die älteste in Europa.
   - 영 The university at which/where Peter wants to study is the oldest in Europe.
   '페터가 공부하려고 하는 그 대학교는 유럽에서 가장 오래된 것이다.'

105. 관계대명사 (5) : 관계대명사 dessen/deren 및 denen

독일어 관계대명사의 형태는 **der**, **die**, **das** ...로서 대부분은 정관사 **d-**와 형태가 일치하지만,
딱 두 가지 경우가 예외적으로 정관사 형태와 구분된다
즉, **2**격(= 소유격) 관계대명사일 경우, 그리고 복수 **3**격 관계대명사일 경우가 이에 해당하는데,
이에 대한 정확한 이해와 충분한 학습이 요구된다.

[영어]
영어의 소유격 관계대명사로서 **whose**가 있다 :
I have *a friend* **whose** father is a doctor. '나는 아버지가 의사인 친구를 한 명 가지고 있다.'
↓
소유격 관계대명사 ⇒ 바로 뒤에 오는 명사 father의 의미를 한정!

[독일어]
영어처럼 독일어 역시 **2**격(= 소유격) 관계대명사가 있다.

> 남성, 중성 **2**격 관계대명사 ⇒ **dess*en***
> 〈주의〉 남성, 중성 2격 정관사 **des**와 혼동하지 말 것!
>
> 여성, 복수 **2**격 관계대명사 ⇒ **der*en***
> 〈주의〉 여성, 복수 2격 정관사 **der**와 혼동하지 말 것!

Ich habe einen Freund, dessen Vater Arzt ist.

영 I have a friend whose father is a doctor.
'나는 아버지가 의사인 친구 하나를 가지고 있다.'

▸ ... *einen Freund*, **dessen** Vater Arzt ist
↓
선행사 *Freund*는 남성이며, 바로 뒤 명사 Vater를 수식하는 **2**격임.
→ 남성 **2**격 관계대명사 **dessen**

Ich kenne eine Frau, deren Kinder sehr höflich sind.

영 I know a woman whose children are very polite.
'나는 그녀의 아이들이 매우 공손한 여자를 한 명 알고 있다.'

▸ ... *eine Frau*, **deren** Kinder sehr höflich sind
↓
선행사 *Frau*는 여성이며, 바로 뒤 명사 Kinder를 수식하는 **2**격임.
→ 여성 **2**격 관계대명사 **deren**

복수 3격 관계대명사 ⇒ **den*en***
〈주의〉 복수 3격 정관사 **den**과 혼동하지 말 것!

Die Leute, denen ich das Geld gegeben habe, sind jetzt reich.

영 The people (who) I gave the money to are rich now.
'내가 그 돈을 주었던 사람들은 지금 부자이다.'

▸ *Die Leute*, **denen** ich das Geld gegeben habe, sind ...
↓
선행사 *Leute*는 복수이며, 부문장의 동사 gegeben의 간접목적어로서 **3격**
→ 복수 **3격** 관계대명사 **denen**

Er hat viele Freunde, mit denen er reden kann.

영 He has many friends (who) he can talk with.
'그는 함께 이야기 나눌 수 있는 친구들이 많다.'

▸ ... *viele Freunde*, mit **denen** er reden kann
↓
선행사 *Freunde*는 복수이며, **3격** 전치사 mit와 결합
→ 복수 **3격** 관계대명사 **denen**

연습문제

올바른 3격 관계대명사 형태는?

1. Der Ausländer, ________ wir für die Hilfe danken müssen, lebt nicht hier.

2. Ich habe drei enge Freunde, von ________ Peter der älteste ist.

3. Die Kollegen, mit ________ ich in meinem Büro arbeite, sind alle sehr nett.

4. Die Schülerin, von ________ ich dir erzählt habe, will in Deutschland studieren.

5. Heute Abend kommen einige Leute, ________ ich mein neues Zimmer zeigen soll.

dessen? 혹은 deren? 올바른 2격 관계대명사 형태는?

6. Ich höre eine schöne Musik, ________ Titel ich nicht kenne.

7. Du kannst ein großes Haus sehen, ________ Tür grün ist.

8. Er besucht einen Mann, ________ Frau eine berühmte Schauspielerin ist.

9. Wir möchten den armen Kindern helfen, ________ Eltern letzte Woche gestorben sind.

10. Meine Schwester, ________ Mann jetzt in Berlin bleibt, ruft ihn jeden Tag an.

1. Der Ausländer, **dem** wir für die Hilfe danken müssen, lebt nicht hier.

영 The foreigner (whom) we must thank for the help doesn't live here.
'도움 준 것에 대해 우리가 감사해야만 하는 그 외국인은 여기 살지 않는다.'

2. Ich habe drei enge Freund*e*, von **denen** Peter der älteste ist.

영 I have three close friends, of which Peter is the oldest.
'나는 세 명의 가까운 친구들을 가지고 있는데, 그들 중에서 페터가 가장 나이 많은 사람이다.'

3. Die Kollege*n*, mit **denen** ich in meinem Büro arbeite, sind alle sehr nett.

영 The colleagues (who) I'm working with in my office are all very nice.
'내가 나의 사무실에서 함께 일하는 동료들은 모두가 매우 친절하다.'

4. Die Schülerin, von **der** ich dir erzählt habe, will in Deutschland studieren.

영 The schoolgirl (who) I told you about wants to study in Germany.
'내가 너에게 이야기한 그 여학생은 독일에서 공부하려고 한다.'

5. Heute Abend kommen einige Leute, **denen** ich mein neues Zimmer zeigen soll.

영 This evening some people will come, to whom I should show my new room.
'오늘 저녁 몇몇 사람들이 오는데, 그들에게 나는 나의 새 방을 보여주어야 한다.'

6. Ich höre eine schöne Musik, **deren** Titel ich nicht kenne.

영 I'm listening to a beautiful music the title of which I don't know.
'나는 그 제목을 내가 알지 못하는 한 아름다운 음악을 듣고 있다.'

7. Du kannst ein großes Haus sehen, **dessen** Tür grün ist.

영 You can see a big house the door of which is green.
'너는 그 문이 초록색인 큰 집 하나를 볼 수 있어.'

8. Er besucht einen Mann, **dessen** Frau eine berühmte Schauspielerin ist.

영 He'll visit a man, whose wife is a famous actress.
'그는 한 남자를 방문하는데, 그의 부인은 유명한 여배우야.'

9. Wir möchten den armen Kind*er*n helfen, **deren** Eltern letzte Woche gestorben sind.

영 We would like to help the poor children whose parents died last week.
'우리는 지난 주 그들의 부모님이 돌아가신 그 불쌍한 아이들을 돕고 싶다.'

10. Meine Schwester, **deren** Mann jetzt in Berlin bleibt, ruft ihn jeden Tag *an*.

영 My sister, whose husband is staying in Berlin now, calls him every day.
'나의 누나는, 그 남편이 지금 베를린에 머물고 있는데, 매일 그에게 전화한다.'

106. 관계대명사 (6) : '장소'의 관계부사 wo

[영어]

... *the house* in which he lives now '그가 지금 살고 있는 집 ...'

↓

'장소'의 관계부사 where로 대체 가능!

⇒ ... *the house* where he lives now

[독일어]

영어처럼 독일어 역시 '장소'의 관계부사 wo가 있다 :

... *das Haus,* in dem er jetzt lebt 영 ... *the house* in which he lives now

↓

'장소'의 관계부사 wo로 대체 가능!

⇒ ... *das Haus,* wo er jetzt lebt 영 ... *the house* where he lives now

〈주의〉 여기서 관계부사 "wo" 보다는 "in dem"을 사용하는 것이 문체상 바람직하다.
즉, 독일어의 경우, "전치사 + 관계대명사"로 표현할 수 있다면,
가능한 한 관계부사 wo의 사용은 회피해야 한다!

Das Zimmer, wo du gestern geschlafen hast, ist leer.

영 The room where you slept yesterday is empty.

'네가 어제 잠잤던 방은 비어있다.'

▸ *Das Zimmer,* wo du gestern geschlafen hast , ist ...
↳ '장소'의 관계부사 (= in dem)

〈주의〉 여기서도 관계부사 "wo" 대신 "in dem"으로 표현하는 것이 문체상 바람직하다 :
Das Zimmer, in dem du gestern geschlafen hast, ist leer.

Er lebt in Berlin, wo ich studiert habe.

영 He lives in Berlin where I have studied.

'그는 내가 공부했던 베를린에서 살고 있다.'

▸ ... in *Berlin,* wo ich studiert habe
↳ '장소'의 관계부사

〈주의〉 여기서는 선행사인 *Berlin*이 고유명사이므로 "전치사 + 관계대명사" 형태가 불가능하다.
즉, 관계부사 wo만 올 수 있는데, 이 경우는 관계부사 wo가 문체상의 결함 없이 사용될 수 있다.

〈참고〉 선행사가 부사어인 경우도 "전치사 + 명사"는 불가능하고 오로지 관계부사 wo만 올 수 있다 :
Ich bin jetzt *da,* wo du gestern warst. 영 I am now where you were yesterday.

연습문제

✔ ⓐ ~ ⓒ 중에서 밑줄 친 부분이 관계부사 wo로 대체될 수 있는 것은?

ⓐ Das ist das Haus, <u>von dem</u> er oft erzählt.

ⓑ Das ist das Haus, <u>in dem</u> ich leben möchte.

ⓒ Das ist das Haus, <u>für das</u> wir viel bezahlt haben.

✔ ⓓ ~ ⓖ 중에서 밑줄 친 부분이 "전치사 + 관계대명사"로 대체될 수 있는 것은?

ⓓ Hier ist das Hotel, <u>wo</u> unsere Gäste jetzt bleiben.

ⓔ Er wohnt in Berlin, <u>wo</u> ich vor zehn Jahren studiert habe.

ⓕ Die Koreanerin möchte nach Korea zurückgehen, <u>wo</u> ihre Familie ist.

ⓖ Ich warte dort, <u>wo</u> ich gestern gewartet habe.

정답 · 해설

정답 : ⓑ

ⓐ Das ist das Haus, <u>von dem</u> er oft erzählt.

영 This is the house (which) he often talk about. '이것이 그가 자주 언급하는 그 집이다.'

ⓑ Das ist das Haus, <u>in dem</u> (혹은 **wo**) ich leben möchte.

영 This is the house in which/where I would like to live. '이것이 내가 살고 싶은 그 집이다.'

ⓒ Das ist das Haus, <u>für das</u> wir viel bezahlt haben.

영 This is the house (which) we paid much for. '이것이 우리가 (돈을) 많이 지불했던 그 집이다.'

정답 : ⓓ

ⓓ Hier ist das Hotel, <u>wo</u> (혹은 **in dem**) unsere G**ä**st*e* jetzt bleiben.

영 Here is the hotel where/in which our guests are staying now.
'여기가 우리의 손님들이 현재 머물고 있는 호텔이다.'

ⓔ Er wohnt in Berlin, <u>wo</u> ich vor zehn Jahr*en* studiert habe.

영 He lives in Berlin where I studied ten years ago. '그는 내가 10년 전에 공부했던 베를린에서 산다.'

ⓕ Die Koreanerin möchte nach Korea *zurück*gehen, <u>wo</u> ihre Familie ist.

영 The Korean woman would like to go back to Korea where her family is.
'그 한국 여자는 그녀의 가족이 있는 한국으로 돌아가고 싶어 한다.'

ⓖ Ich warte dort, <u>wo</u> ich gestern gewartet habe.

영 I'll wait where I waited yesterday. '내가 어제 기다렸던 그곳에서 내가 기다릴 게.'

107. 관계대명사 (7) : 관계대명사 was ('...인 것') 및 wer ('...인 사람')

[영어]

What I need now is your help. '내가 지금 필요로 하는 것은 너의 도움이다.'

밑줄 친 what('...인 것')은 선행사를 포함하는 관계대명사 ⇒ "*the thing(s)* which/that ..."에 해당!

[독일어]

독일어 역시 **영어처럼** 선행사를 포함하는 관계대명사 was가 있다.

> 선행사를 포함하는 관계대명사 was '...인 것' ⇒ 일반적 '사물'을 뜻함!

Was ich jetzt brauche, ist deine Hilfe.

영 What I need now is your help. '내가 지금 필요로 하는 것은 너의 도움이다.'

▸ Was ich jetzt brauche, ist ...

↓

선행사 포함 관계대명사 '...인 것' → 부문장 안의 동사 brauch*e*의 4격 목적어!

〈참고〉 관계대명사 was '...인 것' ⇒ 지시대명사 das를 동격으로 사용할 수 있음 :

Was ich jetzt brauche, das ist deine Hilfe. '지금 내가 필요로 하는 것, 그것은 너의 도움이다.'

[영어]

일반적 사람을 뜻하는 '...인 자' ⇒ *He* who ... ; *Those* who ... ; *People* who ... 등을 사용함!

He who laughs last laughs best. '마지막에 웃는 자가 가장 잘 웃는다.'

[독일어]

독일어의 경우, 선행사 포함 관계대명사 wer를 사용한다.

> 선행사를 포함하는 관계대명사 wer '...인 자' ⇒ 일반적 '사람'을 뜻함!

Wer zuletzt lacht, lacht am besten.

영 He who laughs last laughs best. '마지막에 웃는 자가 가장 잘 웃는다.'

▸ Wer zuletzt lacht, lacht ...

↓

선행사 포함 관계대명사 '...인 자' → 부문장 안의 동사 lach*t*의 주어!

〈참고〉 관계대명사 wer '...인 사람' ⇒ 지시대명사 der를 동격으로 사용할 수 있음 :

Wer zuletzt lacht, der lacht am besten. '마지막에 웃는 자, 그가 가장 잘 웃는다.'

연습문제

✔ 우리말의 밑줄 친 부분을 관계대명사 was 및 wer를 사용하여 독일어로 옮기시오.

1. 그가 말한 것을 나는 이해하지 못했다. (sagen)

   ⇒ ______________________, habe ich nicht verstanden.

2. 독일에서 공부하려는 사람은 독일어를 배워야 한다. (wollen, studieren)

   ⇒ ______________________, (der) muss Deutsch lernen.

3. 네가 지금 해야 할 것은 의사에게 가는 것이다. (sollen, tun)

   ⇒ ______________________, ist, zum Arzt zu gehen.

4. 이 책을 읽는 사람은 세상이 아름답다는 것을 안다. (lesen, Buch)

   ⇒ ______________________, (der) weiß, dass die Welt schön ist.

5. 너에게 좋은 것은 나에게도 역시 좋다. (gut)

   ⇒ ______________________, ist auch gut für mich.

6. 내일 나에게 오는 사람에게 나는 그 사진들을 보여주겠어. (kommen, morgen)

   ⇒ ______________________, dem zeige ich die Fotos.

정답 · 해설

1. Was er gesagt hat (혹은 Was er sagte), habe ich nicht verstanden.

   영 I didn't understand what he said.

2. Wer in Deutschland studieren will, (der) muss Deutsch lernen.

   영 Those who want to study in Germany must learn German.

3. Was du jetzt tun sollst, ist, zum Arzt zu gehen.

   영 What you should do now is to go to the doctor.

4. Wer dieses Buch liest, (der) weiß, dass die Welt schön ist.

   영 He who reads this book knows that the world is beautiful.

5. Was gut für dich ist, ist auch gut für mich.

   영 What is good for you is also good for me.

6. Wer morgen zu mir kommt, dem zeige ich die Fotos.

   영 Whoever comes to me tomorrow, I'll show him the photographs.

108. 관계대명사 (8) : 특정 선행사에 대한 관계대명사 was

[영어]

... *everything* that I have now　'지금 내가 가지고 있는 모든 것 ...'

... *something* that you can't see　'네가 볼 수 없는 뭔가 ...'

이와 같이 선행사가 everything, something/anything, nothing 등일 때 관계대명사 that을 사용한다.

[독일어]

영어처럼 독일어 역시 특정 선행사의 경우는 관계대명사 was를 사용한다.

> 선행사가 alles (영 everything), etwas (영 something/anything), nichts (영 nothing) 등일 때 관계대명사 was를 사용한다. (즉, 관계대명사 der, die, das ... 아님!)
>
> ... *alles,* was ich jetzt habe　영 ... *everything* that I have now
>
> ... *etwas,* was du nicht sehen kannst　영 ... *something* that you can't see

Ich tue alles, was nötig ist.

영 I do everything that is necessary.

'나는 필요한 모든 것을 행한다.'

▸ ... *alles,* was nötig ist

↓

선행사가 *alles* → 관계대명사 was

(여기서 was는 부문장 안의 주어!)

Das ist etwas, was ich nicht verstehe.

영 This is something (that) I don't understand.

'이것은 내가 이해하지 못하는 무엇인가이다.'

▸ ... *etwas,* was ich nicht verstehe

↓

선행사가 *etwas* → 관계대명사 was

(여기서 was는 부문장의 동사 verstehe의 4격 목적어!)

연습문제

ⓐ ~ ⓕ 중에서 밑줄 친 관계대명사 was의 사용이 옳지 **않은** 것은?

ⓐ Es gibt nichts, was unmöglich ist.

ⓑ Meine kleine Tochter sieht oft etwas, was ich nicht sehe.

ⓒ Das Buch, was ich gestern gelesen habe, ist sehr interessant.

ⓓ Ist das alles, was du mir sagen willst?

ⓔ Er liebt Berlin, was er mit seiner Familie lebt.

ⓕ Was ist das, was du jetzt in deiner Hand hast?

정답 · 해설

정답 : ⓒ, ⓔ

ⓐ Es gibt nichts, **was** unmöglich ist.

영 There is nothing that is impossible.
'불가능한 것은 아무 것도 없다.'

ⓑ Meine kleine Tochter sieht oft etwas, **was** ich nicht sehe.

영 My little daughter often sees something that I don't see.
'나의 작은 딸은 내가 보지 못하는 뭔가를 자주 본다.'

ⓒ Das Buch, ~~was~~/**das** ich gestern gelesen habe, ist sehr interessant.

영 The book (which) I read yesterday is very interesting.
'내가 어제 읽었던 책은 매우 흥미롭다.'

ⓓ Ist das alles, **was** du mir sagen willst?

영 Is that all (that) you want to say to me?
'그것이 네가 나에게 말하고자 하는 모든 것이니?'

ⓔ Er liebt Berlin, ~~was~~/**wo** er mit seiner Familie lebt.

영 He loves Berlin where he lives with his family.
'그는 그가 자신의 가족과 함께 살고 있는 베를린을 사랑한다.'

ⓕ Was ist das, **was** du jetzt in deiner Hand hast?

영 What is that thing (that) you have in your hand now?
'네가 지금 너의 손에 가지고 있는 그것은 무엇이니?'

109. 수동태 (1) : 수동태 "현재" 시제

[영어]

수동태 현재 형 : 「am/is/are + p.p ...」 '...되다'

English is spoken in many countries. '영어는 많은 국가들에서 사용된다.'

The rooms are cleaned every day. '그 방들은 매일 청소된다.'

[독일어]

수동태 현재 시제 : 「werden ... p.p」 '...되다' 〈주의〉 영어와 달리 p.p형이 문장 맨 뒤에 위치!

Englisch wird in vielen Ländern gesprochen.

영 English is spoken in many countries.
'영어는 많은 국가들에서 사용된다.'

▸ Englisch wird ... gesprochen
↓ 주어가 Englisch임.
즉, es(영 it)에 해당 → 동사 werden의 현재 시제는 불규칙 형태 wird
↳ 타동사 sprechen의 p.p형 (문장 맨 뒤 위치!)

Die Zimmer werden jeden Tag geputzt.

영 The rooms are cleaned every day.
'그 방들은 매일 청소된다.'

▸ Die Zimmer werden ... geputzt
↓ 주어가 복수형 "Die Zimmer"임.
즉, 복수의 sie(영 they)에 해당 → 동사 werden의 현재 시제 형태는 werden
↳ 타동사 putzen의 p.p형 (문장 맨 뒤 위치!)

[영어]

수동태 '행위의 주체' : 「by ...」 '...에 의해서'

My computer is always repaired by him. '나의 컴퓨터는 항상 그에 의해서 수리된다.'

[독일어]

수동태 '행위의 주체' : 「von + 3격」 '...에 의해서'

Mein Computer wird immer von ihm repariert.

영 My computer is always repaired by him.
'나의 컴퓨터는 항상 그에 의해 수리된다.'

▸ Mein Computer wird ... repariert
↓ ↳ 타동사 reparieren의 p.p형 (문장 맨 뒤 위치!)
주어가 "Mein Computer"임.
즉, er(영 he)에 해당 → 동사 werden의 현재 시제는 불규칙 형태 wird

▸ ... wird ... von ihm repariert
↓
수동태 '행위의 주체'!
3격 전치사 von 뒤에 er의 3격 형 ihm이 옴.

Das Auto wird von einer Frau gekauft.

영 The car will be bought by a woman.
'그 차는 한 여자에 의해 구매된다.'

▸ Das Auto wird ... gekauft
↓ ↳ 타동사 kaufen의 p.p형 (문장 맨 뒤 위치!)
주어가 "Das Auto"임.
즉, es(영 it)에 해당 → 동사 werden의 현재 시제는 불규칙 형태 wird

▸ ... wird von einer Frau gekauft
↓
수동태 '행위의 주체'!
3격 전치사 von 뒤에 여성명사 Frau가 옴. → 여성 3격 부정관사 einer

연습문제

주어진 동사를 사용하여 현재 시제 수동 문장을 완성하시오.

1. lernen : Englisch ________ auf der ganzen Welt ________.

2. bauen : Hier ________ zwei große Häuser ________.

3. lieben : Du ________ von uns allen ________.

4. öffnen : Die Tür des Restaurants ________ automatisch ________.

5. *ein*laden : Wir ________ einmal im Monat zum Essen ________.

주어진 문장을 수동 문장으로 바꾸시오.

6. Viele Leute besuchen dieses Museum.

   ⇒ ____________________

7. Welches Lied singt dein Bruder morgen?

   ⇒ ____________________

8. In Deutschland trinkt man viel Bier.

   ⇒ ____________________

주어진 수동 문장을 빈 칸에 넣으시오.

9. Der Text wird auf Deutsch geschrieben.

   ⇒ Ich habe gehört, dass ____________________.

주어진 두 문장을 관계대명사로 연결하시오.

10. Kennst du *das Buch*? / *Das Buch* wird von Kindern gelesen.

   ⇒ Kennst du das Buch, ____________________?

1. Englisch **wird** auf der ganzen Welt **gelernt**.
   영 English is learned in the whole world. '영어는 전 세계에서 배워진다.'
2. Hier **werden** zwei große Häus*er* **gebaut**.
   영 Two big houses will be built here. '여기에 두 채의 큰 집이 건설된다.'
3. Du **wirst** von uns allen **geliebt**.
   영 You are loved by all of us. '너는 우리 모두에 의해 사랑 받는다.'
4. Die Tür des Restaurants **wird** automatisch **geöffnet**.
   영 The door of the restaurant is opened automatically. '그 식당의 문은 자동으로 열린다.'
5. Wir **werden** einmal im Monat zum Essen ***ein*geladen**.
   영 We are invited to dinner once a month. '우리는 한 달에 한번 식사에 초대된다.'

6. Viele Leute besuchen dieses Museum.
   영 Many people visit this museum. '많은 사람들이 이 박물관을 방문한다.'
   ⇒ Dieses Museum **wird** von vielen Leuten **besucht**.
   영 This museum is visited by many people. '이 박물관은 많은 사람들에 의해 방문된다.'
7. Welches Lied singt dein Bruder morgen?
   영 Which song will your brother sing tomorrow? '너의 형은 어떤 노래를 내일 부르니?'
   ⇒ Welches Lied **wird** morgen von deinem Bruder **gesungen**?
   영 Which song will be sung by your brother tomorrow? '어떤 노래가 내일 네 형에 의해 불려지니?'
8. In Deutschland trinkt man viel Bier.
   영 In Germany, people drink much beer. '독일에서는 사람들이 맥주를 많이 마신다.'
   ⇒ In Deutschland **wird** viel Bier **getrunken**.
   영 In Germany, much beer is drunk. '독일에서는 맥주가 많이 마셔진다.'

9. Der Text **wird** auf Deutsch **geschrieben**.
   영 The text is being written in German. '그 텍스트는 독일어로 쓰여진다.'
   ⇒ Ich habe gehört, dass der Text auf Deutsch **geschrieben wird**.
   영 I heard that the text was being written in German. '나는 그 텍스트가 독일어로 쓰인다고 들었다.'

10. Kennst du *das Buch*? / *Das Buch* **wird** von Kinder*n* **gelesen**.
    영 Do you know the book? '너는 그 책을 아니?'
    영 The book is read by children. '그 책은 아이들에 의해 읽힌다.'
    ⇒ Kennst du das Buch, **das** von Kinder*n* **gelesen wird**?
    영 Do you know the book which/that is read by children? '너는 아이들에 의해 읽히는 그 책을 아니?'

110. 수동태 (2) : 수동태 "과거" 시제

[영어]

수동태 과거 형 : 「was/were + p.p ...」 '...되었다'

She was seen in the park. '그녀는 그 공원에서 목격되었다.'

These houses were built last year. '이 집들은 작년에 지어졌다.'

[독일어]

> 수동태 과거 시제 : 「wurde ... p.p」 '...되었다'
>
> ※ 과거 시제이므로 werden의 과거형 wurde가 사용되며, 과거 시제 어미변화 함!

Sie wurde in dem Park gesehen.

영 She was seen in the park.

'그녀는 그 공원에서 목격되었다.'

▸ Sie wurde ... gesehen

↓ ↳ 타동사 sehen의 p.p형 (문장 맨 뒤 위치!)

주어가 여성의 sie(영 she)

→ 과거 시제 어미변화 : 과거형 wurde는 추가 어미 없이 그대로 wurde_

Diese Häuser wurden letztes Jahr gebaut.

영 These houses were built last year.

'이 집들은 작년에 지어졌다.'

▸ Diese Häuser wurden ... gebaut

↓ ↳ 타동사 bauen의 p.p형 (문장 맨 뒤 위치!)

주어가 "Diese Häus*er*"임.

즉, 복수의 sie(영 they)에 해당

→ 과거 시제 어미변화 : 과거형 wurde에 추가 어미 -n이 붙어 wurden임.

연습문제

주어진 동사를 사용하여 과거 시제 수동 문장을 완성하시오.

1. verkaufen : Das Auto ______ für einen guten Preis ________.

2. schreiben : Die schöne Geschichte ______ von einer Studentin ________.

3. verstehen : Oft ______ wir falsch ________.

4. *ein*laden : Alle ausländischen Freunde ______ zur Party ________.

5. schließen : Als der Park letzte Woche ________ ______, war ich traurig.

6. bauen : Du kannst jetzt eine alte Kirche sehen, die vor fünfhundert Jahren ________ ______.

정답 · 해설

1. Das Auto wurde für einen guten Preis verkauft.
   - 영 The car was sold for a good price.
     '그 차는 좋은 가격에 판매되었다.'

2. Die schöne Geschichte wurde von einer Studentin geschrieben.
   - 영 The beautiful story was written by a student.
     '그 아름다운 이야기는 한 여대생에 의해서 집필되었다.'

3. Oft wurde***n*** wir falsch verstanden.
   - 영 We were often misunderstood.
     '빈번히 우리는 잘못 이해되었다.'

4. Alle ausländischen Freund***e*** wurde***n*** zur Party *ein*geladen.
   - 영 All foreign friends were invited to the party.
     '모든 외국 친구들이 파티에 초대되었다.'

5. Als der Park letzte Woche geschlossen wurde, war ich traurig.
   - 영 When the park was closed last week, I was sad.
     '지난 주 그 공원이 폐쇄되었을 때 나는 슬펐다.'

6. Du kannst jetzt eine alte Kirche sehen, die vor fünfhundert Jahr*en* gebaut wurde.
   - 영 You can see an old church which/that was built five hundred years ago.
     '너는 500년 전에 건설된 한 옛날 교회를 볼 수 있다.'

111. 수동태 (3) : 수동태 "현재완료" 시제

[영어]

수동태 현재완료 형 : 「have/has been + p.p ...」 '...되었다, ...되어 있다'

The car has just been sold. '그 차는 방금 판매되었다.'

The problems have been solved. '그 문제들은 해결되어 있다.'

[독일어]

수동태 현재완료 시제 : 「A ist ... p.p worden」 'A는 ...되었다'

※ 1. werden의 현재완료 ⇒ 「sein ... p.p」! (즉, 「haben ... p.p」 아님!)

2. 수동태 werden의 p.p형 ⇒ worden! (즉, geworden 아님!)

현재완료 「sein ... p.p」

A ist ... p.p worden

수동태 「werden ... p.p」

현재완료 「have + p.p ...」

영 A has been p.p ...

수동태 「be + p.p ...」

Das Auto ist gerade verkauft worden.

영 The car has just been sold. '그 차는 방금 판매되었다.'

▸ Das Auto ist ... verkauft worden

- ist ↓ 주어가 "Das Auto"임. 즉, es(영 it)에 해당 → 현재완료 조동사 sein의 형태는 ist
- verkauft ↓ 타동사 verkaufen의 p.p형
- worden ↳ 수동태 조동사 werden의 p.p형

〈참고〉 영어와 달리 독일어의 경우, "현재완료"는 "과거"와 구분되지 않는다.
따라서 이 문장은 "과거" 시제로 표현해도 무방하다 : Das Auto wurde gerade verkauft.

Die Probleme sind einfach gelöst worden.

영 The problems were solved easily. '그 문제들은 쉽게 해결되었다.'

▸ Die Probleme sind ... gelöst worden

- sind ↓ 주어가 "Die Probleme"임. 즉 복수의 sie(영 they)에 해당 → 현재완료 조동사 sein의 형태는 sind
- gelöst ↓ 타동사 lösen의 p.p형
- worden ↳ 수동태 조동사 werden의 p.p형

〈참고〉 이 문장 역시 "과거" 시제로 표현해도 무방하다 : Die Probleme *wurden* einfach gelöst.

〈주의〉 독일어 "현재완료" 문장을 영어로 옮길 때는 항상 관련 문맥을 고려하여 시제를 판단해야 한다.
이 문장의 경우, 영어에서는 "과거" 시제가 올바르다 : The problems were solved easily.

연습문제

주어진 동사를 사용하여 현재완료 시제 수동 문장을 완성하시오.

1. kochen : Die Suppe ______ für die Kinder __________ ________.

2. lesen : ______ alle Bücher __________ ________?

3. *an*rufen : Ich ______ gestern von dem alten Mann __________ ________.

4. schreiben : Von wem ______ dieser Brief __________ ________?

5. übersetzen : Der englische Text ______ ins Deutsche __________ ________.

6. bauen : Ich weiß nicht, wann die Kirche __________ ________ ______.

정답 · 해설

1. Die Suppe **ist** für die Kind***er*** **gekocht** **worden**.
   - 영 The soup was cooked for the children.

   '그 수프는 그 아이들을 위해 끓여졌다.'
2. **Sind** alle B**ü**ch***er*** **gelesen** **worden**?
   - 영 Have all the books been read?

   '그 모든 책들이 읽혀졌니?'
3. Ich **bin** gestern von dem alten Mann ***an*gerufen** **worden**.
   - 영 I was called by the old man yesterday.

   '나는 어제 그 늙은 남자로부터 전화 받았다.'
4. Von wem **ist** dieser Brief **geschrieben** **worden**?
   - 영 Who was this letter written by?

   '이 편지는 누구에 의해 쓰였니?'
5. Der englische Text **ist** ins Deutsche **übersetzt** **worden**.
   - 영 The English text was translated into German.

   '그 영어 텍스트는 독일어로 번역되었다.'
6. Ich weiß nicht, wann die Kirche **gebaut** **worden** **ist**.
   - 영 I don't know when the church was built.

   '나는 언제 그 교회가 건설되었는지를 알지 못한다.'

112. 수동태 (4) : 수동태가 화법조동사와 결합하는 경우

[영어]

수동태는 조동사 **can**, **must**, **may** ...와 함께 올 수 있다.

German can be learned easily. '독일어는 쉽게 배워질 수 있다.'

The door must be closed now. '그 문은 지금 닫혀야 한다.'

[독일어]

영어처럼 독일어도 수동태가 화법조동사 **können**, **müssen**, **dürfen** ...과 함께 올 수 있다:

「**können** ... p.p werden」 '...될 수 있다'

「**müssen** ... p.p werden」 '...되어야 하다'

「können ... 동사 원형」

A kann ... p.p werden

수동태 「werden ... p.p」

「can + 동사 원형 ...」

영 A can be p.p ...

수동태 「be + p.p ...」

Deutsch kann einfach gelernt werden.

영 German can be learned easily.

'독일어는 쉽게 배워질 수 있다.'

▸ Deutsch kann ... gelernt werden

- kann: 주어가 "Deutsch"임. 즉, **es**에 해당 → 화법조동사 können의 형태는 **kann**
- gelernt: 타동사 lernen의 p.p형
- werden: ↳ 수동태 조동사 werden의 원형!

Die Tür muss jetzt geschlossen werden.

영 The door must be closed now.

'그 문은 이제 닫혀야 한다.'

▸ Die Tür muss ... geschlossen werden

- muss: 주어가 "Die Tür"임. 즉, 여성의 **sie**(영 she)에 해당함. → 화법조동사 müssen의 형태는 **muss**
- geschlossen: 타동사 schließen의 p.p형
- werden: ↳ 수동태 조동사 werden의 원형!

연습문제

주어진 동사 및 화법조동사를 사용하여 〈보기〉처럼 수동 문장을 완성하시오.

〈보기〉 reparieren, müssen : Das Auto <u>muss</u> schnell <u>repariert</u> <u>werden</u> .

1. *ein*laden, sollen : Wer ______ zur Party ______ ______?
2. vergessen, dürfen : Dieser Name ______ nicht ______ ______.
3. erklären, können : Wie ______ die schwierigen Sätze ______ ______?
4. putzen, müssen : Das Zimmer ______ nicht jetzt ______ ______.
5. lösen, können : Ich denke, dass das Problem einfach ______ ______ ______.

정답 · 해설

〈보기〉 Das Auto **muss** schnell reparier**t** **werden**.

영 The car must be repaired quickly.
'그 자동차는 신속히 수리되어야 한다.'

1. Wer **soll** zur Party ***ein*geladen** **werden**?
   영 Who should be invited to the party?
   '누가 파티에 초대되어야 할까?'
2. Dieser Name **darf** nicht **vergessen** **werden**.
   영 This name must not be forgotten.
   '이 이름은 잊혀져서는 안 된다.'
3. Wie **können** die schwierigen Sätz*e* erklär**t** **werden**?
   영 How can the difficult sentences be explained?
   '그 어려운 문장들이 어떻게 설명될 수 있을까?'
4. Das Zimmer **muss** nicht jetzt **geputzt** **werden**.
   영 The room doesn't have to be cleaned now.
   '그 방은 지금 청소될 필요 없다.'
5. Ich denke, dass das Problem einfach **gelöst** **werden** **kann**.
   영 I think that the problem can be solved easily.
   '나는 이 문제가 쉽게 해결될 수 있다고 생각한다.'

113. 수동태 (5) : 형용사적 성격의 과거분사 / "상태 수동"

[영어]

타동사의 **p.p**형(= 과거분사) ⇒ '수동' 의미를 지닌 일종의 형용사! ('...된, ...되어진')

예 타동사 close '...을 닫다' → p.p형 close**d** '닫힌, 닫혀진' :

a/the close**d** door '닫혀진 문'

타동사 wash '...을 닦다' → p.p형 wash**ed** '닦여진'

a/the wash**ed** car '닦여진 자동차'

[독일어]

영어처럼 독일어 역시 타동사의 **p.p**형(= 과거분사)이 동일한 용법을 지닌다.

> 타동사의 **p.p**형 (과거분사) ⇒ '수동' 의미를 지닌 일종의 형용사! ('...된, ...되어진')
>
> 예 타동사 schließen '...을 닫다' → p.p형 **geschlossen** '닫힌, 닫혀 있는'
>
> eine geschlossen***e*** Tür / die geschlossen***e*** Tür '닫혀 있는 문'
>
> 타동사 waschen '...을 닦다' → p.p형 **gewaschen** '닦여진'
>
> ein gewaschen***es*** Auto / das gewaschen***e*** Auto '닦여진 자동차'

Ich esse ein gekochtes Ei zum Frühstück.

영 I eat a boiled egg for breakfast.

'나는 아침식사로 삶은 계란 하나를 먹는다.'

▸ ... esse ein **ge**koch**t*es*** Ei ...

↓

타동사 kochen('...을 끓이다')의 p.p형 **ge**koch**t** '끓여진'

일종의 형용사로서 뒤에 오는 명사 Ei를 수식!

중성명사 Ei가 동사 esse의 **4격** 목적어

→ 중성 **4격** 부정관사 **ein_**이 앞에 오며,

p.p형 **ge**koch**t**는 형용사 어미변화 함 : **ein_** **ge**koch**t*es*** ...

[영어/독일어]

영어든 독일어든 공통적으로, 형용사는 동사 sein(영 be)의 보어로 사용되어 '상태'를 나타낼 수 있다.

영 A is old. / 독 A ist alt. 'A는 나이가 많다' → '나이가 많은' 상태를 의미!

타동사의 p.p형은 '수동' 의미를 지닌 형용사의 역할을 한다.
따라서 이 p.p형은 원칙적으로 sein(영 be)의 보어가 됨으로써 '상태'를 의미할 수 있어야 한다.
그런데 영어는 문맥에 따라 제한적으로 가능한 반면, 독일어는 제한 없이 항상 가능하다.

[영어]

예 타동사 open '...을 열다' → p.p형 opened '열려진'

A is opened. ⇒ 'A는 열려져 있다'라는 상태 의미를 지닐 수 있음!

타동사 build '...을 세우다, 건설하다' → p.p형 built '세워진, 건설된'

A is built. ⇒ 'A는 세워져 있다'라는 상태 의미가 문맥에 따라 제한적으로만 가능!

(이 경우, 현재완료형 "A has been built"가 오히려 자연스러운 표현임!)

[독일어]

예 타동사 öffnen '...을 열다' → p.p형 geöffnet '열려진'

A ist geöffnet. ⇒ 'A는 열려져 있다'라는 상태 의미를 지닐 수 있음!

타동사 bauen '...을 세우다, 건설하다' → p.p형 gebaut '세워진, 건설된'

A ist gebaut. ⇒ (영어의 built와 달리) 'A는 세워져 있다'라는 상태 의미가 문맥과 상관없이 항상 가능!

이와 같이 타동사 p.p형이 동사 sein의 보어로 오는 경우를 "상태 수동"이라 한다.

"상태 수동" : 「sein ... p.p」 '... 되어 있다'

예 타동사 schließen '...을 닫다' (영 close) → p.p형 geschlossen '닫혀진' (영 closed)

Die Tür ist geschlossen. 영 The door has been closed.

'그 문은 닫혀 있다' → '닫혀 있는' 상태를 표현!

〈참고〉 "동작 수동" : 「werden ... p.p」 '... 되다, ... 되어지다'

Die Tür wird geschlossen. 영 The door is closed.

'그 문이 닫힌다.' → '닫히는' 동작을 표현!

Dein Auto ist jetzt repariert.

영 Your car is repaired now. 혹은 Your car has been repaired now.

'너의 자동차는 지금 수리되어 있다.'

▸ ... ist ... repariert
↓
타동사 reparieren('...을 수리하다')의 p.p형 repariert '수리된'
일종의 형용사로서 동사 ist의 보어! → "상태 수동"!

연습문제

⟨보기⟩처럼 올바른 어미를 넣으시오.

⟨보기⟩ Eine Reise wird geplant. ⇒ eine geplante Reise

1. Sein Sohn wurde verletzt. ⇒ sein ______ Sohn
2. Das Buch wird am meisten gelesen.
   ⇒ das ______ Buch
3. Dieser Brief wurde auf Englisch geschrieben.
   ⇒ dieser ______ Brief

"동작 수동"? 혹은 "상태 수동"? 올바른 형태를 선택하시오.

4. Das Museum _wird/ist_ seit drei Jahren geschlossen.
5. Die Brücke _wurde/war_ vor zehn Jahren gebaut.
6. Wir _werden/sind_ einmal in der Woche zum Essen eingeladen.
7. Sein Name _wird/ist_ schon lange vergessen.

주어진 낱말을 사용하여 우리말 문장을 독일어 수동 문장으로 옮기시오.

8. 영어는 쉽게 배워지지 않는다. (lernen, einfach)
   ⇒ ______
9. 이 컴퓨터는 신속히 수리되어야 한다. (reparieren, schnell, müssen)
   ⇒ ______
10. 그 자전거는 200 유로 가격에 판매되었다. (verkaufen, Fahrrad)
    ⇒ ("과거" 시제) ______
    ⇒ ("현재완료" 시제) ______

〈보기〉 Eine Reise wird geplant. ⇒ eine geplant*e* Reise
영 A trip is planned. 영 a planned trip
'한 여행이 계획된다.' '한 계획된 여행'

1. Sein Sohn wurde verletzt. ⇒ sein verletzt*er* Sohn
영 His son was injured. 영 his injured son
'그의 아들은 부상당했다.' '부상당한 그의 아들'

2. Das Buch wird am meisten gelesen.
영 The book is read the most. '그 책이 가장 많이 읽힌다.'
⇒ das am meisten gelesen*e* Buch
영 The most read book '가장 많이 읽히는 책'

3. Dieser Brief wurde auf Englisch geschrieben.
영 This letter was written in English. '이 편지는 영어로 쓰였다.'
⇒ dieser auf Englisch geschrieben*e* Brief
영 This letter written in English '영어로 쓰인 이 편지'

4. Das Museum ~~wird~~/ist seit drei Jahr*en* geschlossen.
영 The museum has been closed for three years. '그 박물관은 3년 전부터 문을 닫은 상태이다.'

5. Die Brücke wurde/~~war~~ vor zehn Jahren gebaut.
영 The bridge was built ten years ago. '그 다리는 10년 전에 건설되었다.'

6. Wir werden/~~sind~~ einmal in der Woche zum Essen *ein*geladen.
영 We are invited to dinner once a week. '우리는 1 주일에 한번 씩 식사에 초대된다.'

7. Sein Name ~~wird~~/ist schon lange vergessen.
영 His name has been forgotten a long time. '그의 이름은 이미 오랫동안 잊혀진 상태이다.'

8. Deutsch wird nicht einfach gelernt.
영 German is not learned easily.

9. Dieser Computer muss schnell repariert werden.
영 This computer must be repaired quickly.

10. Das Fahrrad wurde für zweihundert Euro verkauft.
영 The bicycle was sold for two hundred euros.
Das Fahrrad ist für zweihundert Euro verkauft worden.
영 The bicycle was sold for two hundred euros.

114. "비현실 화법" (접속법 II) : "비현실 화법" 문장의 구조 및 용법

[영어]

실제 사실과 어긋나는 일을 가상해서 말하는 경우 "가정법"이 사용된다.

(1) 현재 사실과 어긋나는 가상의 일 ⇒ 가정법 과거!

동사 과거형 및 「would/could/should/might + 동사 원형」이 사용됨.

If I had time, I could help you. '만약 내가 시간이 있다면 너를 도울 수 있을 텐데.'

He speaks as if he were rich '그는 마치 자신이 부자인 것처럼 이야기한다.'

(2) 과거 사실과 어긋나는 가상의 일 ⇒ 가정법 과거완료!

동사 과거완료 형식 및 「would/could/should/might + have + p.p」가 사용됨!

If I had had time, I could have helped you. '만약 내가 시간을 가졌더라면 너를 도울 수 있었을 텐데.'

He speaks as if he had been rich '그는 마치 자신이 부자였던 것처럼 이야기한다.'

[독일어]

독일어 역시 영어처럼 실제 사실과 어긋나는 일을 가상해서 말할 수 있으며,
이러한 "비현실 화법"의 경우 동사의 특수한 형태, 즉 "접속법 II"가 사용된다.

(1) 현재 사실과 어긋나는 가상의 일 ⇒ 동사의 접속법 II 형태!

※ 동사의 접속법 II 형태 : 동사의 과거형과 동일하지만,
불규칙 동사는 a, o, u가 ä, ö, ü로 변화됨!

Wenn ich Zeit hätte, könnte ich dir helfen.

↳ können의 과거형 konnte에서 o → ö!

↓ haben의 과거형 hatte에서 a → ä!

영 If I had time, I could help you.

Er spricht, als ob er reich wäre.

↳ sein의 과거형 war에서 a → ä!

영 He speaks as if he were rich.

(2) 과거 사실과 어긋나는 가상의 일 ⇒ 동사의 접속법 II 완료 형식!

※ 동사의 접속법 II 완료 형식 : 「hätte ... p.p」 혹은 「wäre ... p.p」

Wenn ich Zeit gehabt hätte, hätte ich dir helfen können.

↳ 접속법 II 완료 형식 「hätte ... können」

↓ 접속법 II 완료 형식 「hätte ... gehabt」가 후치됨!

영 If I had had time, I could have helped you.

Er spricht, als ob er reich gewesen wäre.

↳ 접속법 II 완료 형식 「wäre ... gewesen」이 후치됨!

영 He speaks as if he had been rich.

Ich dachte, die Leute kämen nicht.

영 I thought the people wouldn't come.

'나는 그 사람들이 오지 않으리라고 생각했어.'

▸ ... die Leute kämen ...

현재 사실에 어긋나는 가상의 일 → 동사 kommen의 접속법 II 형태 käm*en*이 사용됨.

Ohne seine Hilfe wärest du gestorben.

영 Without his help, you might have died.

'그의 도움이 없었다면 너는 죽었을 거야.'

▸ ... wärest du ... gestorben

과거 사실에 어긋나는 가상의 일!

→ 동사 sterben의 접속법 II 완료 형식 「wär*est* ... gestorben」이 사용됨.

Wenn ich gut geschlafen hätte, wäre ich jetzt nicht müde.

영 If I had slept well, I wouldn't be tired now.

'만약 내가 잠을 잘 잤더라면 나는 지금 피곤하지 않을 거야.'

▸ Wenn ich ... geschlafen hätte, ...

과거 사실에 어긋나는 가상의 일

→ 동사 schlafen의 접속법 II 완료 형식 「hätte ... geschlafen」이 후치됨!

▸ ... , wäre ich ...

현재 사실에 어긋나는 가상의 일 → 동사 sein의 접속법 II 형태 wär*e*가 사용됨.

Wenn er ein Auto hätte, würde er zu dir kommen.

영 If he had a car, he would come to you.

'만약 그가 자동차를 가지고 있다면 그는 너에게 갈 텐데.'

▸ Wenn er ... hätte, ...

현재 사실에 어긋나는 가상의 일 → 동사 haben의 접속법 II 형태 hätte가 사용됨.

▸ ... , würde er ... kommen

현재 사실에 어긋나는 가상의 일

→ 동사 kommen의 접속법 II 형태 käm*e*를 사용해야 하지만,

그 대신 접속법 II 미래 형식 「würde ... kommen」이 사용됨.

〈주의〉

동사 haben, sein 및 화법조동사 können, müssen, dürfen, wollen, sollen을 제외한 일반 동사의 경우, 현재 사실에 어긋나는 가상의 일을 표현할 때 접속법 II 미래 형식 「würde ... 동사 원형」도 가능하다.

연습문제

주어진 동사를 사용하여 현재 사실에 어긋나는 가상의 일을 표현하시오.

1. sein, fliegen : Wenn ich ein Vogel ______ , ______ ich zu dir.

2. verstehen, können :
   Ich denke nicht, dass die Kinder den Satz ________ ________.

3. kommen, werden : Thomas ist stark erkältet. Er ________ heute nicht ________.

주어진 동사를 사용하여 과거 사실에 어긋나는 가상의 일을 표현하시오.

4. haben, machen :
   Wenn ich Geld ________ ______ , ______ ich eine Reise nach Europa ________.

5. sein : Maria redet über Amerika, als ob sie dort oft ________ ______.

6. warten, sollen :
   Du ______ auf mich ________ ________. Warum hast du das nicht getan?

주어진 낱말을 사용하여 우리말 문장을 독일어 "비현실 화법" 문장으로 옮기시오.

7. 만약 내가 많은 친구들을 가지고 있다면 나는 행복할 텐데. (haben, sein, glücklich)

   ⇒ ____

8. 너는 만약 그것을 알았더라면 오지 않았니? (wissen, kommen)

   ⇒ ____

9. 토마스는 만약 영어를 할 수 있다면 지금 영국에서 살고 있을 거야.
   (sprechen, können, leben)

   ⇒ ____

10. 만약 우리가 더 열심히 공부했더라면 그 시험에 합격할 수 있었을 거야.
    (lernen, bestehen, fleißig, Prüfung)

    ⇒ ____

1. Wenn ich ein Vogel wä*re*, flög*e* ich zu dir.
   (혹은 Wenn ... , würde ich zu dir fliegen)
   영 If I were a bird, I would fly to you.
   '만약 내가 새라면 나는 너에게 날아갈 텐데.'

2. Ich denke nicht, dass die Kind***er*** den Satz verstehen könnt*en*.
   영 I don't think that the children could understand the sentence.
   '나는 그 아이들이 그 문장을 이해할 수 있으리라고 생각하지 않는다.'

3. Thomas ist stark erkältet. Er würde heute nicht kommen.
   영 Thomas has a bad cold. He wouldn't come today.
   '토마스는 감기가 심하게 들었어. 그는 오늘 오지 않을지 몰라.'

4. Wenn ich Geld gehabt hätte, hätte ich eine Reise nach Europa gemacht.
   영 If I had had money, I would have made a trip to Europe.
   '만약 내가 돈을 가지고 있었다면 나는 유럽 여행을 했을 거야.'

5. Maria redete über Amerika, als ob sie dort oft gewesen wä*re*.
   영 Maria talked about America as if she would have often been there.
   '마리아는 마치 자신이 그곳에 자주 있었던 것처럼 미국에 대하여 이야기했다.'

6. Du hätte*st* auf mich warten sollen. Warum hast du das nicht getan?
   영 You should have waited for me. Why didn't you do that?
   '너는 나를 기다려야만 했어. 왜 너는 그렇게 하지 않았니?'

7. Wenn ich viele Freund***e*** hätte, wä*re* ich glücklich.
   영 If I had many friends, I would be happy.

8. Wäre*st* du nicht gekommen, wenn du das gewusst hätte*st*?
   영 Wouldn't you have come if you had known that?

9. Wenn Thomas Englisch sprechen könnte, lebte er jetzt in England.
   (혹은 Wenn ... , würde er jetzt in England leben)
   영 If Thomas could speak English, he would live in England now.

10. Wenn wir fleißiger gelernt hätte*n*, hätte*n* wir die Prüfung bestehen können.
    영 If we had studied harder, we could have passed the examination.

115. "간접화법" (접속법 I, II) : "간접화법" 문장의 구조 및 용법

[영어]

간접화법 : 누군가의 말을 제 3자에게 전달할 때 그 내용을 객관적인 관점에서 전달하는 방법

(직접화법) He said, "**I have** a house." '그는 "나는 집을 가지고 있어"라고 말했다.'

(간접화법) He said (that) **he had** a house. '그는 그가 집을 가지고 있다고 말했다.'

[독일어]

독일어 역시 **영어처럼** "간접화법"이 있다.

간접화법 :

독일어의 간접화법 역시 **영어처럼** 누군가의 말을 객관적으로 전달할 때 사용한다.
이 경우, 그 전달하는 내용이 사실인지 여부를 전달자로서 장담할 수 없다는 중립적인 입장을 함께 나타내게 된다.
따라서 전달하는 내용이 일정한 '비현실적' 성격을 지닌다는 점을 표현하기 위해 독일어 간접화법의 경우 **영어와 달리** 접속법 **I** 혹은 접속법 **II**를 사용한다.

(1) 주어가 **du** 및 **er** (**sie**, **es**)일 때 ⇒ 동사의 접속법 **I** 형태 사용!

※ 동사의 접속법 **I** 형태 : 동사의 현재형과 동일하지만,
어미변화 방식이 다르다 : du **-est** / er (sie, es) **-e**

Er sagte, **du** hab**est** ein Haus. 영 He said **you had** a house.

Er sagte, dass **er** ein Haus hab**e**. 영 He said that **he had** a house.

(2) 주어가 **ich** 및 **wir**, 혹은 **sie**(영 they)일 때 ⇒ 동사의 접속법 **II** 형태 사용!

※ 동사의 접속법 **II** 형태 : 동사의 과거형과 동일하지만,
불규칙 동사는 a, o, u가 **ä**, **ö**, **ü**로 변화됨!

Er sagte, **ich hätte** ein Haus. 영 He said **I had** a house.

Er sagte, **wir hätte*n*** ein Haus. 영 He said **we had** a house.

Er sagte, dass **sie** ein Haus **hätte*n***. 영 He said that **they had** a house.

〈참고〉

일상의 구어체에서는 접속법이 아닌 일반적 동사 형태를 사용하기도 한다 :

Er sagte, **er hat** ein Haus. 영 He said **he had** a house.

Er sagte, dass **er** ein Haus **hat**. 영 He said that **he had** a house.

〈주의〉 **영어와 달리** 독일어의 간접화법에서는 "시제 일치"를 위한 동사의 시제 전환은 없음!

Peter hat mir geschrieben, er könne mich bald besuchen.

영 Peter wrote to me he could visit me soon.
'페터가 나에게 편지를 썼는데, 자신이 나를 곧 방문할 수 있다고 했다.'

▸ ... , er könne ... besuchen

간접화법 문장임 : 주어가 er → 화법조동사 können의 접속법 I 형태는 könne (주의 : kann 아님!)
(직접화법) Peter hat mir geschrieben : „Ich kann dich bald besuchen."

〈주의〉
화법조동사 können, müssen, dürfen, wollen, sollen의 접속법 I 형태 (주어가 ich일 때) :
ich könne ... / ich müsse ... / ich dürfe ... / ich wolle ... / ich solle ...

Frau Müller sagte mir, dass sie ein Haus gekauft habe.

영 Mrs. Müller told me that she had bought a house.
'뮐러 부인은 자신이 집을 구입했다고 나에게 말했다.'

▸ ... , dass sie ... gekauft habe

간접화법 문장임 : 주어가 sie(영 she) → 동사 kaufen의 접속법 I 완료형 "habe ... gekauft"가 후치 :
... gekauft habe
(직접화법) Frau Müller sagte mir : „Ich habe ein Haus gekauft."

Der Ausländer sagt, dass sein Land sehr schön sei.

영 The foreigner says that his country is very beautiful.
'그 외국인은 자신의 나라가 매우 아름답다고 말한다.'

▸ ... dass sein Land ... sei

간접화법 문장임 : 주어 "sein Land"는 es에 해당 → 동사 sein('...이다')의 접속법 I 형태는 sei
(직접화법) Der Ausläbder sagt : „Mein Land ist sehr schön."

〈주의〉
동사 sein의 접속법 I 형태는 불규칙적이다 :
Ich sei ; du seiest ; er (sie, es) sei ; wir seien ; sie, Sie seien

Die Leute haben ihn gefragt, ob er dem Mädchen helfe.

영 The people asked him if he helped the girl.
'그 사람들은 그 가난한 소녀를 돕는지를 그에게 물었다.'

▸ ... ob er ... helfe

간접화법 문장임 : 주어가 er → 동사 helfen의 접속법 I 형태는 helfe
(직접화법) Die Leute haben ihm gesagt : „Hilfst du dem Mädchen?"

〈참고〉 의문문을 간접화법으로 제 3자에게 전달하는 경우, 즉 "간접의문문"임!

연습문제

✔ 주어진 동사의 올바른 간접화법 형태는?

1. sein : Er hat gesagt, dass du ein guter Student ________.

2. können : Die junge Mutter sagte, dass ihre Kinder gut singen ________.

3. *auf*stehen : Herr Müller hat uns gesagt, dass er jeden Tag früh ________.

4. haben : Mein Chef sagte mir, dass ich alles richtig gemacht ________.

✔ 주어진 문장을 〈보기〉처럼 간접화법으로 전달하시오.

〈보기〉 "Ich habe keine Zeit."
⇒ Mein Vater hat gesagt, dass er keine Zeit habe.

5. "Hier wird ein großes Haus gebaut."

⇒ Der Nachbar sagte, dass ________________________________.

6. "Wir haben dir ein Paket geschickt."

⇒ Meine Freunde haben mir geschrieben, dass ________________________.

7. "Ich liebe dich sehr."

⇒ Seine Schwester sagte ihrem Mann, dass ________________________.

8. "Ihr Bruder ist in die Stadt gegangen, um Sie zu sehen."

⇒ Eine nette Frau hat mir gesagt, dass ______________________________

________________________.

1. Er hat gesagt, dass du ein guter Student sei*est*.
   영 He said that you were a good student. '그는 네가 좋은 학생이라고 말했어.'

2. Die junge Mutter sagte, dass ihre Kind*er* gut singen könnte*n*.
   영 The young mother said that her children could sing well.
   '그 젊은 어머니는 그녀의 아이들이 노래를 잘 할 수 있다고 말했어.'

3. Herr Müller hat uns gesagt, dass er jeden Tag früh *auf*steh*e*.
   영 Mr. Müller told us that he got up early every day.
   '뮐러 씨는 우리에게 자신이 매일 일찍 일어난다고 말했어.'

4. Mein Chef sagte mir, dass ich alles richtig gemacht hätte.
   영 My boss told me that I had done everything right.
   '나의 직장 상사는 나에게 말했는데, 내가 모든 것을 올바르게 행했다고 했어.'

〈보기〉 "Ich habe keine Zeit." 영 "I have no time."
⇒ Mein Vater hat gesagt, dass er keine Zeit hab*e*.
영 My father said, that he had no time.
'나의 아버지는 말하셨어, 자기가 시간이 없다고.'

5. "Hier wird ein großes Haus gebaut." 영 "A big house will be built here."
   ⇒ Der Nachbar sagte, dass hier ein großes Haus gebaut werd*e*.
   영 The neighbour said that a big house would be built there.
   '그 이웃은 여기에 큰 집 하나가 세워진다고 말했어.'

6. "Wir haben dir ein Paket geschickt." 영 "We sent you a package."
   ⇒ Meine Freund*e* haben mir geschrieben, dass sie mir ein Paket geschickt hätte*n*.
   영 My friends wrote to me that they had sent me a package.
   '나의 친구들은 나에게 편지를 썼는데, 자신들이 나에게 소포 하나를 보냈다고 했어.'

7. "Ich liebe dich sehr." 영 "I love you very much."
   ⇒ Seine Schwester sagte ihrem Mann, dass sie ihn sehr lieb*e*.
   영 His sister told her husband that she loved him very much.
   '그의 누이는 그녀의 남편에게 자신이 그를 매우 사랑한다고 말했어.'

8. "Ihr Bruder ist in die Stadt gegangen, um Sie zu sehen."
   영 "Your brother has gone downtown to see you."
   ⇒ Eine nette Frau hat mir gesagt, dass mein Bruder in die Stadt gegangen sei, um mich zu sehen.
   영 A friendly woman told me that my brother had gone downtown to see me.
   '한 친절한 여자가 나에게 말했는데, 나의 형이 나를 만나러 시내로 갔다고 했어.'

김 백 기

한국외국어대학교 독일어과 졸업
한국외국어대학교 대학원 독어독문학과 (독어학 석사)
독일 뮌스터대학교 일반언어학과 (언어학 박사)
한국외국어대학교 통번역대학 독일어통번역학과 교수

처음 만나는 **독일어**

초판 인쇄 2018년 8월 24일
초판 발행 2018년 8월 31일

지은이 김백기
발행인 김인철
총괄 · 기획 가정준 Director, University Knowledge Press
편집장 신선호 Executive Knowledge Contents Creator
도서편집 박현정 Contents Creator
전자책편집 이리나 e-Contents Creator
재무관리 문수진 Managing Creator
사전 · 출판 정준희 Contents Creator
마케팅 파트장 백승이 Chief Marketing Creator
마케팅 이현진 Marketing Creator
발행처 한국외국어대학교 지식출판콘텐츠원
02450 서울특별시 동대문구 이문로 107
전화 02)2173-2493~7
FAX 02)2173-3363
홈페이지 http://press.hufs.ac.kr
전자우편 press@hufs.ac.kr
출판등록 제6-6호(1969. 4. 30)
디자인 · 편집 디자인퍼브 02)2254-4308
인쇄 · 제본 네오프린텍(주) 02)718-3111

ISBN 979-11-5901-372-0 13750 정가 28,000원

* 잘못된 책은 교환하여 드립니다.

HU:iNE은 한국외국어대학교 지식출판콘텐츠원의 어학도서, 사회과학도서, 지역학 도서 Sub Brand이다. 한국외대의 영문명인 HUFS, 현명한 국제전문가 양성(International+Intelligent)의 의미를 담고 있으며, 휴인(携引)의 뜻인 '이끌다, 끌고 나가다'라는 의미처럼 출판계를 이끄는 리더로서, 혁신의 이미지를 담고 있다.

이 책의 음원(mp3)은 한국외국어대학교 지식출판콘텐츠원 홈페이지(press.hufs.ac.kr) – 게시판 – 자료실에서 다운받아 사용하시기 바랍니다.

처음 만나는

독일어